平成史

片山杜秀
Morihide Katayama

佐藤　優
Masaru Sato

小学館

はじめに

元号は、日本人に独自の歴史認識を持たせる。平成は、1989年1月8日に始まり、2019年4月30日に今上天皇の生前退位によって終了する予定だ。

この31年間の出来事や意義については、本文で詳しく論じているので、ここでは繰り返さない。まえがきでは、私にとって平成という時代が持った意味について記したい。率直に言うが、私には平成という時代が皮膚感覚としてとらえられないのである。さらに昭和についても、同世代の日本人と認識を共有できない部分が多々ある。それは私の個人史と関係しているので、そのことについて述べることをお許し願いたい。

私は、1985（昭和60）年3月に同志社大学大学院神学研究科博士課程（前期）を修了し、同年4月に外務省に入省した。そして、翌86年6月から95年3月まで、海外で暮らした。86年6月から87年7月までは英国の陸軍語学学校で、87年8月から88年5月まではモスクワ国立大学でロシア語を研修した。88年6月から95年3月まではモスクワの日本大使館政務班で勤務した。その間、91年12月にソ連崩壊という歴史的出来事があった。

私は、在ソヴィエト社会主義共和国連邦日本国大使館三等理事官として赴任し、在ロシア連邦日本国大使館二等書記官として離任した。外務本省では、国際情報局で勤務したが、本来の情報収集分析任務とともに北方領土交渉にも従事するようになった。

帰国直後から、超勤時間が月200時間以上、時には300時間になることもあった。週2~3回は、役所の仮眠室か、当時、麹町にあった外務省関連の霞友会館に泊まるようになった。官舎は千葉県船橋市にあったが、97年11月のクラスノヤルスク日露首脳会談で当時の橋本龍太郎首相とエリツィン大統領が「東京宣言に基づき2000年までに平和条約を締結すべく、全力を尽くす」との合意（クラスノヤルスク合意）以降、月1回程度しか、帰宅することができなくなった。

98年夏のある夜、1カ月振りに官舎に帰ると部屋に灯りがついている。妻は京都で大学院に通っているので、自宅には誰もいないはずだ。蛍光灯のスイッチは消して家を出たはずだ。家に入ると、見知らぬ男がいる。

「誰ですか」と尋ねると、男は「泥棒です」と答えた。私は、一瞬、ガムテープでこの男を拘束して、警察に突きだそうと思ったが、相手が刃物を持っていて居直られると恐ろしいと思い、あえて退路を作ると泥棒は逃げ出した。

このときから官舎に住むことが恐くなり、徒歩で外務省に通うことができる赤坂4丁目に築30年のテラスハウスを家賃月20万円で借りた。給与の3割が家賃で消えたが、ホテル代がかからなくなったので、経済的には楽になった。

政治家や政治部記者との付き合いも増えたが、夜の会合は大抵、赤坂だったので、午前1時まで料亭やラウンジバーで政治家や政治部記者と一緒でも、5分後には自宅に戻ることができ、必要な睡眠時間は確保できた。朝は8時から政治家の会合がある。それに間に合わせて資料を作らなくてはならないので、6時台に外務省に登庁するようになった。

また、年に30回近くロシアやイスラエルに出張した。こういう生活が、鈴木宗男疑惑の嵐に巻き込まれて、外交史料館に異動になる2002年2月24日まで続いた。外交史料館に異動になった後も、記者（ただし、政治部ではなく社会部所属の記者）やカメラマンに追いかけられる毎日で、落ち着いて街を観察する機会はなかった。

同年5月14日に私は外交史料館3階の応接室で、東京地方検察庁特別捜査部の検察官によって逮捕され、小菅の東京拘置所の独房で512泊513日を過ごすことになった。翌03年10月8日に拘置所から保釈になって初めて、私は1986年6月に日本を離れた後の社会の様子を皮膚感覚で知るようになる。

その結果、私には、二つの経験が欠けていることを痛感した。一つは、日本社会を大きく変化させたバブル経済だ。もう一つは、思想におけるポストモダンの影響だ。

平成史の大きなテーマは、バブル経済が頂点を迎え、そこから転落し、回復できない日本の状況をどう読み解き、そこからわれわれがどう立ち直るかの処方箋を描くことだ。

これは同時に思想的課題でもある。ポストモダンの嵐の中で「大きな物語」が否定され、「小さな差異」ばかりが強調されるようになった。しかし、人間は物語を作る動物である。ポストモダンによって知的に洗練された「大きな物語」が解体された後、「カネで買えないものはない」

というような拝金主義や、排外主義的ナショナリズムのような毒性の高い物語が日本社会を席巻するような状況になった。

平成史を読み解くというのは、客観的な作業ではない。時代を解釈することによって、われわれが危機から抜け出すための処方箋を見出すことなのである。情報のための情報、分析のための分析、議論のための議論には意味がない。

その意味で、思想には世の中を変化させる力があることを熟知し、『未完のファシズム――「持たざる国」日本の運命』（新潮選書、2012年）、『国の死に方』（新潮新書、2012年）などの優れた作品を世に出した片山杜秀先生と対談の機会に恵まれたことはとても幸せだ。本書が、平成という時代を総括し、新しい時代を拓くための踏み台になることを願っている。

本書を上梓するにあたっては小学館の柏原航輔氏にたいへんにお世話になりました。どうもありがとうございます。

平成30年4月1日　曙橋（東京都新宿区）の仕事場にて　佐藤　優

平成史／目次

ブックデザイン　鈴木成一デザイン室

列島が昂ぶっていた時代（東京・六本木のディスコ）。

第一章

バブル崩壊と55年体制の終焉

平成元年→6年（1989年―1994年）

平成元年（89年）

1月	・7日に昭和天皇崩御、皇太子明仁親王が皇位継承。8日、「平成」と改元。
4月	・消費税3％が始まる。
6月	・リクルート事件の責任をとる形で竹下内閣総辞職。宇野宗佑内閣発足。 ・中国で民主化を求める学生を軍が弾圧（天安門事件）。 ・国民的歌手・美空ひばり死去。
7月	・宮﨑勤逮捕（東京・埼玉で連続幼女誘拐事件）。 ・宇野首相の女性スキャンダルもあり、参院選で自民党大敗。宇野首相退陣へ。
8月	・海部俊樹内閣発足。
9月	・ソニーが米映画会社コロンビアの買収を発表。
11月	・ベルリンの壁、撤去作業始まる。 ・日本労働組合総評議会（総評）が解散し、日本労働組合総連合会（連合）発足。
12月	・ルーマニアで政権崩壊。チャウシェスク大統領夫妻が処刑される。 ・日経平均株価終値、史上最高値3万8915円を記録。

モスクワの日本大使館勤務。崩御の2週間前に日本政府から「崩御近し」と連絡が入る。佐藤

慶應義塾大学の博士課程の1年目で、日本政治思想史を学んでいた。片山

本来、付加価値税は、社会民主主義者の専売特許のはず。日本独自の社会民主主義の存在を明らかにした。佐藤

現実と仮想の区別がつかない時代のシンボリックな事件。片山

by the way

＊セクハラ

福岡の出版社に勤務していた女性が上司を相手に、現在でいう「セクハラ」訴訟を起こす。当時は、セクハラの概念が一般化されておらず、同語が流行語となる。86年4月に施行された男女雇用機会均等法以降、女性の立場向上が試みられるも、昨今の「#Me Too」問題を持ち出すまでもなく、日本社会の課題であり続ける。

平成2年(90年)

1月	・大学入試センター試験が初めて実施される。 ・昭和天皇に戦争責任を問うていた長崎市長が右翼に狙撃され、重体に。
3月	・ソ連初代大統領に、ゴルバチョフが就任。
4月	・行き過ぎた不動産高騰を是正するため、大蔵省が不動産融資の総量規制を実施。
5月	・盧泰愚韓国大統領が来日。宮中晩餐会では天皇が日韓の歴史をかえりみて、「痛惜の念」を表明。
6月	・明仁天皇次男の文仁親王と川嶋紀子さんが結婚。秋篠宮家創設へ。
8月	・イラクがクウェート侵攻。ブッシュ米大統領は海部首相に制裁と支援を要請、政府は経済協力凍結を発表。さらに中東周辺国への経済援助を申し出る。
10月	・日経平均株価が2万円を割る(バブル経済崩壊)。 ・東西ドイツ統一。
11月	・天皇、即位の礼。 ・沖縄県知事選、大田昌秀が当選。

崩壊の結果、モノの価値観がリセット。ファミレスでは安価で、それなりの食事ができるようになった。 佐藤

高度成長期にはお金を使って物を増やす。そうすれば誰かが構ってくれて結果オーライ。そんな予定調和が信じられていた。しかし、バブル崩壊以後は価値観が一変する。なるたけ留保する。冒険主義は好まない。撤退や現状維持に関心がある。行き止まりの時代を当然のこととして受け入れる。だれに文句を言っても言うだけ無駄だ——バブル崩壊の結果誕生した「平成人」とはそういう類型に属するかもしれない。 片山

by the way

＊3K

労働市場の人手不足が顕著に。いわゆるガテン系仕事は、〈きつい、汚い、危険〉として敬遠された。外国人労働者も多く雇用されるようになる。この頃、全国の公共職業安定所(職安)の愛称が「ハローワーク」に決まる。明るく、親しみやすいネーミングを意図したものだという。ちなみに現代では、IT産業などで「きつい・帰れない・厳しい(給料が安い)」といった新3Kが取り沙汰されている。

平成3年（91年）

1月	・米軍を主体とする多国籍軍がイラクやクウェートに攻撃開始（湾岸戦争）。日本政府は135億ドルの支援。
2月	・多国籍軍がクウェート全土を制圧。ブッシュ米大統領は勝利宣言。
4月	・東海大学医学部付属病院で日本初の安楽死事件。 ・ペルシャ湾の機雷除去のため、海上自衛隊の派遣を閣議で決定（同月末、出港）。
6月	・長崎県の雲仙普賢岳が噴火。大規模な火砕流が発生（死者40人、不明3人）する。
7月	・東京佐川急便による、暴力団関連企業への多額融資が発覚。社長解任へ。
8月	・ソ連でクーデター未遂。ゴルバチョフ大統領が一時拘禁される。同月24日、ソ連共産党解散。
11月	・海部内閣総辞職し、宮澤喜一内閣発足。 ・女優・宮沢りえの写真集『Santa Fe』が発売。瞬く間に150万部突破。
12月	・欧州首脳会談で政治・経済・通貨統合を目指す条約に合意。 ・ゴルバチョフ大統領辞任に伴い、ソ連崩壊。

天皇が被災地慰問。天皇の公的行為はどこまで認められるか。憲法上の規定もなく曖昧ななか、その公的行為を大胆に拡大して運用した。片山

表の世界と闇の勢力の繋がりが明るみに出て、それ以降、闇の勢力はなかなか表に出てこなくなった。佐藤

ソ連崩壊直後、2500%のインフレが起きて、国有だった資産のぶんどり合戦が始まった。結果、極端な格差社会が生まれた。佐藤

日本の大学ではソ連崩壊を境に、教授たちがマルクス主義の看板を下ろしてしまった。片山

by the way

＊戦争との距離

湾岸戦争は、米テレビ局が連日、生中継を敢行した初めての戦争だった。日本でも、空爆映像などが報道された。機雷除去のため海上自衛隊の掃海艇が派遣されるなど、日本人にとっても、戦場との距離が縮む契機になった。海部首相は、直接戦争に関わらないかわりに、135億ドルの支援を発表。しかし、国際社会から日本の支援はまったく評価されなかった。

平成4年(92年)

1月 ・宮澤首相が韓国訪問。慰安婦問題を公式謝罪。

3月 ・東海道新幹線に「のぞみ」デビュー。

4月 ・ロック歌手・尾崎豊が死去。

5月 ・前熊本県知事・細川護煕、日本新党結成。

6月 ・PKO協力法成立。

7月 ・慰安婦問題、政府が調査結果を公表し、直接関与を認める。アジア各国の元慰安婦に謝罪する。

9月 ・日本初の宇宙飛行士・毛利衛が宇宙に旅立つ。
・学校の週5日制が開始する(当初は月1回)。

10月 ・天皇・皇后、中国初訪問。

11月 ・米大統領選、民主党のビル・クリントンが当選。
・東京佐川急便事件公判で、竹下登元首相が証人喚問される。

当時の政治スローガンは反金権政治。アメリカのような二大政党制にすれば、政官財の癒着を防げると、イデオロギーを超え野合した。片山

湾岸戦争時にPKOができなかったというトラウマが外務省に残っていた。以降、「普通の国になれ」という期待を時の政権にかけていくことになる。佐藤

昭和天皇にとっては生々しすぎた中国と沖縄という戦後問題に向き合う実践の始まり。片山

by the way

＊朝日ジャーナル休刊

1959年に創刊。発行は朝日新聞社。学生運動の盛り上がりとともに部数を伸ばした。全共闘時代には、「右手にジャーナル、左手にマガジン」なる言葉も生まれた。学生運動の退潮とともに部数低下。80年代半ばに筑紫哲也が編集長に就任すると、浅田彰らを執筆者に起用し、「ニューアカデミズム(ニューアカ)」ブームの旗振り役として、再び注目が集まった。が、部数維持はかなわず、88年には同社から週刊誌「AERA」が創刊され、競争はますます厳しくなる。92年に廃刊した。

平成5年(93年)

4月・天皇・皇后、沖縄を訪問。

5月・PKO文民警察官がカンボジアで襲撃され、死亡。宮澤首相はそれでもPKO続行を表明。
・日本のプロサッカー、Jリーグが幕開け。

6月・皇太子徳仁親王、外務省キャリアの小和田雅子さんと結婚。
・内閣不信任決議案可決を受け、宮澤首相、衆院解散。
・新党さきがけ(代表・武村正義)、新生党(党首・羽田孜、代表幹事・小沢一郎)結成。

7月・総選挙にて自民党過半数割れ。社会党も惨敗。両党が担ってきた55年体制が崩壊。宮澤首相は退陣表明。

8月・河野洋平官房長官、慰安婦募集に際して「官憲等が直接これに加担したこともあったことが明らかになった」との談話を発表。政府が「強制」を認めた。
・細川護熙・非自民8党派連立内閣発足。
・土井たか子が女性として初の衆議院議長になる。

11月・小選挙区比例代表並立制を主とする政治改革4法案が衆院で可決される。
・欧州連合(EU)発足。

12月・田中角栄元首相死去。

現在、保守派から問題視されている河野談話だが、「関与はしたが補償はしない」といった日本政府の一貫したスタンスを示しているに過ぎない。佐藤

日本の政治を大きくかえた。中選挙区時代の中間団体という「関所」がなくなり、前歴がよく分からない人物が政治家として表の世界に登場するようになった。片山

あれほど個人的に蓄財する政治家は珍しい。佐藤

金=力という幻想で生きてきた政治家が55年体制の終焉とともに亡くなるのは示唆的。片山

by the way

＊平成の米騒動

1913年以来の冷害によって、米が大不作。日本政府は急遽、海外からの輸入を決定した。さっそくタイから大量に米を輸入したが、形状や味覚の違いに消費者は戸惑い、日本の食卓にまったく普及せず。後に大量廃棄された。発展途上にあり、貧困に喘ぐ国民も多かったタイから大顰蹙を買ったと言われる。

平成6年(94年)

4月	・細川首相、佐川急便グループからの1億円の借金問題によって、辞意を表明。羽田孜(新生党党首)内閣成立、社会党は連立離脱。 ・NATOがボスニア・ヘルツェゴビナ紛争でセルビア人武装勢力を空爆。
6月	・初めて1ドル=100円を割る。 ・松本サリン事件が発生(死者8人)。後にオウム真理教の犯行だったことが明らかになる。 ・羽田内閣総辞職。村山連立内閣発足(自・社・さきがけ)。
7月	・北朝鮮の金日成主席が死去。金正日体制が始まる。 ・日本人初の女性宇宙飛行士・向井千秋が宇宙へ。
9月	・関西国際空港が開港する。
10月	・大江健三郎、ノーベル文学賞受賞決定。
12月	・新進党結党(党首に海部俊樹、幹事長は小沢一郎)。

ライターや音楽評論の仕事が本格化。この年から「週刊SPA!」で政治から演劇まで幅広く題材を求めたコラムがスタート(〜2002年)。片山

冷戦崩壊後の判断ミスの時代が生みだした、「政界再編過渡期内閣」。片山

金正日時代になっても劇的変化はみられず。死後も刊行が続く金日成全集をもとに政治が行われた。佐藤

by the way

＊就職氷河期
バブル崩壊が大学生の就職戦線に影響をもたらし始める。この頃から、2005年頃まで新卒採用の低迷は続く。ちなみに「就職氷河期」は雑誌「就職ジャーナル」による造語である。

＊悪魔ちゃん
東京都昭島市の男性が、長男に「悪魔」と名付けようとしたが、市役所は拒否。父親が不服申し立てを行った。その後、二転三転するも、最終的に父親が別の名前を届け出た。

天皇、皇后両陛下、
万里の長城にて。当時の中国は、
天安門事件の余波によって
国際社会と緊張状態にあった。

天皇が中国と沖縄を訪ねた意味

佐藤　日本人は歴史認識の前提として明治、大正、昭和、平成という時代区分を自然に受け入れています。でも、天皇の代替わりごとに歴史を括ることは、世界の普遍的価値観からすると、極めて異質な分節化です。

いま最高指導者の代替わりで歴史を区切っているのは、日本以外ではカトリック教会やロシア正教会か、北朝鮮くらいでしょう。

片山　日本では天皇が崩御すると元号が変わる。一世一元ですね。明治からの新しい習慣と言えます。明治維新で西洋型の近代国家を急造しようとするとき、天皇しか日本国民をまとめるものがない。将軍が大名をまとめ、大名が民をまとめる。このシステムを壊して、身分制度もやめて、あとに残るのは国民意識が未成熟な民だけということになると、まとまりが作れない。

そこで将軍を任命していた天皇をたてて、あとは全部中抜きにして、天皇と民の二種類しかない国民国家をデザインした。あくまで建前ですが。とにかく日本人であればどこに住んでいても天皇を仰

平成元年（1989年）

流行語
・〈山が動いた〉
・〈指三本〉
・〈お局さま〉

流行歌
・「川の流れのように」（美空ひばり）
・「とんぼ」（長渕剛）
・「世界でいちばん熱い夏」（プリンセス・プリンセス）

映画
・『魔女の宅急便』（宮崎駿）
・『利休』（勅使河原宏）

本
・『TUGUMI』（吉本ばなな・中央公論社）

いで生きるのだと。そういう自覚を国民に徹底させるために元号の使用を徹底して、時間意識の面から天皇と共にあることの刷り込みを行おうとした。天皇の命とともに元号の年を重ねて生きるのですから、天皇が好きとか嫌いとかの個人的な次元に関係なく、天皇の国日本が内面化する。この維新政府の戦略はものの見事に当たったと言えるでしょう。

たとえば昭和という言葉に、特に昭和を過ごした人々は特別な思いを込めているのではないですか。戦争も高度成長も懐かしいテレビ番組も流行歌も家族の思い出さえ、昭和の一語にからめとられ、日本人でないと分からない歴史意識で理解されてしまう。

何しろ64年もありましたから、あまりに広くて歴史を考えるときに適切とは言えないのですが、やはり昭和で通じてしまうでしょう。

というわけですから、平成という時代も今上天皇と関係づけられないわけにはゆかない。一般論としても、一般論を超えるレベルとしても、平成という元号は平成の今上天皇によって特徴づけられる時代と感じます。

今上天皇の思想と行動が時代の中身とリンクしてくることがあまりに多い。とりあえずあたまの方だけに触れますと、今上天皇は92

平成と今上天皇の歩み

88・9月 昭和天皇が病床に。自粛ムード広がる。
89・1月 昭和天皇崩御。今上天皇即位。
91・7月 雲仙・普賢岳噴火。長崎県を訪問し、被災地慰問。
92・10月 天皇として初の中国訪問。
93・4月 天皇として初めて沖縄県を訪問。
・10月 皇后が失語症に。
95・1月 阪神・淡路大震災の被災地を慰問。
・7-8月 戦後50年の「慰霊の旅」(長崎、広島、沖縄を訪問)。
00・5月 戦時中の捕虜抑留問題が残るオランダを訪問。
03・1月 天皇が前立腺がん手術。
05・6月 戦後60年を機にサイパンを訪問。
11・3月 東日本大震災を受け、天皇が「ビデオメッセージ」。
12・2月 狭心症と診断され、冠動脈バイパス手術。
13・10月 熊本県水俣市にて水俣病

平成元年	2	3	4	5	6	7	8	9	10	11	12	13	14	15
1989	1990	1991	1992	1993	1994	1995	1996	1997	1998	1999	2000	2001	2002	2003

年に**中国を初訪問**（＊1）し、その翌年には沖縄を訪れています。昭和天皇にとっては生々しすぎた中国と沖縄という戦後問題に向き合う実践の始まりです。平成は、昭和には露わにしないで済ませてきた戦後日本の歴史的課題が表立った時代と捉えられるでしょう。そこには昭和天皇の崩御も大きいと思います。さわりにくかったことにさわりやすくなったということですね。

また91年の**雲仙普賢岳の噴火**（＊2）でも被災者をお見舞いした。天皇の公的行為はどこまで認められるか。憲法上の規定もなく曖昧ななか、今上天皇は、その公的行為を非常に大胆に拡大して運用してきました。

佐藤　今上天皇の個性や思想と結びつくからこそ、個性を離れたときにどうなるか考える必要があります。

片山　「ポスト平成」の問題ですね。天皇が崩御することなく退位すれば、近代の天皇制が想定してこなかった前天皇が生きて存在することになる。崩御と代替わりのセットで保たれてきた維新以来のシステムは根底から動揺します。この国の構造というか正統性についての価値観も、また大きく変わるでしょう。

佐藤　日本で生前退位の話題が出たとき、誰も天皇制を廃して共和

患者を慰問。
15・4月戦後70年を機にパラオを訪問。
16・5月熊本地震被災地を訪問
・8月退位への意向を滲ませたビデオメッセージ。
17・6月天皇の退位等に関する「皇室典範特例法」成立。

＊1—**中国を初訪問**
日中国交正常化20周年の92年、天皇として初めて中国を訪れた。晩餐会では、「深い反省」を述べ、戦争を繰り返さないことを誓った。

＊2—**雲仙普賢岳の噴火**
90年11月、長崎県島原半島の普賢岳で噴火が始まり、いったん小康状態になったものの翌年2月に再噴火し、6月3日に大規模な火砕流で、40人が死亡（3人不明）した。96年まで雲仙、島原一帯で被害が続いた。

制に移行すべきだという主張をしなかった。もしも60年代、70年代なら社会党左派や共産党の議員は、間違いなく共和制への移行を論点にしたはずです。でもこれだけ政治家や論客がいながら誰も共和制を口にしなかった。

片山　共和制だけでなく、あらゆるイデオロギーや主義や主張が議論されなくなってしまった。昭和から平成になり、イデオロギーは完全に忘れられてしまいましたね。

本題に入る前にお互いの世代について少し話しておきましょう。佐藤さんは私の三つ年上の60年生まれですよね。60年（昭和35年）生まれと63（昭和38）年生まれでは微妙に世代が違う。たとえば、64年の東京オリンピックは、私は1歳だったのでまったく記憶がない。佐藤さんは4歳ですよね。覚えていますか？

佐藤　テレビで見た記憶はなんとなくあります。私の妹が片山さんと同じ63年生まれなので、60年生まれと63年生まれの差は分かるんです。片山さんは『ウルトラマン』を見た世代ですよね。でも私は科学や文明のゆがみをシュールに描いた『**ウルトラQ**』（＊3）から見ていたから怪獣と戦うウルトラマンが登場したときには意外な思いがしました。

＊3―『ウルトラQ』 66年に放送された特撮番組。ウルトラマンシリーズの第一作。佐藤は「『ウルトラQ』をリアルタイムで見た世代と『ウルトラマン』から見た世代には違いがある」と語る。

片山　私も幼いときから『ウルトラQ』を見ていたとはいえ、仰せの通りで初めて見たのは再放送です。カラーの『ウルトラマン』や『ウルトラセブン』を知ってから、白黒の『ウルトラQ』を見た。時間にするとほんの少し遡《さかのぼ》るだけなんですが、神代と人代くらいのイメージの落差があるんですね。そこは大きいかもしれない。

佐藤さんは高校まで埼玉で過ごして、大学から京都ですよね。同志社の神学部に行くたびに不思議なトポスだなと感じます。チャペルの向かいには京都御所がある。先日も同志社の近くを散歩して、同志社の受験生向け見学日だったので、チャペルの中までつぶさに拝見してきましたが、やはり独特な空間ですね。

佐藤　私は大学院まで、ずっと同志社の神学館で過ごしていました。特殊な環境だったのは確かです。私が京都に行ったのは79年。当時、東京の学生運動では内ゲバ殺人が行われていた。東京で新左翼系の活動に足を踏み入れたとしたら、それは市民社会からの逸脱を意味しました。殺すか殺されるか、という世界ですから。

一方関西の同志社では1年生のときに全学バリスト（バリケードストライキ）が行われていて、新左翼系学生運動の力は強かったけれど、内ゲバは少なかった。少なくとも同志社では殺人事件は起きなかった。関西にはまだ余裕があったと思いますね。

　片山さんが保守の研究を始めたのは何かきっかけがあったのですか？

片山　子どものころから私はなぜか右が好きだったんです（笑）。右か左どちらかを選べと言われれば、右を選びました。私はもともと左利きだったのですが、右利きに矯正されて右をよいものだと懸命に思おうとしていたのかもしれません。左利きで何が悪いという怨念がわたくしの一番の奥底にはありまして。その上を「右の方がいいぞ」という祖母や父親の声が糊塗《こと》している。これが幼年期の自分の構造（笑）。左利きはダメだという父方の祖母の声なんかは今でも耳に実際に残っているのですよ。

　それから、私は東京育ちですが、生まれは母方の実家の仙台で、そのせいで東北地方には強い執着があるんです。日本地図を広げると東北は東京の右側でしょう。それも関係していたのかもしれませんね。いずれにしろ政治思想に興味を抱いたときに気になったのは右の思想だった。

　昭和が終わり、平成が始まる89年1月8日、私は25歳で慶應義塾大学の博士課程の1年目。日本政治思想史をやっているつもりでし

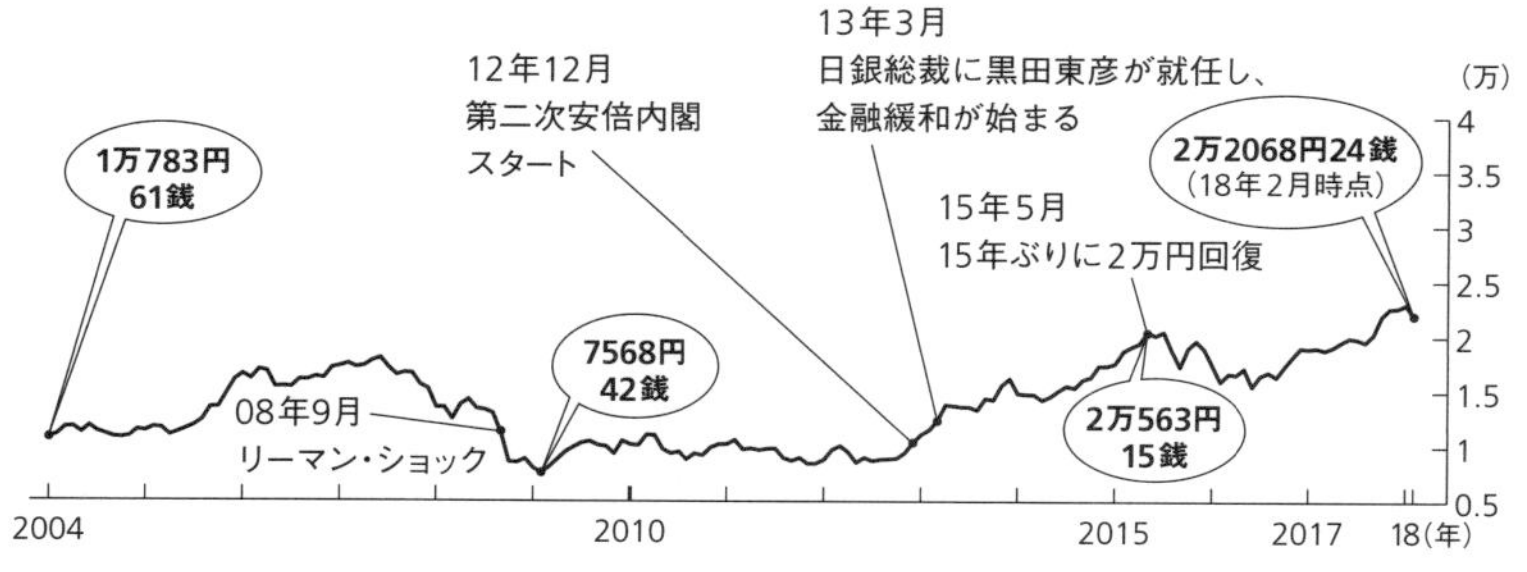

た。まずはそのあたりから始めましょうか。当時、佐藤さんはモスクワにいらしたんですか？

佐藤　そうです。崩御の2週間ほど前に日本政府から在ロシア日本大使館に「崩御近し」と連絡が入りました。ロシア人との宴席やパーティは自粛するように、とのお達しもあった。そして崩御の報が入るとすぐに大使館に半旗を掲げて、弔意を示す記帳の準備をはじめた。さらにソ連側から大喪《たいそう》の礼に出席するのは誰か、ソ連の対日政策はどう変わるのか見極める……。まさに仕事として昭和の終焉に立ち会いました。

モスクワから見た狂騒ニッポン

片山　当時はバブル経済まっただ中ですね。しかし私は〝人生の墓場〟とも言われていた、将来にほとんど展望もない大学院生活でしたから、その恩恵にはあまり浴しておりませんで（苦笑）。

佐藤　85年に外務省に入った私は、翌年6月にイギリスに留学し、87年8月からモスクワに移り、95年3月まで勤務しました。その間、ほとんど帰国しなかった。だから私もバブルを皮膚感覚で知らない

平成を数字で読む　❶日経平均株価の推移　＊日経平均株価（月次終値）をもとに作成

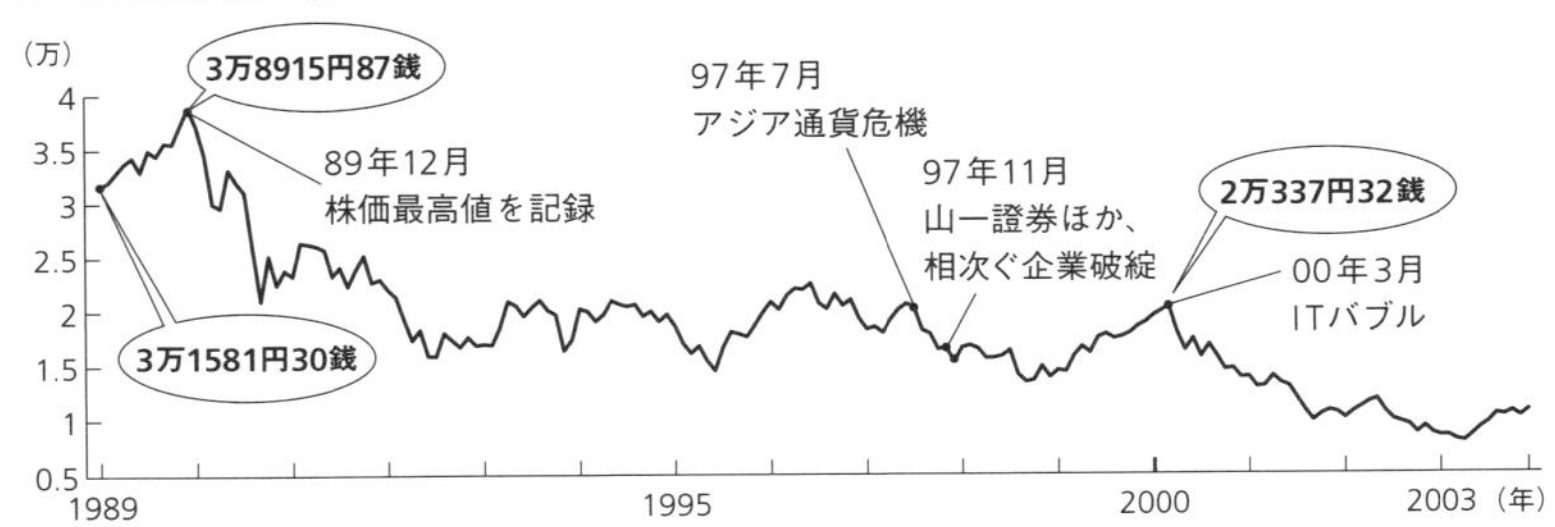

んですよ。
以前、精神科医の香山リカさんが「佐藤さん、**パルコ**（＊4）は一つの時代を作ったのよ」と語っていた。私が「渋谷はともかく池袋なんてしょぼくれて暗い感じじゃないですか」と言うと「バブルの頃はそうじゃなかった」と。

片山　渋谷も60年代までは怖い街でしたよね。それが70年代にパルコなどができて、公園坂を歩くのが格好いいとかいうことになっていった。

遅れて80年代ですか。池袋が渋谷化していく。70年代は池袋の文芸坐に映画を見に行くときは途中の道をずいぶん気を付けて歩いたものですが、それが佐藤さんの日本におられないうちに急速に変わったんですね。セゾン文化の発信拠点の重要なポイントになって。本を買うのはリブロで、レコードを買うのはＷＡＶＥで、どちらもセゾンのブランドであって、西武百貨店池袋店に巨大な店舗があって、銀座や神保町よりも文化芸術的にすごい感じがあったかもしれません。映画館はあっても劇場には恵まれてはいませんでしたが。

佐藤　私はその感覚が共有できない。その上赴任したソ連では、ゴルバチョフのペレストロイカが始まっていた。いま改めて振り返っ

＊4―パルコ
53年に池袋駅のステーションビルとして設立されたファッションビル。全国19店舗を展開。70年代に渋谷に進出し、若者文化と現代アートを組み合わせたイベントを実施し、渋谷カルチャーを発信した。劇場、ライブハウスなども運営する。

＊5―『私をスキーに連れてって』
87年公開。原田知世主演。映画公開に前後してスキーブームが起こる。

＊6―『彼女が水着にきがえたら』
89年公開。『私をスキーに連れてって』に続く、マリンスポーツを舞台にした「ホイチョイ三部作」第2作。こちらも原田主演。モスクワで見た佐藤は「まるで違う国を見ているようだっ

てみても同世代のボリュームゾーンとは違った経験をしました。石けんや砂糖などは配給券がないと買えないモスクワで、日本を知る手がかりとなったのが東京から送られてくるＶＨＳでした。だからモスクワの自宅で観たホイチョイ・プロの**『私をスキーに連れてって』**（＊5）や**『彼女が水着にきがえたら』**（＊6）が、私にとってのバブルなんです。

10年ほど前、やはりホイチョイ・プロが作った**『バブルへGO!!』**（＊7）を見たあと知人に「若干の誇張はあるけどバブルってこんなもんだったよ」と教えてもらいました。

片山　バブルの衝撃というと、思い出すのはライターをしていた雑誌編集部の忘年会ですね。90年代に入っていましたが。バニーガールの姿に男性編集者一同が仮装させられていて、入り口でお出迎えしてくれる。衣装をわざわざ借りてきているわけですから。中に入ると漫画家の**中尊寺ゆつこ**（＊8）が「みんなノッてるー!?」と叫んでいる。もう、現実がマンガそのもので（笑）。そこに**武田徹さん**（＊9）や**鷺沢萠《めぐむ》さん**（＊10）や**神足裕司さん**（＊11）とかがいるわけです。鷺沢さんが異様なまでに気だるい雰囲気を発していました。

た」という。シリーズ第3作が『波の数だけ抱きしめて』。

＊7―『バブルへGO!! タイムマシンはドラム式』
07年公開。破綻寸前の日本経済を救うため、阿部寛演ずる財務官僚が、広末涼子演じるフリーターを90年に送り込む。バブル時代の日本が再現され、話題になった。原作はホイチョイ。

＊8―中尊寺ゆつこ
１９６２‐２００５。同時代の女性を描いた漫画家。彼女が用いた「オヤジギャル」は流行語になった。代表作に『お嬢だん』。

＊9―武田徹
１９５８年生まれ。専修大学教授。メディア社会学、近現代社会史が専門。00年に『流行人類学クロニクル』でサントリー学芸賞を受賞。

佐藤　私はモスクワにやってくる新聞記者たちを見て、日本社会は本当に変になっているなと思いました。「カップヌードルを啜らねえと記事が書けねえ」という記者のために、私が、わざわざストックホルムからカップヌードルを空輸したこともありました。モスクワのサクラという和食レストランでは「仕出し弁当を作れ」という記者に「一つ1万円しますよ」と忠告したら「それでかまわない」と。

片山　えっ、一つ1万円って、どんな中身の弁当ですか？

佐藤　いま日本で買えば700円くらいの普通の弁当です。東京から食材を空輸しているから高いんです。天ぷら蕎麦が7000円もするレストランですから。

片山　そのころ私は、大正や昭和初期の右翼思想の研究をしていたのですが、過激なものより、**原理日本社**（＊12）のような、日本はありのままの今の日本でいいんだというような思想に興味を持ちましたね。時間が停滞してその中で人間が受け身になって漂って能動性や主体性を失う感じの思想がとてもアクチュアルに感じられました。

バブルの前の高度経済成長をいったんやり遂げた感のあった日本

＊10—鷺沢萠
1968－2004。小説家。87年に『川べりの道』で文学界新人賞を受賞し、女子大生小説家として注目を集める。『帰れぬ人びと』『葉桜の日』などで芥川賞候補になり92年に『駆ける少年』で泉鏡花文学賞を受賞。04年に目黒区の自宅で自殺。

＊11—神足裕司
1957年生まれ。慶應義塾大学在学中からライターとして活動を始める。コラムニストとして『金魂巻』や『恨ミシュラン』などベストセラーを刊行する。11年、重度くも膜下出血に倒れたが、一命をとりとめる。リハビリを続けながら13年に『一度、死んでみましたが』を刊行。

＊12—原理日本社
1925年に蓑田胸喜らによって結成された右翼団体。機関紙

には、一定の状態がフラットでずっと続いていく、その中で宙づりになって漂っているのが良いという雰囲気があったでしょう。ポストモダンという言葉で呼んでもいいのですが。そのことを、右翼思想と対比して確かめたかったのです。
　そんな研究に取り組んでいたさなかの90年10月、日経平均株価が2万円を切ってバブルが崩壊しました。

バブル崩壊でファミレス進化

佐藤　片山さんはバブルの崩壊をどんなふうに受け止めましたか？
片山　父親はずっと広告代理店のサラリーマンで、特別な高収入ではないはずでしたけれど、株とか利殖に抜け目がなく、小金を稼ぐ才には長《た》けていましたから、私も小遣い銭にはそれほど困らず、高度経済成長期の恩恵にかなり浴することができていたと思います。本当に好き勝手にしていました。
　バブルが弾けて親の財産もなくなったころには、もう大人になっていたから、あとはさいわい何とかなりましたね。もしも私がもう少し若くて、バブル崩壊以降にまだ学齢だったら、かなりつらい思

「原理日本」などを通し、進歩派の大学教授への排斥運動や、天皇機関説攻撃の急先鋒となった。

平成2年（1990年）

流行語
・〈オヤジギャル〉
・〈ファジィ〉

流行歌
・「おどるポンポコリン」（B・B・クィーンズ）
・「今すぐKiss Me」（LINDBERG）
・「さよなら人類」（たま）

映画
・『夢』（黒澤明）
・『タスマニア物語』（降旗康男）
・『天と地と』（角川春樹）

本
・『愛される理由』（二谷友里恵・朝日新聞社）

いをして、過激な社会主義者にでもなって、直接行動も辞さずと、爆弾を投げていたかもしれません（笑）。

今振り返ると90年にバブルが弾けたとはいえ、その後も何年かはバブルの余韻が残り、しばらくみんなボケッとしていた印象がありますね。

佐藤　バブル崩壊がどこに行き着いたのか。最近テレビを見て気づいたんです。『**東京タラレバ娘**』（＊13）だったんじゃないか、と。視聴率は10％ちょっとだけど、社会的な影響がとても大きかった。

一言で言えば、タラレバ娘で描かれていたのは生活保守主義です。アラサーの登場人物たちは、高い理想を掲げつつも、仕事はおろか、結婚もできず。かといって、不倫はもちろん〝セカンド〟もダメ。それは30歳を過ぎたら生活や人生がどうなるか分からないという不安を抱いているからです。

片山　不況のなかで育った若者たちは騙されていたと気づいたんでしょうね。自由だ、自由だ、と言われて、実は捨てられているのだと。そこで身を守る術を発達させる。夢よりも用心。不自由でも安全。

佐藤　ドラマでは居酒屋で支払っているのは３０００円以内。テレ

＊13―『東京タラレバ娘』　17年にドラマ化もされた東村アキコの漫画。アラサー・独身・彼氏ナシの女性３人が毎晩、愚痴や後悔を吐露する。ドラマでこじらせアラサー三人組を演じたのは、吉高由里子、榮倉奈々、大島優子。

＊14―男女雇用機会均等法　募集や採用、昇進まで男女を平等に扱う努力を企業に義務づけ、教育訓練や福利厚生、退職、解雇に関する差別を禁止した法律。86年４月に施行。

ビではビールを飲んでいるけど原作の漫画ではホッピーだから２００円程度で済ませている。

片山　いまの若者たちはお金も使わず、物を持たないとよく言われますが、バブル崩壊以前の戦後日本とはまったく価値観が違いますね。高度成長期にはお金を使って物を増やす。そうすれば誰かが構ってくれて結果オーライ。予定調和を信じられていた。

佐藤　現実でも私の周囲の女性編集者や研究者は20代後半で駆け込み結婚しています。彼女たちは、**男女雇用機会均等法**（＊14）や「女性の活躍」という言葉を冷ややかに見ている。

驚いたのは、恋愛結婚はイヤだという女子学生が少なからずいること。付き合っている男はいるけど、男を見る目に自信がないから恋愛結婚したくないと言うんです。

でも、よく聞いてみるとまた違う理由がある。知らない男を家に連れて行って親との軋轢《あつれき》が生まれるのがイヤなんです。

片山　驚くべき現実主義ですね。少しでも軋轢を減らし、リスクを逓減《ていげん》して少ないエネルギーで身を守ろうとする意識は本当に高い。その一方で、たとえば予備自衛官の訓練を受けている学生もいます。頭のいい大学院生は外国に逃げ出したり。国を論ずるのも国を守る

平成を数字で読む ❷ 下がる「出生数」と上がる「初産平均年齢」

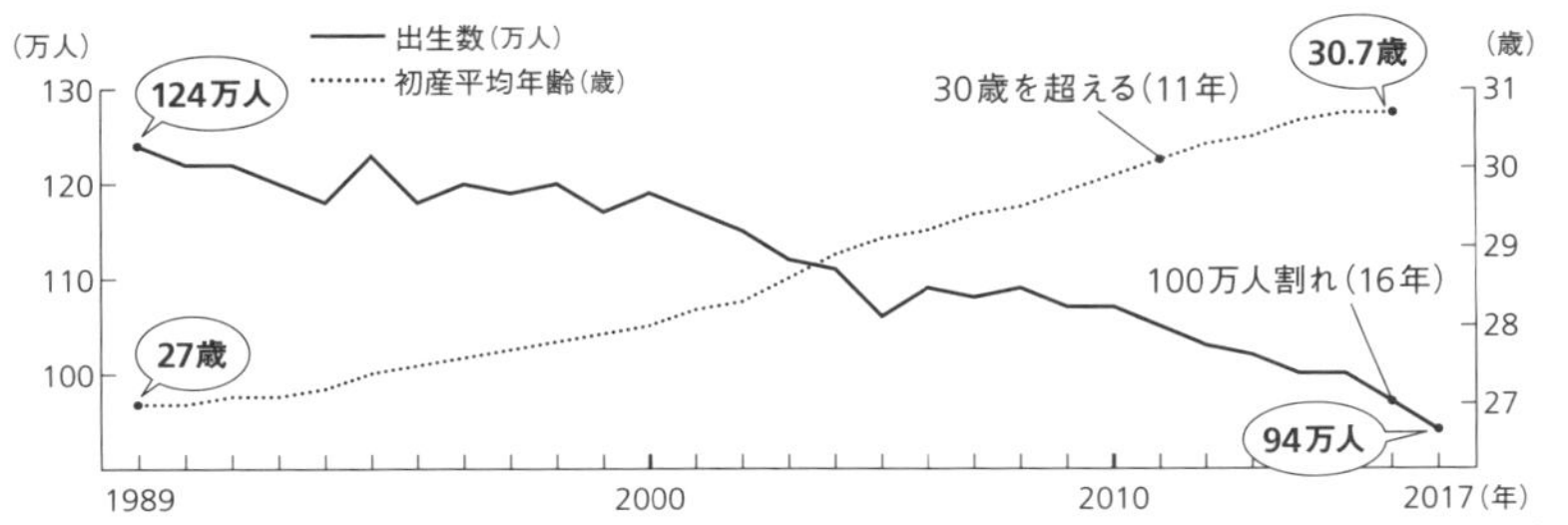

出典：厚労省

のも他人事ではない。シニカルに批評してはいられない。結婚から国防まで、人を信じて任せていては危ないと思っているのです。そして国を見限る人もいる。

彼らは、バブルを経験した世代、いや、高度成長を当たり前と思った世代とはまったく違う価値観で生きています。

佐藤　しかし現代の若者の価値観もバブルを抜きに考えられません。バブル崩壊の結果、サイゼリヤなどのファミレスで、安価でそれなりのレベルの食事ができるようになった。コンビニを含めた食の幅も広がっていった。

今の学生を見ていると、とにかく目の前のことだけに一生懸命になっているように見えます。たとえば、塾の講師のアルバイトを一日4時間、週6回やって年に200万円稼いでいる学生がいたとします。彼はそれでいいと満足している。

でも、私は改めて考えてみろと言うんです。今から外交官試験を受けて外務省に入ってごらん、と。研修を終えて数年すれば、年収は1000万円を軽く超える。彼は週6回のバイトに追われて、機会費用（得られたはずの利益）を失っている。そこまで言わないと、気づかない。

＊15—中今論
過去と未来の真ん中に位置する「今」を示す、神道における概念。遠い過去から未来にいたる間としての現在を賛美する意味で使われることが多い。

片山　今がすべてという日本古来の**中今論**《なかいま》（＊15）にも通じますね。刹那主義とも言える。若者には今がよければいいという側面と、5年、10年先を考えても意味がないと諦めている側面の両面があるのでしょう。

佐藤　児童心理学では、3歳児や4歳児は、今かそれ以外という時間認識しかないそうです。それに似ている。

片山　平成は、それなりに生きてゆくにはとりあえず充分という極相に達して「坂の上の雲」ならぬ「坂の上の平原」といえますね。もう上はないだろうけれど、平らかに、それなりに高いところで成っている平原。もっと成り上がりたいという気持ちはないが、墜ちることへの恐怖は強い。

　つまり平原といっても果てしない平原ではなく、地図がなくてすぐ先が行きどまりの崖かもしれない。危なさを感じているけれども、自己防衛には限界がある。かといって防衛しないわけにはゆかない。ましてや他人も社会も国家も当てにならない。そこで石橋を叩いて渡る。なるたけ留保する。冒険主義は好まない。撤退や現状維持に関心がある。行き止まりの時代を当然のこととして受け入れる。だれに文句を言っても言うだけ無駄だ。これは諦念でしょうか。

平成を数字で読む ③ **土地神話の崩壊（住宅地の公示地価変動率）**

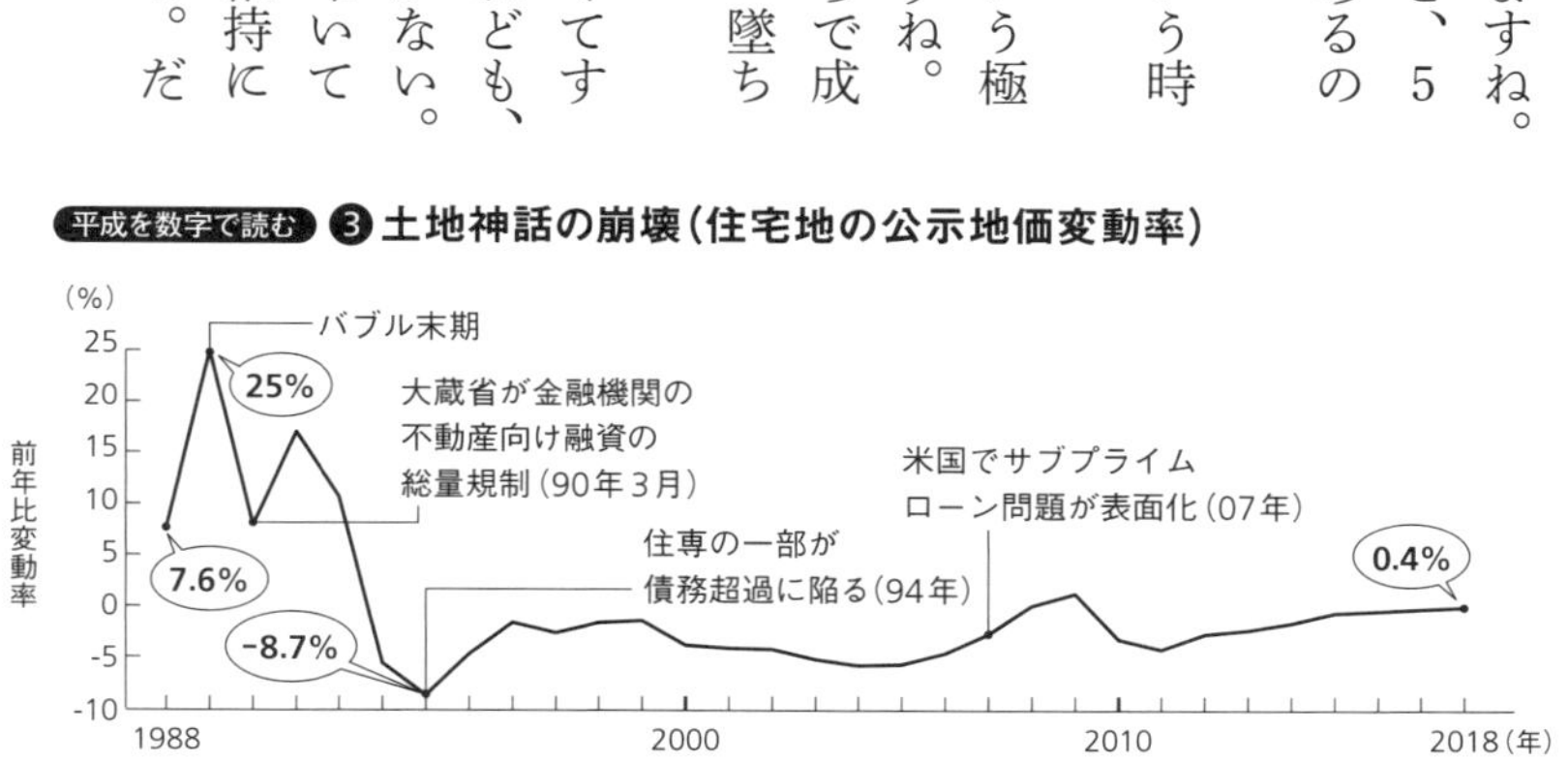

出典：一般財団法人 土地情報センター

バブル崩壊の結果誕生した「平成人」とはそういう人間類型に属する人々なのかもしれません。

世界史と相対化させよ

片山 国外に目を転じれば、バブル崩壊前年の89年にベルリンの壁が崩壊、91年にはソ連も消滅しました。ソ連崩壊を抜きには平成は語れない。佐藤さんは、ソ連や東欧が激変する現場を目の当たりにされましたね。

佐藤 当時私は民族問題を担当していました。ベルリンの壁が崩れたあと、バルト諸国で独立運動が深刻化して、東欧諸国で次々と革命が起きた。さらにモスクワで発生したクーデター未遂事件がソ連崩壊の引き金となった。そのすべてを追ってきました。

片山 すると現在の不安定な国際情勢に既視感をお持ちではないですか?

佐藤 あります。ソ連崩壊の1年目に2500%のインフレが起きて、国有だった資産のぶんどり合戦が始まった。結果、極端な格差社会が生まれて、殺しが続いていく。私の新自由主義嫌いは理屈で

平成3年(1991年)

流行語
・〈嫌米〉
・〈…じゃあ~りませんか〉

流行歌
・「ラブ・ストーリーは突然に」(小田和正)
・「SAY YES」(CHAGE&ASKA)
・「愛は勝つ」(KAN)

映画
・『息子』(山田洋次)
・『おもひでぽろぽろ』(高畑勲)

本
・『Santa Fe』(宮沢りえ、篠山紀信撮影・朝日出版社)

はなくて、モスクワで見た現実が根っこにあります。

なかでも忘れられないのは、内乱寸前にまで陥った93年の**モスクワ騒擾事件**（＊16）。日本大使館前で起きた銃撃戦をＣＮＮが生中継していた。私たちはその映像を大使館のテレビで、リアルタイムで見ていました。大砲を撃つ映像が流れると数秒後に大使館が揺れるんです。

そんな混乱した状況でロシア人が「佐藤も気をつけろ。気が短いヤツは命も短い」「口の軽いヤツは命も軽い」と脅すんですよ。実際、蜂の巣になった知り合いもいました。

片山　まるで昭和10年代の満州や上海のような話ですね。かつては佐藤さんのような体験をした日本人はたくさんいたのでしょうが、ぬるま湯に浸かった戦後の日本ではとても経験できない。

佐藤　国家の暴力性はいやというほど実感しました。あとの話にはなりますが、私は鈴木宗男事件で東京地検特捜部に逮捕されているでしょう。特段逃亡もしないし、罪証隠滅もしないんだけども、02年5月から03年10月まで「小菅ヒルズ（東京拘置所）」の独房に512泊もした。

しかも私の独房の両隣は死刑囚。この国は一体どういう国なのか、

＊16―モスクワ騒擾事件　エリツィン大統領と議会勢力間の抗争。テレビ局を占拠した議会側武装集団に対し、大統領は非常事態を宣言。軍を動員し事態を収束した。10月政変とも呼ばれる。

90年1月、ソ連に〝資本主義の象徴〟マクドナルドがオープン。

と思いましたよね。だって傷害事件を起こしてもよほど行状が悪くないと512日の勾留はありえない。だから私の場合、最初から懲役1年半と同じですよ。

片山 でもそれが佐藤さんの膨大な著述を支える経験になっている。村上春樹の『**騎士団長殺し**』（＊17）にも佐藤さんを想起させるような人物が登場します。

佐藤 確かにあれは私によく似ていますね（笑）。

片山 佐藤さんは平成史の肝といえるソ連崩壊に立ち会った。日本ではソ連が崩壊したときに社会主義は終わったと誰もが思った。だからこそアメリカの資本主義や政治をコピーすれば、日本も100年は安泰と一時的にも信じられてしまった。そこに大きな間違いがあったと思います。

佐藤 同感です。平成史は歴史総合なんですよ。その意味では世界史と相対化させないと平成日本史は見えてこない。平成史は日本史であると同時に世界史なんです。

たとえば、平成元年に消費税が導入されます。これは、付加価値税に反対の立場をとる、世界に類を見ない日本独自の社会民主主義の存在を明らかにした。そもそも付加価値税、つまり消費税は、社

＊17―『**騎士団長殺し**』17年に刊行。肖像画家の「私」が日本画に描かれた騎士団長の形をとったイデアとコミュニケーションを取りながら、危機からの脱出を試みる。佐藤の解説は367ページを参照。

会民主主義者の専売特許だったはず。消費税導入によって、日本の社会民主主義の矛盾が露わになりました。

片山　日本の社会主義は富裕層を叩く意識で発達しすぎたのですかね。急激な近代化のせいなのか、江戸時代の身分制度から四民平等に唐突に移行して、そこで明治政府のやったことは徴兵制や重税でしょう。

民衆に権利意識を育てる暇がなかったのが尾を引いている気がします。権利を主張することよりも、余計な負担をさせるな、という「逃げたい意識」というか「解放されたい意識」が先行している。百姓一揆みたいな話になる。これ以上、一銭も払いたくないんだと。それが反転すると、上からむしりとることを考えて、下が自ら負担するというのはますます禁句みたいになる。

下からの要求のために自ら負担するのではなく、上からの要求から逃れること、そのために誰か、別の上に期待するということが日本人のデフォルトになっているのではないですか。いずれにせよ相互扶助や階級宥和の意識が低すぎるので、何をやってもいびつになってしまいます。

平成4年（1992年）

流行語
・〈きんさん・ぎんさん〉
・〈ねェ、チューして〉
・〈こけちゃいました〉

流行歌
・「君がいるだけで」（米米CLUB）
・「それが大事」（大事MANブラザーズバンド）
・「涙のキッス」（サザンオールスターズ）

映画
・『紅の豚』（宮崎駿）
・『ミンボーの女』（伊丹十三）
・『シコふんじゃった。』（周防正行）

本
・『さるのこしかけ』（さくらももこ・集英社）

宮崎勤事件と仮想現実

佐藤　平成に入って私が異常だなと感じるのが個人情報保護の流れです。住所まで隠す必要があるのか。やり過ぎではないのかと思うのです。

片山　そこは慣らされては困る話ですね。かつては作家の住所も公表されていた。というか、本の著者紹介に学者でも詩人でも所番地まで出ていたでしょう。

佐藤　いまプロフィールに住所を書く作家、評論家は**鈴木邦男**（＊18）くらいじゃないですか。「来るなら来い」という感じで（笑）。

片山　でも本当に襲われる危険性もありますね。ストーカー事件もあるし、実際に地下アイドルがファンに切りつけられる事件も起きました。自宅ではなく路上で襲われたわけですが。

とにかく個人情報保護で年鑑や人名録がなかなか作られないから、ネットなど非公式な情報が大きな力を持つ。アングラ情報です。

国会議員も最近はアングラ情報をもとに質問しているし、学者でも非公式な噂話レベルのものを垂れ流していることもあります。

＊18—**鈴木邦男**
1943年生まれ。政治活動家。72年に結成された新右翼団体「一水会」創設者。反共産主義にして反米も掲げる。

情報が保護されすぎると、闇情報が氾濫する。物資が公的に統制されると闇市場が発達するのは戦中戦後の日本が経験したことですが、情報も闇市場で手に入れるのがノーマルになって、無感覚になって、本当か嘘かを確かめないのが、特にネット情報については常態化してきている。

佐藤　平成は編集がなくなった時代とも言えます。集めてきた膨大な情報を取捨選択したり、編集したりせず、切り貼りしてそのまま公表する研究者や評論家が増えた。

片山　個々人の判断力の低下もあるかもしれませんが、それ以上に情報環境の問題ですね。

佐藤　アングラ情報が溢れて、現実と虚構の区別がとても難しくなっているという文脈でいえば、**宮﨑勤事件**（＊19）も89年――平成元年です。

片山　現実と仮想の区別がつかないのが〝あたり前〟になった時代のシンボルが宮﨑勤ですね。

佐藤　宮﨑事件はオタク文化や引きこもりの文脈で語られましたが、犯罪は時代によって意味づけが変わります。もしもいま宮﨑事件が起きたらサイコパスとして扱われるのではないでしょうか。

＊19―宮﨑勤事件
88年から89年にかけて女子児童4人が誘拐・殺害された事件。被害者宅に児童らの身体の一部が、マスコミには犯行声明が届き、社会は騒然とする。89年7月現行犯逮捕される。08年死刑執行。

片山　そうかもしれません。実は、私も宮崎が通っていた高円寺のレンタルビデオ店を利用していたし、自室も当時、宮崎と同じくビデオテープの山でしょう。同類扱いされて社会から排除されるのではないかと心配しました。

実際、院生のかたわら講師をしていた慶應女子高の生徒に、宮崎勤事件をどう思うかと授業中に聞かれて、そこでドストエフスキーを引いて話したのです。こういう事件をオタクとかと過度に結び付けて現代特有の問題にするのは不適切であって、いつの時代にもあるんだと説明したら、「先生は宮崎を肯定するんですか」と教室がパニックになって、何事だと隣の教室からも見に来たりして大騒ぎになってしまって（笑）。そのあとは何回か、慶應女子高の現代社会の授業では、全クラス共通で「オタク誕生史」をやりましたけれど。

今ではオタクは、日本政府が推し進めるクールジャパンにつながるカルチャーとして認知されていますが、オタクが初めて本当に注目されたのは、やはり宮崎事件ですね。

佐藤　いまやアニメを世界に伝えたいからという動機で外交官試験を受験する学生も増えています。なかには少女レイプアニメばかり見ているヤツもいた。

片山　それはまずい（苦笑）。

佐藤　彼はプーチンも卒業したサンクトペテルブルク大学に留学したんですが、生身の女が苦手だからと学校に通わなかった。女性と接すると本当に蕁麻疹《じんましん》が全身に出て血が噴き出すんです。

片山　その方自身がＳＦ映画やアニメに登場してきそうな人ですね。

宮崎事件の頃にほど近かったと思いますが、大井町の名画座で、１９６２年に製作された『二十歳の恋』（＊20）というオムニバス映画を見ました。日本、西ドイツ、フランス、イタリア、ポーランドの５カ国の監督がそれぞれの国の20歳の恋をテーマに撮影したオムニバスです。フランスの監督がトリュフォーで、イタリアがロッセリーニ。そして日本が石原慎太郎。日本以外の国の作品は、いかにも初々しい、そして市民社会で受け入れられるレベルの、常識的な青少年の恋を描いていたのですが、日本だけが違った。ストーカー映画だったんです。

佐藤　時代を先取っていますね。

片山　さすが石原慎太郎なんですよ。工員が女子高生に一方的に恋をしてつけ回す。向こうも自分が好きだとなぜか確信している。最

＊20―『二十歳の恋』
日本公開は63年。パリ、ローマ、東京、ミュンヘン、ワルシャワの五つの都市における青春と恋を描いたオムニバス映画。日本編の監督を務めた石原慎太郎は当時29歳。片山が本作を見たという大井武蔵野館は99年に閉館している。

後は嫌われたのに逆上して強姦して殺してしまう。それが日本の『二十歳の恋』だった。

佐藤　アンドレイ・タルコフスキーの『ストーカー』が、81年に日本で上映されたときのタイトルは『スタルケル』。まだ日本にストーカーという概念がなかったから翻訳できずにロシア語の「スタルケル」のまま上映したんです。

片山　『二十歳の恋』にしても『スタルケル』にしてもストーカーという言葉が使われていなかっただけで、かつてもストーカー的な行為はあったし、ストーカー的な人は存在した。ストーカーは突然登場したわけでない。

佐藤　ユーミンの「まちぶせ」もストーカーの歌ですからね。時代は進みますが、**桶川ストーカー殺人事件**（＊21）が起きたのが99年。その翌年に「ストーカー規制法」が制定されます。

片山　ストーカーが社会的に認知されて恐怖されるようになった。それは平成の新しい現象でしょう。

　コミュニケーションの不全な人間はいつもいるけれど、それを管理し制御することが社会にできなくなった。閾値《いきち》を超えたというか。もちろんアトム化（希薄化・孤立化）が進行して、止めるべき人が周

＊21―桶川ストーカー殺人事件
JR桶川駅前で女子大生が刺殺された事件。被害者に交際を断られた犯人の逆恨みが背景。2000年に成立したストーカー規制法の契機になる。同事件を題材にしたノンフィクションに、犯人逮捕につながる取材・報道をしたジャーナリスト清水潔による『遺言―桶川ストーカー殺人事件』（新潮文庫）がある。

＊22―東京佐川急便事件
東京佐川急便から複数ルートの資金流出が発覚し、同社元社長の渡辺広康らが特別背任罪に問われた事件。暴力団企業に融資や債務保証した約5200億円の大半が回収不能に。政治家にも多額の闇献金が渡った。

りにいないということもある。

ストーカーは新しい人種ではなく、それを止めていた家族や共同体の方が壊れたと考えるべきなのかもしれません。つまり社会が崩壊して、ある種の人たちが目立つようになって、ストーカーが平成のキーワードの一つになった。

佐藤　外務省時代の同僚にもストーカーがいました。彼は手を出した研修生の女性に振られたとたんに豹変して、追いかけ回しはじめた。彼女の出張先に「白人が大好きな尻軽女です」というファックスを送りつけた。さすがに女性も怖くなって上司に相談した。

その後、ストーカーになった男が強い警戒心を示すようになった。デスクを書類や書籍の山で囲んで「俺は誰かに追われていたんだ」とバックミラーまで設置した。

片山　追う側が追われる側になってしまったんですね（苦笑）。

右傾化の原点

佐藤　政治の枠組みが大きく変わるきっかけになったのは92年です。**東京佐川急便事件**（＊22）で自民党の金丸信が東京佐川急便から5

左から寺沢芳男、武田邦太郎、細川護熙、小池百合子の各氏。

億円のヤミ献金を受け取り、政治家や官僚の汚職や腐敗が社会問題になった。そのなかで実業家と右翼団体という暴力装置との絡み——つまり表の世界と闇の勢力の繋がりが明らかになりました。あれ以降、闇の勢力は表に出てこなくなった。

片山　東京佐川急便事件が引き金となり、翌年の93年に55年体制が崩壊します。社会に金権政治は許さないという空気が生まれた。

佐藤さんは、まだモスクワですよね。55年体制崩壊はどう受け止めましたか？

佐藤　率直に言ってショックを受けました。外務省では非自民8党派連立内閣の首相となった細川（護熙）よりも小沢一郎に対する期待感が強かったんです。小沢は『日本改造計画』において軍事を含めた国際貢献も含めて「普通の国になれ」と主張していましたから。

片山　最近「日本は、急に右傾化してきた」と言う人がいるけれど、集団的自衛権は、91年に始まった湾岸戦争時の**PKO協力法**（＊23）から重要な論点でした。30年越しのモチーフだった。

佐藤　おっしゃるように「普通の国になれ」は、そのころから外務官僚の総意でしたね。

片山　当時、東京佐川急便事件の影響もあり、反金権政治が錦の御

平成5年（1993年）

流行語
・〈聞いてないよォ〉
・〈コギャル〉
・〈悪妻は夫をのばす〉

流行歌
・「YAH YAH YAH」（CHAGE&ASKA）
・「ロード」（THE 虎舞竜）
・「エロティカ・セブン」（サザンオールスターズ）
・「真夏の夜の夢」（松任谷由実）

映画
・「月はどっちに出ている」（崔洋一）
・『ソナチネ』（北野武）
・『REX 恐竜物語』（角川春樹）

本
・『磯野家の謎（正・続）』（東京サザエさん学会編・飛鳥新社）

＊23—PKO協力法
国連の平和維持活動（Peace Keeping Operations）や人道的な救援活動などに協力するため

旗として掲げられていました。イデオロギーや思想は二の次で社会主義やマルクス主義の人も、自由市場的な考えの人も野合して、新たな勢力を作った。アメリカのような二大政党制にすれば、政権交代が頻繁に起きるようになって、政官財の癒着に歯止めがかかるはずだと。その方向への過渡期としての**細川大連立内閣**（＊24）や自社さ連立内閣が演出されていった。

細川連立内閣の後を受けた羽田内閣が64日間で退陣し、自民党と日本社会党、新党さきがけが連立した村山連立内閣が成立したのは、94年6月でした。

佐藤　私は自社さ連立政権がなければ、96年の橋本内閣は絶対に生まれなかったと考えています。

当時、モスクワの日本大使館に政治学者の**佐藤誠三郎**（＊25）が訪ねてきました。日本大使に「橋本龍太郎は首相になる可能性はありますか」と聞かれた佐藤誠三郎は「本人以外の全員が反対するでしょう」と応えた。

それほど橋本は政界で異質の存在だった。まず派閥の領袖ではなかった。それに政治家と一緒に飯を食わない。55年体制が続けば、大臣レベルで終わる政治家と誰もが見ていた。

の国内法（「国際連合平和維持活動等に対する協力に関する法律」の略）。成立した92年に自衛隊をカンボジアに派遣した。現在もこの法律に基づき、自衛隊が海外派遣されている。

＊24―細川連立内閣
93年に細川護熙が内閣総理大臣に任命されて発足した内閣。非自民、非共産8党派の連立政権の誕生で、55年の結党以来政権を維持し続けた自民党が初めて下野した。内部対立や、細川自身の東京佐川急便からの借り入れ問題などで1年持たずに退陣する。

＊25―佐藤誠三郎
1932－1999。大平内閣や中曽根内閣で政策ブレーンを務めた政治学者。日米政治や安全保障を専門とし、保守系論客として活躍した。

しかし、自社さ連立政権で、彼にチャンスが転がり込んだ。伝統的な自民党の政治家なら、橋本内閣が行った予算の上限を定めるキャップ制導入や省庁の再編などの新自由主義的な改革は行わなかったはずです。

片山　橋本政権の新自由主義の流れは、その後の森政権にも小泉政権にも引き継がれます。ソ連崩壊で21世紀はアメリカの一人勝ちと当時は想定された。いま思えば極めて安直な「新しい常識」に支配されて政界もアメリカ型二大政党制に再編されるべきと大新聞も政治学者も煽《あお》り続けた。

とすれば、「政界再編過渡期内閣」としての自社さ連立政権は、冷戦構造崩壊後の判断ミスの時代が生みだしたとも言えませんか。やはりソ連の崩壊がポイントになる。

佐藤　私も同じ考えです。

ソ連の崩壊とともに重要になってくるのが、日本社会党の位置づけです。社会党と聞くと、**土井たか子**（＊26）や**辻元清美**（＊27）をイメージする人が多いのではないかと思います。でも実は、彼女たちは右翼社民で社会党のメインストリームじゃない。辻元はおそらくマルクスの『共産党宣言』を読んだ経験はないと思います。

＊26—土井たか子
１９２８－２０１４。日本で女性初の衆議院議長にして政党党首（日本社会党委員長）。89年、90年の選挙で「土井ブーム」を巻き起こす。愛称は「おたかさん」。

＊27—辻元清美
１９６０年生まれ。立憲民主党の衆議院議員。早大在学中の83年にＮＧＯ「ピースボート」を設立。96年の衆院選で社会民主党から初当選した。02年に海外利権疑惑などで、鈴木宗男を激しく追及したことで名が知られるようになる。

＊28—社会主義協会
山川均、大内兵衛、向坂逸郎などによって51年設立。かつては日本社会党左派の理論的支柱だった。

社会党のメインストリームは労農派マルクス主義。特にマルクス・レーニン主義を指導原理とした**社会主義協会**（＊28）に代表される左派です。ソ連崩壊で右翼社民が台頭して左派の力が失われていたから、自民党と社民党の連立が可能だったのです。

マルクスを知らない政治家たち

片山　ソ連の崩壊から30年が過ぎようとしている今、そうした前提を知らない世代が誕生した。たとえば日本の大学ではソ連崩壊を境に、教授たちはマルクス主義の看板を下ろしてしまった。そのあとの世代には労農派や講座派といっても通じないでしょう。日本の敗戦後に教科書が墨塗りになったのと似ていました。

ソ連崩壊時の大学生はいまや50歳。あそこで歴史が切断されて脈絡が飛んでしまったような気がします。

歴史の切断という意味では、この時期印象深い出来事があるんです。77年に私が好きな**林光さん**（＊29）という作曲家が天皇制を否定する「日本共和国初代大統領への手紙」という曲を発表しました。林さんは日教組の音楽の先生たちの理論的指導者でもありました。

＊29―林光
1931－2012。53年に同じ作曲家の外山雄三、間宮芳生らと「山羊の会」を結成。オペラの作曲活動だけでなく、数多の映画音楽も手がけた。片山とは親交があり、東日本大震災の夜、林が片山の安否を気遣い、「無事だったか」と電話してきたという。翌年逝去。

しかしその林さんが平成に天皇から紫綬褒章をもらった。周囲には「林さんが天皇陛下から勲章をもらっちゃダメ」と怒った人たちがたくさんいたけど、平然ともらっちゃった。あれは96年のことでした。昭和と平成の違いを象徴する出来事で印象に残っているんです。

佐藤　そう考えると平成という時代は、時系列の単純な積み重ねで成り立っているのではなく、いわば、ぐちゃぐちゃの雑炊のようなものと考えた方がいいかもしれない。

片山　なるほど。**ポストモダン**（＊30）は80年代の流行語でしたが、真のポストモダンは平成に訪れたのかもしれませんね。いろんなブームが時代を超越して筋道抜きで登場する。

最近の**田中角栄ブーム**（＊31）もそうです。田中角栄を参考にしても今の日本がよくなるはずがない。

佐藤　この状況で田中角栄の真似をしたらめちゃくちゃになるでしょうね。田中角栄は「今太閤」というイメージで語られますが、俗人的な要素が過大評価されている。

片山　戦後史で重要な役割を果たした人物には違いないけれど、もしも田中角栄がいなかったとしても、高度成長期に同じような立ち

平成6年（1994年）

流行語
・〈同情するならカネをくれ〉
・〈価格破壊〉
〈ヤンママ〉

流行歌
・「innocent world」（Mr.Children）
・「ロマンスの神様」（広瀬香美）
「空と君のあいだに」（中島みゆき）

映画
・『平成狸合戦ぽんぽこ』（高畑勲）
・『RAMPO』（黛りんたろう／奥山和由 2バージョン同時公開）
・『ゴジラVSメカゴジラ』（大河原孝夫）

本
・『日本をダメにした九人の政治家』（浜田幸一・講談社）
・『大往生』（永六輔・岩波書店）

＊30―ポストモダン
建築にはじまり、芸術一般やファッション、思想などで、進歩主義に支えられてきた近代主義

回り方をした政治家は出てきたはず。

佐藤　そう思います。ただ彼はほかの政治家が決してやらないことをやった。これは**鈴木宗男さん**（＊32）に聞いた話です。田中角栄は、かつて赤坂にあったホテルニュー赤坂とサボイというラブホテルの従業員を抱き込んで宿泊者リストを届けさせていたらしいんです。それで「昨日はハッスルしたらしいね」なんて声をかける（笑）。

片山　すごい。まさにインテリジェンスですね。そんなことされたら言うこと聞いちゃいますよね。まさに忖度するしかない（笑）。

佐藤　そのえげつなさが金とともに彼の権力の源泉となった。ただ佐藤栄作らとは違い、背後に院外団（非議員たちからなる政治集団）のような暴力装置の影は感じない。

片山　田中角栄の上の世代の政治家は旧軍の人脈などの暴力装置と結びついていた。けれど田中角栄は戦後の成金だった。だから暴力じゃなくて、金だった。

佐藤　そう。金なんですよ。あれほど個人的に蓄財する政治家は珍しい。

　私は、田中角栄は永遠に生きたかったのではないかと思うんです。金をどんどん増やすことで永遠に影響力を維持できると信じていた。

を批判し、超えようとする動き。脱近代主義。

＊31―田中角栄ブーム
2015年頃から田中角栄を取り上げた書籍が立て続けに刊行された。別冊宝島編集部編『田中角栄 100の言葉～日本人に贈る人生と仕事の心得』や石原慎太郎著『天才』が軒並みベストセラーに。長女の田中眞紀子も『父と私』を出版した。

＊32―鈴木宗男
1948年生まれ。新党大地代表。大学在学中から中川一郎の秘書を務める。83年の衆議院議員総選挙で初当選。北方領土問題をライフワークとする。02年あっせん収賄容疑で逮捕、2010年12月から約1年間収監された。

片山　金を貯め続ければ、田中派もどんどん成長する。ずっと大きくなり続ける……。刹那と永遠が結びついた資本主義的幻影に囚われていたのでしょうか。

銀行とか図書館とか美術館は寿命を考えたら成り立たない。集めること・増やすことは永遠性と結びついている。田中派議員の数と蓄えた金額がパラレルに意識されていて、しかも終点が想定されていない。そんな幻想に生きて大胆に実践した政治家が、55年体制が終わった93年に亡くなった。とても象徴的ですね。高度成長期の政治家としか呼びようがありません。

その後の公判では、一切事件の詳細を語らず（麻原彰晃）。

第二章

オウム真理教がいざなう千年に一度の大世紀末

平成7年→11年（1995年―1999年）

平成7年(95年)

1月 ・M7.3の阪神・淡路大震災が発生(死者6400人超)。

3月 ・地下鉄サリン事件(死者13人)が発生。オウム真理教の犯行と判明し、列島に激震が走る。

4月 ・東京で青島幸男知事、大阪で横山ノック知事誕生。
・19日、円高が進み1ドル=79.75円の戦後最高値を記録。

5月 ・オウム真理教教祖・麻原彰晃逮捕。

8月 ・村山首相が戦後50年にあたっての談話(村山談話)を出す。アジア諸国に反省とお詫びを表明。

9月 ・沖縄で米兵3人が少女を拉致・暴行。

10月 ・県民総決起大会に8万5000人集まる。米軍基地の整理・縮小を訴える。

11月 ・マイクロソフト社、ウィンドウズ95の日本語版を発売。

12月 ・オウム真理教に破防法に基づく団体規制の適用を請求(97年棄却)。

3月末に日本に帰国。外務本省では、国際情報局で勤務。佐藤

戦後はじめて非常時対応をリアルに追及された。厳戒令や自衛隊の出動など、戦後の日本が封印してきたものが、あらわになった。片山

オウム捜査は、図らずも日本が法治国家ではない現実を浮き彫りにした。信者がドライバーを持っていれば銃刀法違反で、駐車場に足を踏み入れれば建造物侵入で、微罪逮捕した。佐藤

いまの国際社会が抱える問題の端緒。「イスラム国」も使っていない大量破壊兵器を使って首都でテロを起こした、ある意味で世界史の最先端事件。片山

しかし、解散までは追い込まず。解散させたところで、オウム真理教は非合法に残った。それならば合法的な組織として残し、行動や全体像を把握した方が賢明という考え。佐藤

by the way

＊ボランティア元年
阪神・淡路大震災の被災地支援に137万人のボランティアが集う。そのうち30歳未満の若者が7割とされる。活動への理解も広まり、98年のNPO法に繋がった。被災地への関わり方は一般市民に定着し、東日本大震災では、151万人超のボランティアが集まっている。

平成8年(96年)

1月	・村山首相が辞意表明。橋本龍太郎内閣発足。
2月	・羽生善治が王将位を獲得し、7冠を達成する。 ・菅直人厚相、薬害エイズ問題で国の法的責任認め謝罪。
3月	・台湾で初めて直接総統選挙が行われ、国民党主席の李登輝が選出。中台関係が一時悪化する。
4月	・クリントン米大統領が来日。橋本首相と極東有事に対し協議。日米安保体制の広域化を宣言(日米安保共同宣言)。
6月	・住専処理法が成立。
9月	・民主党結成大会(代表は鳩山由紀夫・菅直人)。
10月	・初の小選挙区比例代表並立制選挙が行われる。自民239、新進156、民主52、共産26、社民15、さきがけ2。
12月	・ペルーの日本大使公邸、左翼ゲリラに占拠される。

橋本政権は、予算の上限を定めるキャップ制導入や省庁の再編などの新自由主義的な改革をおこなった。佐藤

新自由主義の流れは、その後の森政権にも小泉政権にも引き継がれる。片山

歴史的に日本の社会党を引っ張ってきた左翼社民がいなくなってしまった。同時に土井たか子ら右翼社民が台頭し始める。佐藤

この政治改革が行き着いたのは保革二大政党ではなく、保守二大政党制。端的に言えば、腐敗撲滅が第一で、政党のイデオロギーや主義主張を軽んじている。非常に罪深い。片山

by the way

＊援助交際

女子高生の売春が社会問題化。ポケベルやケータイ、伝言ダイヤルを駆使して、男性と交渉し、そこで得たお金は、ブランド物購入にあてられた。女子高生の「下着」を販売するブルセラショップも登場した。

＊オヤジ狩り

社会倫理の荒廃は、女子高生に限らない。泥酔した中高年男性を狙って、少年らが強盗を繰り返す事件が相次いだ。また、人気スニーカーの価格高騰を受け、少年らによる組織的な「エアマックス狩り」なども社会問題化した。

平成9年(97年)

2月	・中国で事実上の最高指導者、鄧小平死去。
3月	・野村證券、総会屋への利益提供を認める。山一・大和・日興など大手証券、第一勧銀にも余波が拡がっていく。
4月	・消費税5%へ。
6月	・神戸市で連続児童殺傷事件の容疑者が逮捕される。14歳の少年の凶行は世間に衝撃を与えた。
7月	・イギリスから中国に香港返還。 ・タイのバーツ急落に伴い、アジア通貨危機が起こる。
9月	・有事の際の日米防衛協力を記した新ガイドラインが決定。
11月	・三洋証券、北海道拓殖銀行、山一證券が経営破綻。
12月	・地球温暖化防止会議が京都で行われ、各国が温室効果ガスの削減目標を設定した(京都議定書)。 ・韓国大統領選、金大中が当選。韓国初の与野党間の政権交代。 ・小沢一郎、新進党解党を宣言。

腐敗を絶対に許さない空気が政治の世界だけでなく、経済含め社会全体に広がっていった。佐藤

この事件から精神分析が社会の前面に出てきた感じがする。心理学から精神病理学に時代が進んだ。片山

銀行が潰れるなんて、戦後の日本では絶対にありえなかった。佐藤

企業の終身雇用が崩壊し、日本経済の護送船団方式が通用しなくなった。新自由主義を推し進めた小泉政権への助走期間と言える。片山

by the way

＊ポケモンブーム
96年2月に、任天堂が発売したゲームボーイ用の対戦ゲーム。主要キャラクター「ピカチュウ」が人気に。アニメやグッズなど関連企画・商品が話題となり、メディアミックス戦略の好例に。一方で、アニメの点滅画像によって子どもたち700人余りが病院に運ばれる騒動も。この年は、「デジタル携帯ペットたまごっち」(バンダイ)もヒットした。

平成10年(98年)

2月	・長野冬季五輪が開幕。
6月	・金融監督庁発足。大蔵省の金融検査・監督部門が独立する。 ・社民党、さきがけが閣外協力を解消。再び自民党単独政権に。
7月	・小渕恵三内閣発足。 ・和歌山市の夏祭りでカレーに毒物が混入される事件が起こる(死者4人)。
8月	・クリントン大統領、実習生とのホワイトハウス内不倫を認める。 ・北朝鮮、弾道ミサイル発射。日本上空を越え、三陸沖に落下。
10月	・金大中大統領来日。未来志向の日韓共同宣言を発表。 ・日本長期信用銀行、債務超過で経営破綻。
11月	・新・公明党結党大会(新党平和・公明が合流)。 ・江沢民中国国家主席来日(初の中国国家元首来日)。
12月	・特定非営利活動促進法(NPO法)が施行される。

クリントンは、精神疾患を告白。犯罪者に限らず人間は誰もが未成熟で幼児性を抱えていて、精神分析医の治療対象である。そんなアメリカ社会を象徴する事件だった。片山

このタイミングで、創価学会と公明党の関係が近づいた。たとえ自民と連立しても、独自路線をとる現在の公明党は、ここに始まる。佐藤

あらゆる中間団体が消滅していくなか、相対的に創価学会はかえって力を持った。片山

by the way

＊ノーパンしゃぶしゃぶ
97年に判明した、総会屋と大手銀行・證券の癒着に対する捜査が大蔵省にまで及ぶ。東京地検特捜部が入手した企業の「接待日誌」に、大蔵省官僚が頻繁に登場。接待場所として、「ノーパンしゃぶしゃぶ」とよばれた風俗店が利用されていたことも判明した。現職4人が逮捕されたほか、大蔵大臣の辞任にまで発展。同省解体につながった。

平成11年(99年)

1月	・欧州で単一通貨ユーロが誕生する。 ・自民党と自由党による、自自連立内閣がスタート。
3月	・初の移植法による脳死臓器移植手術が行われる。 ・日産自動車がフランスのルノーと資本提携に同意。
4月	・作家・石原慎太郎が東京都知事に当選。
8月	・国旗・国歌法成立。 ・第一勧業・富士・日本興業銀行の統合発表(みずほ誕生へ)。
9月	・茨城県東海村の核燃料加工会社JCOで臨界事故発生(死者2人、被曝者664人)。
10月	・自民党と自由党に公明党が加わり自自公連立政権が誕生。
11月	・東京証券取引所にベンチャー企業向けの株式市場がもうけられる(マザーズ)。
12月	・マカオがポルトガルから中国に返還。 ・エリツィン露大統領辞任。プーチン首相、大統領代行に。

法制化した結果、国歌や国旗の超越的な地位を否定してしまった。佐藤

当時内閣官房副長官だった鈴木宗男と昼食後、車で移動していた。するとラジオの臨時ニュースが入った。それで「危機管理の問題になります。すぐに官邸に戻りましょう」と鈴木に進言した。佐藤

幼少期から終末思想や人類滅亡をすり込まれた世代だから、遂にきたかと思った。片山

12月31日、昼過ぎにモスクワから、まもなくエリツィンが辞任するという電話があった。後任はプーチンだと読んで、すぐに鈴木宗男に連絡して、会談の準備をはじめた。佐藤

by the way

＊アイボ(AIBO)
ソニーがロボット犬を6月に発売。定価は25万円と高価だが、発売20分後に3000台が売り切れた。「ソニーらしさ」を体言する遊び心が評価された。06年までモデルチェンジを繰り返しながら15万台が発売された。14年にアイボの修理サポートも終了。その後、動かなくなったアイボを供養するためのアイボ葬も行われるなど、本物のペットのように扱う「飼い主」も多数。18年1月に、最新版アイボが発売されている。

麻原作曲の大交響曲

佐藤　90年代中盤は、片山先生はどんなお仕事をなさっていましたか？

片山　いや、お恥ずかしいことしか。非常勤講師として大学や専門学校で教えながら、それよりも稼ぎはライターや音楽評論家の方が多かったですね。雑誌や新聞にコラムや音楽評を書いていました。あとはCDのライナーノートや演奏会のプログラムの執筆ですね。今もやってますが。

この頃の音楽評論家としての仕事で覚えているのは、新宿文化センターでカッサパが指揮するキーレーンの演奏会です。93年、**オウム真理教**（＊1）がロシア人でキーレーンという名の交響楽団を編成し、来日公演をさせていました。

ソ連は音楽家の宝庫でしたが国家の崩壊で大勢が食いつめた。そこをうまくつかまえて上祐史浩がなかなか上手なプレーヤーたちをお金で集めました。そしてカッサパというホーリーネームの東京音大出身の信者が、麻原彰晃の口ずさんだメロディを麻原彰晃作曲と

＊1―オウム真理教　教祖は麻原彰晃。本名は松本智津夫。84年に「オウム神仙の会」として発足し、3年後にオウム真理教と改称した。麻原は、救済の名目で日本を支配しようと、世界各国で軍事訓練を行って、調達したヘリや自動小銃、生産した化学兵器で武装。教団と敵対する人物を対象とした殺害や無差別テロを実行した。一連の事件の犠牲者は29人に上る。

して交響曲や交響詩にして、コンサートで演奏した。

佐藤　いま、その人はどうしているんですか？

片山　カッサパの消息はその後、聞きませんね。「ショーコー、ショーコー、ショコ・ショコ・ショーコー」という歌詞で広く知られた「尊師マーチ」もカッサパの作曲と言われています。

演奏会では、麻原彰晃が「この大幻想曲『闇から光へ』は自由な形式で作曲しました」などと舞台中央で説明していました。

佐藤　口ずさんでいるだけですから、確かに自由な形式ではありますね（笑）。

片山　そうなんですよ（笑）。創価学会の池田大作が山本伸一名義で作詞したり、天理教の中山みきが「おうた」を作ったり、遡れば親鸞の和讃や、神秘思想家のグルジェフの膨大なピアノ音楽もありますから、教祖が音楽を作るのは宗教の根幹的行為の一つかもしれません。けれど大規模な交響曲まで作るのは珍しい。麻原の作品として発表されたものには大交響曲「キリスト」なんて1時間近いものもあったのです。大規模で多楽章の交響曲はベートーヴェン以来、作者の世界観の表現として発達した楽曲分野ですから。

麻原彰晃はゴーストライターを使って、一つ極めたわけです。自

オウム真理教の30年史

89・11月 教団と敵対していた坂本弁護士とその家族3人を殺害。

94・6月 長野県松本市でサリンを散布し、8人が犠牲に（松本サリン事件）。

95・3月 東京メトロでサリンを散布し、13人が犠牲に（地下鉄サリン事件）。

・3月 オウム真理教施設への強制捜査が行われている最中に、警察庁長官・國松孝次が狙撃される（犯人不明）。

・5月 同教団教祖・麻原彰晃を山梨県西八代郡上九一色村で逮捕。

00・2月 同教団元幹部・上祐史浩らが後継教団「アレフ」を発足させる。

07・5月 アレフがさらに分派。「ひかりの輪」が設立される。

12・1月 17年に及ぶ逃亡生活を続けていた教団元幹部が自ら出頭。

・6月 続いて、2人の逃亡犯も

ら作曲をした思想家だと、たとえばニーチェもそうですが、ニーチェだって歌曲やピアノ曲どまりで、そんなに規模の大きいものは作れていません。この件は後の佐村河内《さむらごうち》守《まもる》事件にもつながると思うのですが。

佐藤　片山さんがキーレーンの演奏会を聞いた93年頃はオウム真理教が松本サリン事件を起こす前年ですね。そして95年3月20日の地下鉄サリンにつながっていく。

片山　地下鉄サリン事件の日はよく覚えています。

事件の起きたあと、当日の午後ですが、ピアノ調律師で坂本龍一を世に出したことでも知られる音楽プロデューサーの**原田力男《いさお》さん**（＊2）のお見舞いに行ったんです。東急田園都市線沿いにある病院でした。

末期がんで入院していた原田さんがベッドの上にちょこんと座ってテレビで、サリン事件の報道を見ていた。私は「いま外に出たら何が起こるか分からないけれど、病院の中なら安心ですよ」なんて慰めにもならない言葉をかけた。

あの日のことは生々しいですね。中央線と山手線と田園都市線を乗り継いで病院まで。ちょっと怖かったですよ。

逮捕される。逃亡犯全員逮捕。18・1月オウム裁判終結。確定死刑囚は13人。

＊2—原田力男
1939・1995。音楽プロデューサー、ピアノ調律師。東京藝大の教授の収賄事件をきっかけに音楽業界への批判を行った。音楽集団「零の会」を主宰。片山も「零の会」のメンバーの一人だった。

佐藤　地下鉄サリン事件では、埼玉県の大宮駐屯地から完全防備の化学防護隊がすぐに駆けつけた。あの映像を見て、私は日本の化学戦対応能力は決して低くないと感心しました。警察はまだカナリアに頼っていたわけだから。

　実は地下鉄サリン事件の6日後、3月末日に東京に戻る私のためにロシア人たちがモスクワでお別れパーティを開いてくれたんです。ロシア人の間でもオウムの話題で持ちきりでした。

片山　オウム真理教は、キーレーンに代表されるようにロシアと縁の深い新興宗教だった。ロシアではどのように受け止められていたんですか？

佐藤　麻原彰晃の定宿だったモスクワのオリンピック・ペンタホテルにプルシャ（オウム真理教のバッジ）を着けた信者が集まって話題になったり、モスクワ放送で「オウム真理教放送」というラジオ番組を流したりしていた。

　そしてサリン事件の2、3年前から家族が入信して困っているという相談が日本大使館に寄せられはじめた。

片山　サリン事件前まで日本ではオウム真理教の攻撃性や狂気に気づいている人は少なかった。宗教学者の**中沢新一**（＊3）や**島田裕**

＊3―中沢新一
1950年生まれ。思想家、宗教学者。バブル経済期に禁欲的な出家主義を取るオウム真理教を擁護し、92年には朝日新聞で麻原彰晃と対談を行ったこともある。「ニューアカ」を牽引した知識人。

＊4―島田裕巳
1953年生まれ。宗教学者。中沢や故・吉本隆明らともにオウムを擁護した知識人の一人。95年3月、オウム信者により、自宅マンションを爆破されるも、既に転居済みで怪我なし。オウム真理教は、彼らに好意的な人間を、反オウム主義者が攻撃したかのように装った。

巳（＊4）らもオウム真理教に理解を示していた。

一般的にも神秘主義的でオカルト、超能力を売りにしているけど、平和的な宗教団体という認識でした。夜中に自宅のポストに麻原彰晃の伝記マンガ入りの広報誌が投げこまれていたりして、やや不気味にも思いましたが。

そういえば、雑誌でキーレーンについて書いたらオウムの広報から電話で次の催しに誘われました。私の電話番号をどうやって知ったのか……。

佐藤　ロシアでは日本とは違って、オウム真理教の危険性は十二分に理解されていました。それはオウム真理教のドクトリンが、19世紀末の思想家・**ニコライ・フョードロフ**（＊5）の影響を受けているからです。

モスクワのソクラテスと呼ばれたフョードロフは、本がたくさん読めるからとロシア国立図書館で住み込みで働いていた。彼のもとにはドストエフスキーやトルストイらが訪ねています。キリスト教ではイエス・キリストとともにアダムとエバ以降のすべての人が復活すると信じられていますが、フョードロフは自然科学の発達によって近未来に万民が復活すると考えた。

＊5―ニコライ・フョードロフ
1828-1903。哲学者。死者の復活や不死を提唱。図書館司書として人生をまっとうし、「幻の思想家」と呼ばれた。死後、弟子たちが『共同事業の哲学』を刊行。

ただし万民が復活すると地上に土地と空気が足りなくなる。だからほかの惑星に移動しなければならないと主張した。その思想はアポロ計画やソユーズ計画に活かされ、やがてフョードロフはロケット工学の父と呼ばれるようになる。

片山　科学時代の終末思想ですね。オウム真理教はフョードロフの思想で理論武装して、ロシアでの布教に活かした。ロシアから輸入した思想をロシア人が喜ぶ形で循環させ再帰させたわけですね。

佐藤　その通りです。その万民復活の終末思想が、オウム真理教のポアの論理とつながっていくんです。ルターはドイツ農民戦争（1524－1525）で「権力に反抗する農民をできるだけ早く殺せ」と指導しました。権力に刃向かって傷ついた魂は復活できないから、魂が傷つく前に殺せ、という論理です。

そのロジックはオウムのポアに活かされている。大量虐殺やテロは単なる恨みや辛みから行われるわけではありません。背景には必ず全人類救済事業のような思想があるんです。

片山　そもそも終末論は日本人の時間意識、歴史意識にはなじみにくい。「言霊《ことだま》の幸《さきわ》ふ国」というくらいで天皇陛下がお言葉を発し続けているかぎり、今の秩序が永遠に続くと考えたがるのが古代から

平成7年（1995年）

流行語
・〈がんばろうKOBE〉
・〈だ・よ・ね〉
・〈ポアする〉

流行歌
・「HELLO」（福山雅治）
・「LOVE LOVE LOVE」（DREAMS COME TRUE）
・「WOW WAR TONIGHT ――時には起こせよムーブメント」（H Jungle with t）

映画
・『藏』（降旗康男）
・『Love Letter』（岩井俊二）
・『きけ、わだつみの声』（出目昌伸）

本
・『遺書』（松本人志・朝日新聞社）

のこの国の思想なのですから。

その伝統的感覚からかなり離れたのが「60年代生まれの世代」だと思うのです。私も佐藤さんも多くのオウム信者と同じ60年代前半生まれ。私たちは70年代にブームを呼んだ、99年に人類が滅亡するというノストラダムスの大予言（＊6）に少年期に引っかかった世代でもある。

佐藤　しかも1999年は単なる世紀末ではなく、千年に一度の大世紀末でしたからね。

1895年にイギリスで刊行されたH・G・ウェルズの『タイムマシン』も終末論の影響を受けて世紀末の雰囲気を色濃く反映した小説でしたが、日本では単なる時間旅行物語としてしか読まれなかった。でもその100年後、日本人は終末論を自然に受け入れるようになった。

片山　そうなんです。私たちの世代は終末思想を意識せざるをえない状況で育った。私の場合は、大阪万博開催が7歳。そのころまでは経済成長と科学文明の夢が純粋に信じられていた上に、子ども向けには未来学のかたちで過剰宣伝されていましたよ。そこでは小松左京や梅棹忠夫や丹下健三や黒川紀章が活躍していたわけでしょう

＊6―**ノストラダムスの大予言**
オカルトブームを牽引した五島勉の書籍。ノストラダムスの「1999年7の月に恐怖の大王が来るだろう」という予言を1999年7月に人類滅亡と解釈。丹波哲郎主演で映画化され、子どもたちの人気を博した。佐藤や片山ら60年代生まれの世代は、1973年に刊行された『日本沈没』など、超常現象や超能力、心霊現象、UMAなどがテレビや雑誌で頻繁に取り上げられたオカルトブームに接している。74年にはホラー映画『エクソシスト』もヒットした。

けれども。

しかし大阪万博の3年後、オイルショックが起きてすべてがひっくり返った。オイルショックの影響で節電が叫ばれ、テレビの放送時間の短縮なども行われた。プロ野球のナイターもしばらく行われず、ネオンも消えて、百貨店などのエスカレーターも止められていましたね。普段は上りのエスカレーターを逆走して喜んだりしていましたから。そのころからは子ども向けの未来予想も反転して、近い将来には石油が枯渇して産業文明は崩壊するとか、夢も希望も無くなる話ばかり聞かされるようになりました。人類は長くないという話です。

小学生での刷り込みはききますよ。人生ずっと引き摺ります。しかも大阪万博との落差が大きすぎた。あんな時代経験をしてはまともな人間には育ちせんよ、なかなか（笑）。

佐藤　オイルショックの前年には地球上の資源が有限だと指摘する『**成長の限界**』（＊7）が発表されました。これも人類の滅亡や文明の破綻の空気を醸成した。

片山　73年に刊行されてベストセラーになった小松左京の『日本沈没』もそう。『ノストラダムスの大予言』だけでなく『成長の限界』

＊7──『成長の限界』
民間シンクタンクであるローマ・クラブの研究報告。人口増加と経済成長が続けば100年以内に地球が危機的な状況に陥ると警告した。

も『日本沈没』も一緒に人類滅亡というリアリティを植え付けた。それと並行して流行したのが、エクソシスト、オーメン、そしてこっくりさんに**スプーン曲げ少年**（＊8）。そんなのが束になって襲いかかってきた（笑）。

佐藤　そうそう。給食のスプーン全部曲がっていたもんね。

片山　うちの小学校でも昼休みにバケツ一杯分、スプーンを曲げる同級生が出てしまいました。大人なら一過性のブームですんだかもしれないけれど、子どもにはインパクトがありすぎでしたね。オカルト的宗教、超能力、近代文明の破綻、終末論など、のちのオウム真理教の思考パターンを支える価値観が集中的に供給された。世界滅亡にリアリティを持ったまま青年になった人たちがオウム真理教に惹かれていった。

＊8―スプーン曲げ少年
74年に超能力者ユリ・ゲラーが来日し、話題になると日本でも超能力を持つ少年少女たちがメディアに取り上げられた。スプーン曲げのほか、念力や念写、テレパシーなども披露した。

ロシアの闇とシンクロ

佐藤　私にはオウム真理教を支えたその価値観がロシアの闇とシンクロしたことがとても興味深かった。

片山　サリン事件発覚後、ロシアの教徒が麻原彰晃奪還を企てているという報道もありましたね。
佐藤　奪還計画は確かにありました。ロシアにはいまだに麻原彰晃を信じるカルトのコミューンがある。
片山　コミューンは複数あるんですか？
佐藤　いくつかあります。ロシアだけでなく、ウクライナにもある。95年当時、ロシアに2万4000人の信者がいた。今はどれぐらいいるかわかりませんが、数千人いてもおかしくない。
片山　それはすごい！
佐藤　極論かも知れませんが、オウム真理教とイスラム原理主義、あるいはキリスト教の違いは単なる数に過ぎない。終末論的なドクトリンを内包する宗教は、キリスト教でもイスラム教でも暴発すれば、オウム真理教と同様の行動に走る危険性がある。
片山　地下鉄サリン事件は、いまの国際社会が抱える問題の端緒といえます。イスラム国も使っていない大量破壊兵器を使って首都でテロを起こした。ある意味で世界史の最先端を行ったのが、オウム真理教だった。
　事件直後、上祐史浩《じょうゆうふみひろ》が毎日のようにメディアに登場して、関与を否定したり、教義について説明したりしていました。國松孝次警察庁長官が狙撃されて、一時は死亡説も流れました。犯人はプロの狙撃手としか思われず、異常な興奮状態で次に何が起きるか予想できなかった。いっときは国家崩壊と完全なアノミー（社会秩序の崩壊）の出現まで心配しました。2・26事件とちょっとダブる感覚もありました。

佐藤　地下鉄サリン事件は、日本が法治国家ではない現実を浮き彫りにしましたよね。信者がドライバーを持っていれば銃刀法違反で、駐車場に足を踏み入れれば建造物侵入で、微罪逮捕した。これは法治国家のやることではない。

片山　オウム真理教に対して超法規的に対応すべきだという戦時体制的な空気が確かにありました。でも結局は破防法を適用せず、解散までには追い込まなかった。

佐藤　そこが日本のインテリジェンス能力の高さだと思うんです。解散させたところで、オウム真理教は非合法に残って地下に潜ったはず。それなら合法的な組織として残し、行動や全体像を把握した方が賢明です。

片山　その通りで、反社会勢力の非合法化が逆効果なのは歴史が証明している。

19世紀のドイツ帝国でも社会主義者鎮圧法で社会主義運動の非合法化をはかりましたが、名称や表向きの趣旨を変えては出てきて、かえって活動を盛り上げてしまう。ロシア帝国でも弾圧がかえって反体制運動に強固な地下組織を作らせ、単に不気味さが増大しただけでした。

しかもオウム真理教の場合は、教義と連動するように**阪神・淡路大震災**（＊9）が起きましたね。震災がオウム真理教の終末論にぴたりとはまり、やはり日本の破局は近づいているのだと信者を刺激して、テロ機運を高めることになった。大地震は世界の終わりの予兆。これは古今東西、人類の思考パターンの定石ですね。

人工地震説を唱える人々

佐藤　大震災翌日の1月18日、私は秘密文書を届けるために一時帰国しました。成田空港からのタクシーで聞いたラジオ番組がとても重苦しい雰囲気だった。

自然災害は宗教家を刺激するんです。オウム真理教の場合は、震災を一種の天譴《てんけん》論（天罰）で捉えた。

＊9―阪神・淡路大震災　95年1月17日に兵庫県南部で発生。多くの建物が倒壊し、住宅密集地の長田区で大規模な火災が起きた。死者行方不明者6437人。死者の4分の3が圧死だった。

神戸市は、甚大な火災被害が出た。ほか、山間部では土砂災害も。

片山　阪神・淡路大震災が地震兵器で起こされた人工災害だと訴えたオウム信者もいましたね。東日本大震災でも地震兵器による災害だったと真面目に語っている国会議員がいて、心底驚いてしまったのですが。

佐藤　一種の陰謀論ですね。これだけ陰謀論が跋扈《ばっこ》する社会は問題です。9・11はなかったと信じる政治家もいる。

片山　陰謀論は今にはじまった話ではなく、大正時代の関東大震災でもアメリカやソ連の地震兵器による人工地震だと唱えた人もいましたし、それを受けて「世界の終わり」がモチーフにされた本がたくさん刊行されたりして、終末論ブームが起きてしまう。その名もずばり『世界の終り』（石井重美著）という本では地殻変動による地上の崩壊、太陽の死、大隕石の衝突などが人類終末のヴィジョンと結びつけられています。『ノストラダムスの大予言』の大正版みたいな本で。

　阪神・淡路大震災は、この関東大震災以来の大都市直下型の大地震でした。関東大震災同様に終末論を喚起するだけのポテンシャルのある事象だったには違いありません。

佐藤　阪神・淡路大震災は、日本人に決定的な不安を植え付けた災害でもありました。いつか関東大震災や東海地震は起きるだろうとみんな身構えていた。でも、神戸や関西は地震が来ないと信じられていた地域だったから、誰も防備していなかった。

我々は、この国はどこにいても安心できない――その現実も突き付けられたんです。活断層があれば、どこでも大地震が起きるわけですから。

片山　遡れば、1596年の慶長伏見大地震など関西でも地震は起きている。しかし人間はせいぜい祖父母世代くらいまでのことしか考えない。地球の活動スパンと日本の感覚のズレも浮かび上がりましたね。

これはどなたもおっしゃることですが、阪神・淡路大震災で日本は戦後はじめて非常時対応をリアルに追及された。自衛隊の初動の遅さや**村山政権の対応**（＊10）のまずさが議論されて、戒厳令的なものが必要ではないかとか自衛隊の出動のあり方などなど、戦後の日本が封印してきたものが、露わになった。

では、どうすべきなのか。戦後見て見ぬふりをしてきた危機対応について、みんなが考え始めたきっかけになった災害でした。

佐藤　そう考えれば、阪神・淡路大震災と地下鉄サリン事件が立て

＊10―村山政権の対応
震災対応によって、法制度や危機管理体制の杜撰さが露わになった。特に、自衛隊の現地活動が発生から半日後になったことが問題視された。自衛隊派遣の遅さを指摘された村山首相は「なにぶんはじめてのもので……」と発言し、さらに非難が集中する。

続けに起こった95年が、平成史の、そして危機の時代とも言える今日の分水嶺なのかもしれませんね。

沖縄独立もありうる

片山　奇しくも95年には危機対応を任せてきたアメリカと日本のいびつな関係が浮き彫りになった事件も起きています。9月の**沖縄米兵少女暴行事件**（＊11）です。

当時、終戦から50年しか経っていなかったでしょう。まだ本土の人たちは防衛の最前線として大きな犠牲を強いた沖縄に対する負い目を共有していた。20歳だった人は70歳。30歳なら80歳。戦争に対する生々しい記憶が刻まれていました。しかし、その後は急激に世代交代が進む。記憶がどんどん薄らいで今日に至っているように感じます。

佐藤　沖縄と本土の関係の変化は、16年4月に起きた**米軍の軍属による強姦殺人事件**（＊12）と比較すると分かりやすい。

95年の暴行事件とは、本土での世論のハネ方がまったく違った。強姦殺人という凶悪事件なのに本土の反応はとても冷ややかでした。

＊11―**沖縄米兵少女暴行事件**　95年9月4日、米兵3人が12歳の女子小学生を拉致、暴行した事件。沖縄県警に身柄引き渡しを求められた米軍は日米地位協定を理由に拒否した。

＊12―**米軍の軍属による強姦殺人事件**　16年4月28日、うるま市で20歳の女性が元米海兵隊員で事件当時、軍属（基地内のネット企業に勤務）の男に殺害された。翌月、殺人や強姦致死などの罪で男を逮捕。17年12月の第一審では「無期懲役」。

片山　それだけ本土と沖縄の距離は離れてしまったと言えますね。そんな状況で、沖縄を繋ぎ止めようと今上天皇は沖縄と向き合い続けてきました。

佐藤　私は今上天皇と皇后が琉歌を詠んでいることに注目しているんです。琉歌の基本形は、本土の短歌や俳句の定型である五七調や新体の七五調とは違う八・八・八・六（サンパチロク）。今上天皇はリズムが異なる琉歌を一生懸命に学び、沖縄について必死に勉強している。そうしないと沖縄が理解できない。

片山　言語学者の**服部四郎**（＊13）は日本語を本土の日本語と南方の日本語に分けていたと思います。後者は琉球語でしょう。方言ではなく同系の対等な日本語同士なのですね。つまり対等の兄弟と見なくてはいけない。

ところが明治以後、本土は沖縄を帝国主義的に植民地のように扱った。単に辺境の遅れた地域と見ていた。しかし、やがて南方進出が叫ばれ、「大東亜共栄圏」のイメージへと発展する過程で、沖縄は地政学的な重要拠点と位置づけられていった。

そのクライマックスが沖縄戦です。この歴史を記憶していれば今のように本土は振る舞えないでしょう。ひたすらひずみを引き受け

＊13―服部四郎
1908−1995。言語学者。音声学のほか、日本語・モンゴル語を中心としたアルタイ諸語、中国語、ロシア語、アイヌ語などを研究。戦後の言語学研究に指導的な役割をはたした。

＊14―一太郎
85年にジャストシステムから発売された日本語ワープロソフト。2018年現在も一部の官公庁や大手企業などで正式採用ソフトになっている。

＊15―Windows95
95年にマイクロソフトが発売したオペレーションシステム。操作性のよさからパソコン及び、ネット普及の原動力になった。

させてきた不遇の兄か弟が沖縄なのですから。でも、歴史は忘却される一方のようで。

佐藤　そうなんです。中長期的スパンで見るならば、沖縄が日本から独立する可能性は十分にあります。私は平成という時代がそのプロセスになると見ているんです。

銀行が潰れる時代

佐藤　私が95年にロシアから帰国すると、東京の外務省ではすでに一人1台ノートパソコンを持っていました。ただし省内LANで外部と繋げられるパソコンは1台だけ。ワープロソフトはマイクロソフトのWordではなく、国産の**一太郎**（＊14）を使っていました。

片山　ITも平成史を語る上で避けては通れないトピックです。佐藤さんが帰国した95年11月には**Windows95**（＊15）の日本語版が発売された。これが、インターネットが爆発的に普及するきっかけになった。

　私たちの仕事で言えば、Windows95の発売で原稿のやりとりをメールで行うようになりました。私は「近代化」が遅れていた

平成を数字で読む ❹携帯電話と固定電話の契約数は逆転

＊携帯電話はPHS除く、スマホも含む

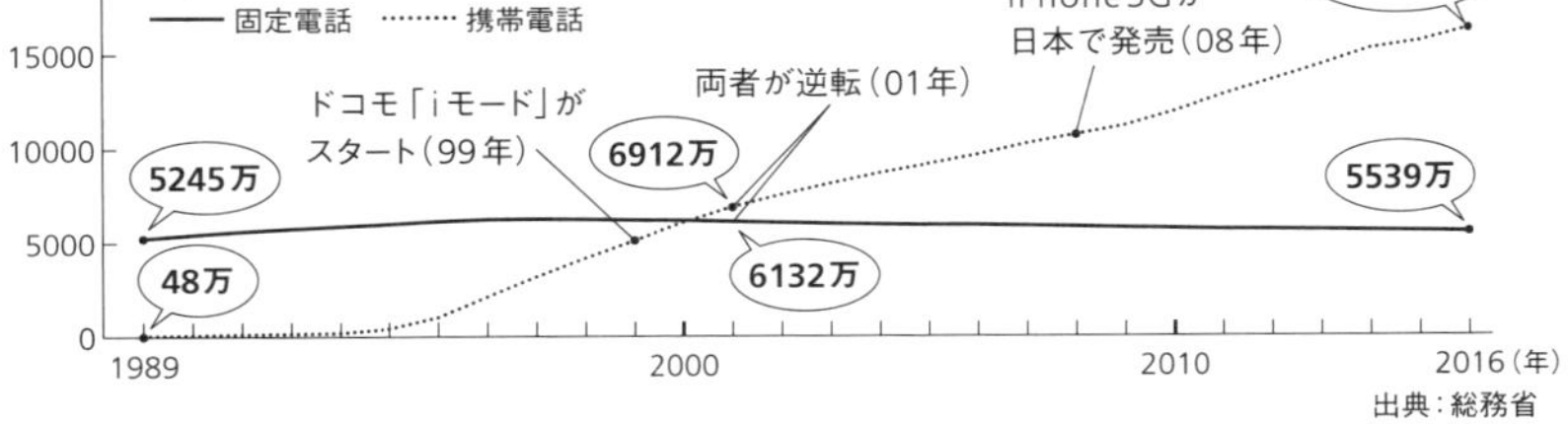

出典：総務省

ので、99年頃までなおファックスで送稿していましたが（笑）。Ｗｉｎｄｏｗｓ95の登場と同時期、携帯電話の小型化も進みましたね。

佐藤　ポケベルに代わり、値段が安く地下鉄の駅でも電波が通じるＰＨＳが流行した。

片山　高校生はみんなＰＨＳを持っていました。ケータイとネットの普及で、女子高生の売春である**援助交際**（＊16）が話題になりました。

援交はあの時代の象徴として語られますが、売春が突然低年齢化したわけではありません。援交も80年代の**夕ぐれ族**（＊17）の延長線上にあるものでしょう。

佐藤　援交が流行した当時、バブルは弾けてはいたものの「貧困」という言葉はまだ出てきていない。ただし、このあたりから国民の年収が下がり始め、03年には森永卓郎が書いた『年収３００万円時代を生き抜く経済学』がベストセラーになった。

片山　それがいまや年収３００万円だったらまだいいという時代ですからね。

バブル崩壊の傷の深さを感じさせたのが、破綻した住宅金融専門

＊16―援助交際
主に未成年が金目的に交際相手を募集する売春。かつては隠語だったが、96年に流行語大賞にノミネートされるほど広まった。

＊17―夕ぐれ族
80年代初頭に売買春を仲介した愛人バンク。女子大生などが在籍した。83年に摘発されて解散。翌年に、にっかつロマンポルノ作品として映画化され、話題に。

会社に政府が約７０００億円の公的資金の注入を決めた96年の**住専問題**（＊18）です。

高度成長期からバブル期までは「良い就職」ができれば生涯安泰という思想が信じられていました。市川崑監督の60年前の映画『満員電車』では、主演の川口浩が新卒でビール会社に就職するといきなり生涯年収の計算をしだす。そこから何歳で結婚、何歳で持ち家とみんな計算できる。

ところが97年11月に**山一證券、三洋証券、北海道拓殖銀行と立て続けに潰れた**（＊19）。終身雇用の安心感と年功序列の秩序感はあそこで喪失しましたね。

佐藤　なかでもインパクトが大きかったのは、北海道拓殖銀行の破綻です。銀行が潰れるなんて、戦後の日本では絶対にありえなかった。さらに翌年には長銀も経営破綻してしまう。

片山　護送船団方式という言葉に象徴されるように、戦後の日本は銀行も企業もみんな足並みを揃えて落伍者が出ないように要領よくやってきた。しかしそんなやり方が通用しなくなった。新自由主義を推し進めた小泉政権への助走期間と言えるでしょう。

＊18—住専問題
バブル崩壊後、住宅ローン専門の住宅金融専門会社（住専）が６兆５０００億円もの不良債権を抱えた。96年に橋本内閣は、住専の不良債権処理に約７０００億円の税金投入を決定。多くの批判が巻き起こった。

＊19—97年の金融危機
97年、バブル崩壊に加えてアジア通貨危機が起こり、金融危機が発生した。日産生命、山一證券、三洋証券、北海道拓殖銀行、徳陽シティ銀行、丸荘証券、そして翌98年には日本長期信用銀行や日本債券信用銀行などの名門金融機関が相次いで破綻した。97年には、ホテルチェーンの法華倶楽部、寿司チェーンの京樽、最盛期には世界15カ国に店舗展開した小売・流通チェーンのヤオハンなどの大型倒産も続いた。

二大政党制で左翼社民が消えた

佐藤　96年は日本の政治構造における最大の転換期となった年でもあります。10月からはじまった**小選挙区比例代表並立制選挙**（＊20）で、資質がない変な政治家が大量に生み出されるようになってしまった。

片山　非常に罪深い政策でしたね。しかもいまだに修正不能のままです。

政権交代が起こりやすい二大政党政治を目指した小沢一郎が小選挙区制を導入し、メディアや政治学者が旗を振った。今になって彼らは、資質が乏しい政治家を生んだ政策を批判していますが、もう手遅れです。

佐藤　小選挙区制への移行で決定的だったのが、旧社会党のなかの左翼だった労農派マルクス主義勢力が駆逐されてしまったことです。歴史的に日本の社会党を引っ張ってきた左翼社民がいなくなってしまった。同時に土井たか子や辻元清美ら右翼社民が台頭した。小選挙区制の結果、政治全体が右にシフトしてしまったんです。

平成8年（1996年）

流行語
・〈チョベリバ〉
・〈メークドラマ〉
・〈友愛／排除の論理〉

流行歌
・「名もなき詩」（Mr.Children）
・「DEPARTURES」（globe）
・「Don't wanna cry」（安室奈美恵）

映画
・『Shall we ダンス?』（周防正行）
・『キッズ・リターン』（北野武）
・『スワロウテイル』（岩井俊二）

本
・『脳内革命』（春山茂雄・サンマーク出版）

片山　労農派マルクス主義勢力とは、つまりストレートに社会主義革命を日本にもたらすことこそが唯一絶対の目標だから、保守勢力との緊張関係は並大抵ではなかった。それに対して社民の右派勢力はもともと社会主義的政策の資本主義へのブレンド率を上げる程度までしか思考が及んでいないから、良くも悪くも安全で、おっしゃる通り、それでは全体としては右シフトしかもたらさない。

つまり、平成のめざした、いや、まだめざしているのかもしれない二大政党制というのは、保革二大政党制ではなく保守二大政党制ですね。日本の政治や経済の基本は明治維新や敗戦後の民主主義化のように革命的にいじる必要はない。現状を尊重しながら政策的に少し左か少し右かで争う程度でうまくゆくだろうと。そういう二大政党にすれば政治のバランスがよくなって安定的繁栄が築きやすくなるというのは、日本の政治風土も歴史段階も無視した「絵に描いた餅」だったと思います。

平成日本のめざした保守二大政党制の根底には、政権交代で政治腐敗を一掃するという発想があるでしょう。政権交代がしょっちゅうあれば、人的にも組織的にも利権が固着してしまうことがない。政策的には近いのだから日本の中身が大幅にいちいち変わって混乱

＊20―小選挙区比例代表並立制選挙
96年以降実施されている小選挙区選挙と比例代表選挙の両方を組み合わせた選挙制度。有権者は一人2票持ち、小選挙区制では候補者に、比例代表制では政党に投票する。

することもない。

端的に言えば、腐敗撲滅が第一で、政党のイデオロギーや主義主張を軽んじている。同じような現実主義的政党が二つあれば日本は安泰だという、本末転倒、意味不明とも言える議論が、あの頃、横行しました。

佐藤　腐敗を絶対に許さない空気は政治の世界だけでなく、社会全体に広がっていきました。97年に起きた第一勧業銀行と四大証券会社による**総会屋利益供与事件**（＊21）もそうです。株の世界がきれいごとで動いているなんて、誰も思っていなかった。にもかかわらず、それまで黙認されていた利益供与を摘発した。

90年代半ばから使われるようになったパチンコのプリペイドカードも同じです。プリペイドカードの登場によってパチンコ店の財務状況が透明化されるとともに、怪しげな両替所や景品交換所が整理されていった。

片山　それは92年に施行された暴対法と密接に関係した流れですね。社会を正常化していくなかで、社会の調整役でもある総会屋ヤクザを追い立てた。そして、白でもなく黒でもない曖昧な領域や、国家や個人の間に存在した中間団体を認めない社会になっていった。暴

＊21―総会屋利益供与事件
第一勧銀が10年余りにわたり一人の総会屋の側に４６０億円を融資していた事件。うち１００億円余りが不正と認定。銀行や証券界と官庁の腐敗が発覚し、大蔵省解体に発展した。

対法で暴力団は生きていけない。労働組合もイデオロギーが機能せず成り立たない……。

佐藤　モンテスキューは『法の精神』で民主主義を担保する存在が、教会やギルド（職能集団）などの国家と個人の間に位置し、個々を束ねる中間団体だと語っています。民主主義を担保するのは三権分立ではなく、中間団体だ、と唱えた。

しかし法の支配を徹底した結果、曖昧な存在や中間団体が排除され、法に縛られない掟の領域や慣習の世界を認めない窮屈な社会になってしまった。

片山　この頃からすべてをオフィシャルに透明に一元的に把握しようという流れが強くなりましたね。

曖昧で多元的なものを数多く機能させる社会からそうでない社会へ。平成の社会史の根幹の流れで、管理しやすく、されやすくなるかわりに、はかれない有機的強さというか、どこか潰れてもまた別の根っこが出てくるみたいな強靭さは、社会からどんどん消えていった印象があります。そこでオルタナティヴ（既存のものにかわる新しいもの）とか言ってへんな人がでてきて、脆弱な利権を新たに作っているという、そんな印象もありますけれども。

それから97年には消費税が3％から5％になりました。消費税ということでは同じですが、パーセンテージが消費税の社会における存在の重みを決める、つまり数が質に転化しやすいのが消費税なので、5％というと存在感は増してきますね。

外務省のトイレ用タオルに……

佐藤　会社が次々と倒産していったこの時期、中高年の自殺が社会問題となりました。片山さんの周辺で、自殺した人間はいますか？

片山　うーん、案外いないかもしれません。どうやら自殺したらしいという感じでいなくなった人はいますが。

佐藤　私の場合は、外務省に入ってから隣の課の人間が首をつったこともあるし、その一年上の人間も飛び降り自殺をした。練炭自殺した人間も知っている。周囲だけで5人はいます。

外務省には、陰険な官僚も多く、今で言うパワハラ上司のような人間もたくさんいた。「君はどうして仕事ができないの？　能力がないからできないの？　やる気がないからできないの？　その両方なの？」とひたすら問い詰める局長がいました。その部下だった東

平成を数字で読む ⑤ 自殺大国ニッポン

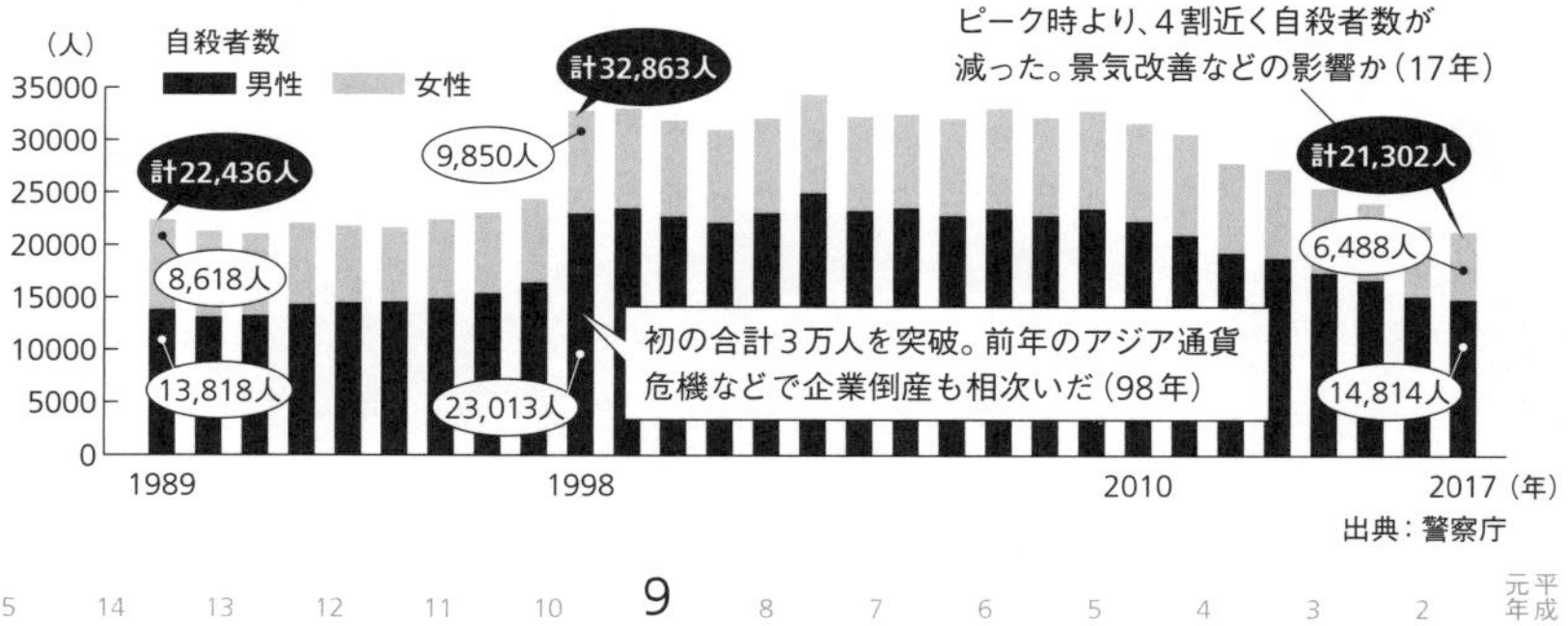

出典：警察庁

大出の官僚が明らかに精神を病んで、地下のボイラー室で首をつった事件がありました。

以降、外務省では、ボイラー室の隣にあるシャワー室で、排水溝から人のうめき声がするとか、夜中に青い手が出てくるとか、怪奇現象が噂されるようになった。

片山　青い手が出てくるとは、また生々しい。

佐藤　学校の怪談みたいですよね。

片山　伝統的にそうなんですか？

佐藤　どうでしょう。昔は自殺の大蔵、汚職の通産、不倫の外務と言われていたことはありますが、ある時期から外務省が三冠王みたいになりましたよね。一般的に見れば、エリートだし、収入はあるし、外国語だってできる。でもそういう人間たちの集まりにこそ、世の中のちょっとした空気が、伝わりやすいのかもしれない。

私が日本に帰国してから勤務した国際情報局と同じ5階に待命中の大使の部屋がありました。5階のトイレにあった手ふき用のタオルに、自分のうんこをなすりつけている大使がいました。自分の人事に不満があったようだけど、こちらとしてはたまったもんじゃない。その後、トイレには、エアータオルが設置されました（笑）。

その話を知り合いの記者に話すと、「外務省もそうですか。うちも部長になれなかった編集委員が宿泊をした日だけに、シャワールームに大きなうんこが落ちてるんです」と言うのです。この国のエリートはどうなっているのかと心配になりました。

今でこそ笑い話だけど、こういう現象は、昔からあったことじゃないような感じがします。やっぱり平成になってから出てきた現象じゃないかと思っているんです。

一部上場企業の中でも、みな黙っているだけで、同じようなことがあると思うんです。

片山　平成の精神性が関係しているのかもしれませんね。私が当時住んでいた中野区でも、青梅街道の歩道橋の真ん中で夜誰かが大便をするらしくて、ついに「歩道橋の上でうんこをしないでください」という看板が出たことがあった。これは、90年代の前半じゃないでしょうか。

佐藤　そういえば、絵本作家サトシンのベストセラー『**うんこ!**』（＊22）も2010年の本でした。

片山　なるほど、最近は、『**うんこ漢字ドリル**』（＊23）も話題になりました。

＊22―『うんこ!』
2009年、文溪堂より刊行。作・サトシン、絵・西村敏雄。主人公は犬のおしりから生み落とされたうんこ。みんなに臭いと煙たがられながら、旅ははじまり……。

＊23―『うんこ漢字ドリル』
2017年、文響社より刊行。画期的な〝日本一楽しい〟漢字ドリル。「うんこを表す□号を考えました。」のように3000超の例題すべてに「うんこ」が登場する。小一～六年まで学年ごとに発刊されている。

佐藤　子どもの教育題材にうんこが使われるようになるとは、少なくとも戦前の人間は思っていないわけでしょう。いろんなところで、今までの常識としていたことが崩れているんですよ。

少年Aと「発達障害ブーム」

佐藤　97年と言えば、神戸市で**酒鬼薔薇《さかきばら》事件**（＊24）が起きている。15年に元少年Aが書いた『絶歌』が話題になりました。一時、少年Aが有料ブログを立ち上げて追いかける人間が出てきた。

片山　酒鬼薔薇事件は、ライター仕事でも扱ったのでよく覚えています。とはいえ、当時の私には宮﨑勤事件の先に想定された枠内の出来事のような気がして、受け止める感度は今一つ鈍かったかもしれません。

佐藤　私が酒鬼薔薇事件で注目する点は二つです。

一つは**革マル派**（＊25）の変質。革マル派は、少年Aは冤罪だとして精神鑑定の資料や検察の供述調書などを盗み出した。少年Aの逮捕は国家権力の陰謀だと訴えた。

革マル派はもともと権力謀略論を唱えてきました。国家権力に送

＊24―神戸連続児童殺傷事件
97年3月から5月、神戸市須磨区で2人の小学生が殺害され、3人が重軽傷を負わされた事件。被害者の遺体の一部が中学校の正門に遺棄されており、さらに「酒鬼薔薇聖斗」という名の犯行声明文が残されていた。メディアを騒がせた末に逮捕された少年が、一見どこにでもいる14歳の少年だったことが衝撃を与えた。「元少年A」は05年に出所。15年に手記『絶歌』を刊行し、物議を醸した。

＊25―革マル派
戦後の学生運動の流れを汲む新左翼の党派の一つ。マルクス・レーニン主義を信奉する。正式名称は日本革命的共産主義者同盟革命的マルクス主義派。60年代後半から70年代、敵対する過激派グループ「中核派」と激しい抗争を繰り広げた（内ゲバ）。

り込まれたスパイの謀略で内ゲバが起きると言うのです。けれど、もちろん酒鬼薔薇事件と内ゲバはまったく関係ない。私は新左翼運動の大きな変質を感じました。

二つ目が知的障害児を殺害したこと。その面ではそれまでのいたずら目的の犯罪とはまったく違った。いまでいえば、反社会性パーソナリティを持つ人の犯罪です。『絶歌』を読むとまだその治療が終わっていないのがよく分かる。

片山 そうでしたね。『絶歌』はもともと刊行する予定だった幻冬舎に断られて、太田出版から刊行されました。あれは出版するべきではなかったのではないでしょうか。百年後ならよいかもしれないけれど。

佐藤 その上、幻冬舎に断られて、逆恨みした元少年Aは社長の見城徹の悪口を書いて週刊文春や週刊新潮に送った。

片山 酒鬼薔薇事件の頃から精神分析が社会の前面に出てきた感じもします。心理学から精神病理学に時代が進んだ。

佐藤 それが最近の**「発達障害ブーム」**（＊26）につながっているように思います。まだ大人になっていないのではなく、そういうタイプの人間なんだと診断する。日本の政治家も価値観や思想より、

＊26―発達障害ブーム
ＡＤＨＤ（注意欠陥多動性障害）やアスペルガー症候群、学習障害など、脳機能の障害。子どもの発育時から、こうした傾向が見られることが多いが、大人になっても継続することもある。00年代後半から、関連書籍が多く発売された。佐藤は、精神が未発達な大人のことを「発達障害」と指摘する風潮を非難している。

幼児性や未成熟を問われる場面が増えました。

片山 犯罪者に限らず人間は誰もが未成熟で幼児性を抱えていて、精神分析医の治療対象であると。これはとてもアメリカ的と思うのですが。教会の神父や牧師の代わりがカウンセラーになる社会ですね。懺悔に行って聞いてもらうという形式。それを応用してカウンセリングをする人が神になって、それに人々がすがっていって、説明と安心を求める。何が起きても心の治療とケアでかなりが解決するのだから、とても大切なんだという。ついにはアメリカ大統領のビル・クリントン（＊27）までアダルトチルドレンと告白してしまいましたね（笑）。このカウンセリング文化の日本での普及というのも平成期の特徴ではないですか。

日本の帝国主義宣言

片山 この時期は**橋本内閣**（＊28）時代です。ロシアから帰国したあと佐藤さんはどのような仕事をされていたんですか？

佐藤 97年からが忙しくなりましたね。7月に橋本龍太郎首相が経済同友会でユーラシア外交演説を行ったんです。

＊27―ビル・クリントン
1946年、米国アーカンソー州生まれ。弁護士出身。93年から2001年まで第42代米国大統領を務めた。モニカ・ルインスキーとの不倫スキャンダルで弾劾裁判にかけられた。妻はヒラリー・クリントン。

＊28―橋本内閣
橋本龍太郎を首班とする、96年1月から98年7月まで続いた内閣。1府22省庁を1府12省庁に削減した省庁再編、大蔵省の名称変更、郵政三事業の一体公社化など行政改革を断行した。佐藤は、橋本のことを「派閥を作らず、政治家同士で飯を食わない異質の政治家だった」と評する。

これは非常に重要な演説でした。冷戦後のアジア太平洋地域は日米中露4カ国の相互関係で成り立つ。なかでも日露の距離感を縮める必要があると主張したんです。

ポイントは橋本内閣のユーラシア外交に朝鮮半島は入っていないこと。これは日本の帝国主義宣言でした。日米中露でアジア太平洋エリアの秩序を守っていくから、ほかの国はそのルールに従え、と言ったのです。

片山　当時の日本にはそう言える勢いがまだあったし、他国にとってはそれだけ日露接近は脅威だったわけでしょう。

佐藤　そう言えますね。帝国主義的な外交がまだできていた。98年10月に来日した金大中が**小渕恵三首相**（＊29）と日韓共同宣言をし、その翌月に江沢民と日中共同宣言を行いました。歴史問題も議題には上りましたが、現在ほど激しい争点にはならなかった。

11月にはモスクワで小渕・エリツィンの日露首脳会談も行われています。それに先立つ4月、静岡県伊東市川奈で開かれた日露首脳会談で当時首相だった橋本さんがエリツィンに秘密提案をしました。

ロシア側からの返答がなされたのが同年11月の小渕・エリツィン会談だったのです。1時間でも2時間でも話し合ってもらって北方

＊29―小渕恵三
98年7月から00年4月まで首相を務めた。韓国・金大中政権との日韓共同宣言やサミットの沖縄開催決定などが評価される一方で、リーダー力欠如を指摘する声もあった。周囲にフランクに電話をかけて意見を求めることから「ブッチホン」の異名をとる。在任中に脳梗塞によって昏睡状態となり退任、翌月に死去した。

領土の妥協点を見出してもらおうと考えていたら、エリツィンが「モスクワへようこそ。これが川奈提案の回答だ。これを読んでくれ」と3枚半の紙を出した。そしてたった5分で会談は中断されて20分の休憩に入った。

私はロシア語の専門スタッフを日本側の荷物係と配車係に配していました。どんな回答がきてもすぐに訳して、問題があればその場で詰めようと考えていたのです。

そこでエリツィンから受け取った3枚半の紙を定規でいくつかに切り分けて「5分以内に訳せ」と荷物係と配車係のロシア語スタッフに渡した。そして内容を見ていくと日本側が事前に想定していた回答のうちの一つだった。その瞬間、鈴木宗男さんが小渕さんに「これじゃ話にならない。総理、帰りましょう」と大声で言うんです。

するとパノフ駐日大使が扉を開けて私を呼んだ。我々のやりとりを盗聴していて隣室で聞いていたんです。彼は「鈴木さんをなだめてくれ。すぐに答えは出せないと書いているだろう」と言う。改めて注意深く回答書を再読しました。

すると左下の消し忘れた更新日時の記録などから推測するとエリツィンが読んでいない可能性があった。実際、エリツィンは体調を

小渕・エリツィン会談。98年11月、モスクワのクレムリンにて。

崩していて、読んでいなかったんです。その後、再開された会談でそこを突いて国境画定委員会の設置や北方領土の自由訪問などをロシア側に認めさせることができた。

片山　生々しい話ですね。

佐藤　それから私は小渕さんにこう命じられていました。「エリツィンの体調は相当悪かった。このままだと日本でもエリツィンの健康不安説が流れる。その話を潰せ」と。ベッドの上に靴を履いたままで寝て、チューインガムを噛みながら言うんですよ。

それで記者たちに合意の共同発表が遅れると伝えました。記者たちはロシア側が東京宣言についての合意を渋り始めたのかと疑い始める。私は深刻そうな顔をして、「ノーコメントです」と言った。問題をすり替えて、合意が遅れたのがエリツィンの体調悪化ではなく、ロシア側が合意に難色を示し始めたという雰囲気を醸し出したんです。

今振り返ってみると、小渕さんにしてもその後に首相になる森さんにしてもテキ屋の親分のような怖さがありましたね。

片山　それが昭和の政治家の特徴なのでしょう。たとえば、森さんは近代的な政治家として見れば、何を言っているのか分からない言説も多々ある。でも同時にただならぬ背景がありそうな空気を漂わせている。普通じゃない迫力は確かにある。

佐藤　ただあの種の怖さは民主政治とは馴染まない。今の安倍政権が長持ちしている要因の一つは古い政治家が持つ怖さがないからかもしれません。

佐藤　この日露首脳会談については、その後の話もあるんです。日露間の合意文書にサインするのですがトラブルが起きた。体調が悪すぎてエリツィンの署名がいつまで経ってもこない。

片山　署名もできないほど身体を壊していたんですか？

佐藤　そうなんです。署名式に間に合わない。どうするんだ、とこっちは大騒ぎになった。では、署名機はどうかという話が出た。ロシア大統領は1年に4000ぐらい署名のサインをしなければならない。手が疲れてしまうからそっくりの署名が打ち出せる署名機があるんです。ロシア側に相談すると外交文書に署名機を使ったことはない、それはまずいと難色を示した。でも、もう時間がないからやるしかねえぞ、と押し問答しているときに、ぎりぎりで署名が届いた。

片山　署名機で打ち出したサインですか？

平成9年（1997年）

流行語
・〈パパラッチ〉
・〈ガーデニング〉
・〈ビジュアル系〉

流行歌
・「CAN YOU CELEBRATE?」（安室奈美恵）
・「硝子の少年」（KinKi Kids）
・「ひだまりの詩」（Le Couple）

映画
・『もののけ姫』（宮崎駿）
・『失楽園』（森田芳光）
・『うなぎ』（今村昌平）

本
・『失楽園（上・下）』（渡辺淳一・講談社）

佐藤　いえ、直筆でした。でも手が震えてグチャグチャのサインだった。

中間団体喪失と公明党復活

片山　小渕・エリツィン会談が行われた98年11月には新党平和と公明が合流して**公明党**（＊30）が復活しました。

そもそも公明党は55年体制下では保守でも革新でもない立場をとってきた。一時は分党して二大政党の中の派閥的な存在として生き延びようとした時期もありました。しかし比例代表小選挙区制の中で公明党として議席を確保できると読んだのでしょう。

佐藤　どこまで意識していたかどうかは分かりませんが、このとき創価学会は政教分離の見直しをはかった。ここで創価学会と公明党の関係を近づけた。現在に続く公明党の独自路線がここからはじまりました。

片山　先ほど話にも出ましたが、かつては大きな力をふるった労働組合や宗教団体などの中間団体が崩壊したり機能不全に陥ってゆく中で、創価学会は集票力を保ち続けた。98年の公明党再結成で、創

＊30―公明党
創価学会を支持母体として結成された政党。64年に誕生。94年に公明新党と公明に分裂するが、4年後に再び公明党として合流した。99年には自民党、自由党（00年4月に離脱）、公明党で連立内閣が発足した。

現・公明党へ（神崎武法・新党平和代表と浜四津敏子・公明代表）。

価学会と公明党の二人三脚がまた公然化して、残った中間団体が相対的にかえって以前よりもとてつもない強みを持つという状況が明らかになっていきました。

佐藤　１９９３年から２０１７年までの24年間の都議選で公明党は一人の落選者も出していないのです。

片山　確かに公明党の選挙を見ていると支持母体である創価学会の力が証明されている。

　冷戦構造崩壊以降、日本は法の支配を徹底して曖昧な領域や中間団体を排除してきた。その流れで、99年8月の国旗・国歌法も語れますね。右派の人たちが日の丸と「君が代」を守りたいという焦りから法制化に踏み切った。しかしそれが大きな間違いだった。

佐藤　おっしゃる通りです。法制化した結果、国歌や国旗の超越的な地位を否定してしまった。きっかけとなったのは、君が代斉唱や国旗掲揚に反対する教職員らと国旗・国歌を義務づけようとする文部省の板挟みで、**広島県の高校で校長が自殺した事件**（＊31）です。法制化すれば、自殺するほど悩む教職員もいなくなるし、愛国心も強化できると考えた。ただ裏を返せば、法律さえ変えれば国旗を赤旗に、君が代を「インターナショナル」にだって合法的に変更でき

平成10年（１９９８年）

流行語
・〈貸し渋り〉
・〈キレる〉
・〈不適切な関係〉

流行歌
・「夜空ノムコウ」（ＳＭＡＰ）
・「ｍｙ ｇｒａｄｕａｔｉｏｎ」（ＳＰＥＥＤ）
・「ＳＯＵＬ ＬＯＶＥ」（ＧＬＡＹ）
・「長い間」（Ｋｉｒｏｒｏ）

映画
・『踊る大捜査線 ＴＨＥ ＭＯＶＩＥ』（本広克行）
・『プライド 運命の瞬間』（伊藤俊也）
・『リング』（中田秀夫）

本
・『大河の一滴』（五木寛之・幻冬舎）

＊31―広島県の高校で校長が自殺
99年2月、広島県立世羅高校の卒業式に際して事件は起こった。

ることが明らかになった。

片山　国民が君が代を明文化されない慣習として愛するという形をとり続けるべきだったでしょうね。慣習であれば、思想も信条も関係ない。

佐藤　その意味では戦前は、国家神道を国教と定めず、国家神道は宗教にあらずとした。法で国教と定めず、慣習としたからこそ、強固な地位を築けた。それはある意味での国教の完成だと言えます。

人類滅亡の日

片山　国旗・国歌法制定の翌月99年9月に起きたのが、**東海村JCO臨界事故**（＊32）です。私は終末思想や人類滅亡をすり込まれた世代ですからね。ついにきたかと思った。

佐藤　9月30日の木曜日でしたね。あの日、私は当時内閣官房副長官だった鈴木宗男さんと一緒に昼食を済ませた後、車で移動していました。するとラジオの臨時ニュースが入った。それで「危機管理の問題になります。すぐに官邸に戻りましょう」と私が進言したんです。

前日、君が代斉唱と日の丸掲揚に反対する教職員らと話し合いを続けていた校長が「何が正しいのか分からない。自分の選ぶ道がどこにもない」という遺書を残し自殺した。

＊32―東海村JCO臨界事故
茨城県東海村のJCO東海事業所で起こった日本初の臨界事故。作業員3人が放射線を浴び、2人が死亡。地元住民は半径350メートル以内から避難と半径10キロ圏内の屋内退避措置が取られた。被曝者は600人を超えた。

官邸に戻ると昼休みだったせいか誰もいない。私が電話の交換手として「いま官房副長官につなぎます」と問い合わせや照会の対応をして、事故が発生した時間や官房副長官が官邸入りした時間などをすべて時系列にして記録した。マスメディアは官邸が危機管理をきちんとしていると評価した。

片山　それはすばらしい。阪神・淡路大震災では村山政権の初期対応が問題になりましたからね。阪神・淡路大震災では官邸に誰もいなかったと聞きます。

佐藤　初期対応がいかに重要か実感しました。なぜ村山政権が叩かれたのか。鈴木さんはそこをよく分かっていた。できるだけ早く官邸に戻る必要があると。それで危機管理体制が機能していたわけではないけれど、官邸に官房副長官がいるという事実が重要だった。だって交換手すらいなかったんだから（笑）。

片山さんは東海村臨界事故をどうごらんになっていましたか？

片山　恐怖を覚えました。報道では作業者がバケツで（高濃度のウランの入った）溶液を移した（指定以外の沈殿槽に投入した）ら青い光が出てきたという。かねてよりヒューマンエラーで核爆発が起きて、人類が滅亡するという筋書きもさんざん語られていましたからね。

発生から4年後に公開されたJCOの臨界事故現場。

佐藤　ご指摘の通り東海村の原発事故は、完全なヒューマンエラーでした。そして11年の福島第一原発事故でも同じ過ちが繰り返される。予備電源のプラグ形状が合っていれば、被害は最小限で食い止められていた。あれもヒューマンエラーだった。

片山　初歩的な危機にも対応できないなんて作業者の資質や教育はどうなっていたのかと思います。福島原発事故で、いや、東海村の事故で、原発はヒューマンエラーからまぬかれることはほとんど不可能だと証明されたわけでしょう。

佐藤　下請け、孫請け、ひ孫請けの労働者を使う原子力産業の構造も大きな問題です。『**闇金ウシジマくん　ザ・ファイナル**』（＊33）でも原発という名前こそ出しませんが、5000万円の借金を抱えた人間を2年で身体がボロボロになる特殊な清掃現場に送り出す。

片山　原発労働者の地位が低すぎるんです。特殊な現場で働いているのだから高給にして労働英雄のように称えてもいい。でも現実は、知識や技術がない労働者がもっとも危険な現場を支えている。

　東海村JCO臨界事故は、原子力産業のひずみを我々に見せつけました。3・11の12年前ですよ。歴史は必ず未来への予兆と警告を発する。受け止めが足りませんでした。

＊33―『闇金ウシジマくん　ザ・ファイナル』
2016年公開。闇金の視点で現代の社会問題を描く。真鍋昌平の漫画を原作にした大ヒット映画シリーズの完結編。山田孝之主演。

＊34―佐藤一男
福島県出身の研究者。1957年に日本原子力研究所に入り、原子炉の安全性の試験研究などに従事。原子力安全委員会委員長などを歴任した。

佐藤　その通りです。元原子力安全委員会委員長の**佐藤一男**（＊34）は、84年に刊行した『原子力安全の論理』で原子力産業の問題点をすべて喝破しています。

まず危機対応では4通りの人間が出てくる。

Aはやるべきことはやる人。Bはやるべきことを中途半端にやるかまったくやらない人。Cはやってはいけないことをやる人。Dはやってはいけないことをやらない人。

AとDは問題ない。でも現実にはBとCがほとんどになる。

では、制御する方法は何か。その答えが人間なんです。

人間はコンピューターに比べて、計算も遅くて、記憶力もない。ただし、総合的な判断力は人間に優るものはない。だからアクシデントを防ぐには人間を鍛えるしかない。84年の時点ですでにそう指摘している。

片山　実に正しい。予見的な書ですね。

佐藤　だから3・11は、青天の霹靂《へきれき》でも想定外でもなかった。『原子力安全の論理』にはこうも書かれています。原発事故は想定外が必ず起きる。メルトダウン、メルトスルー、ベント、電源喪失……。リスクはどの順で、どういう組み合わせで問題が発生するか

平成11年（1999年）

流行語
・〈癒し〉
・〈リベンジ〉
・〈ブッチホン〉

流行歌
・「だんご3兄弟」（速水けんたろう・茂森あゆみ）
・「First love」（宇多田ヒカル）
・「LOVEマシーン」（モーニング娘。）

映画
・『鉄道員（ぽっぽや）』（降旗康男）
・『梟の城』（篠田正浩）

本
・『金融腐蝕列島 呪縛』（原田眞人）
・『五体不満足』（乙武洋匡・講談社）

分からないからだ。だから絶対の安全はない。

現代に生きる日蓮宗

片山　私が原発事故の予見で思い出すのが、74年に公開された映画『ノストラダムスの大予言』です。劇中で主演の**丹波哲郎**（＊35）が「原発に絶対安全はない」と国会で演説する。

あの映画は創価学会的な価値観に裏打ちされていたわけでしょうね。資本主義や社会主義とは違う第三の道を歩まなければ、人類は滅亡すると結論づけられる。

佐藤　それは、日蓮仏法をもとに新たな文明を築くという創価学会の「第三文明」という考え方ですね。丹波哲郎は『人間革命』で創価学会第二代会長の戸田城聖を演じていますが、創価学会員ではありません。

片山　おそらく原作者の五島勉が創価学会の影響を受けていたのだと思います。

私は丹波哲郎が大好きなんですよ。丹波哲郎の霊界研究の本も集めたほどですから。

＊35—丹波哲郎
1922-2006。俳優。戦後、GHQの通訳などを務める。1952年に『殺人容疑者』でデビュー。50年の俳優生活で出演した映画は300本を超える。また霊界の宣伝マンを自称して死後の世界の存在を説き続けた。自著を映画化した『丹波哲郎の大霊界』シリーズは300万人を動員するヒット作となる。

佐藤　実は私もそうなんです。本当に英語がうまくてオーラのある俳優だった。
片山　あの抑揚と間がある台詞術がよかった。私は丹波哲郎の出た映画からはセリフや言い回しをずいぶん覚えて真似したものです。学生時代ですよ。危機の時代には『日本沈没』で丹波哲郎が演じた山本総理のような指導者がいちばんいいなと、ついついどこかで期待してしまう自分がおりまして。３・11のときは特にそうでしたね。
佐藤　『激動の昭和史　沖縄決戦』の長勇《ちょういさむ》参謀長役もよかった。
片山　あれはすばらしいですね。長勇の親分肌な感じと、思想傾向としては日本陸軍の最悪な因子を凝縮している部分とが、素晴らしくブレンドされて演じ切られていました。
　さて、話を創価学会に戻すと、『ノストラダムスの大予言』『人間革命』も最後は、人間革命で終わる。
佐藤　人間革命も、どんな人間でも過去の人生を変えられる「宿命転換」ができるという創価学会の考え方です。
　99年10月に公明党は自自公連立の小渕内閣で与党になる。それだけの影響力を持っているにもかかわらず、創価学会についての等身大の研究がほとんどない。あるとしても創価学会を脱退した人が内部を暴露したオーラルヒストリーが多い。

片山　組織から裏切り者と呼ばれる人たちが組織の何を語れるのかという疑問は確かに残る。佐藤さんはこれまで創価学会に関する本を何冊も手がけてきましたが、その仕事の重要性が増してきますね。

佐藤　創価学会は現在、世界宗教化しつつありますが、その意義を理解している有識者があまりに少ないです。

片山　日本では、明治期に日蓮を見直す動きが生まれました。その流れから昭和に入って牧口常三郎が創価教育学会を作って、これが今日の創価学会につながる。それから日蓮系の流れで重要なのは、明治以来の田中智學《ちがく》の**国柱会**（＊36）ですね。国柱会は日本中心で法華経のユートピア実現を目指した、とてもナショナリスティックな団体だった。田中智學も立憲養正會という政党を作り、国会で議席も得ました。

浄土真宗の親鸞や曹洞宗の道元の思想は、基本的に個々人の内面の問題で説明がつきます。極端に言うと一人の世界で成り立つ。でも日蓮の教えを突き詰めていくと、みんなが法華経を信じる共同体を作らないと救われない。個人の問題ではなく、社会運動の思想になる。みんなが総力を挙げて法華経を信仰しないと意味がない。だ

＊36—国柱会
１８８０年に日蓮宗の僧侶だった田中智學が僧籍を離脱して創設した宗教団体。１９１４年に立正安国会から国柱会へと改称。日蓮主義を中心にして、国家主義的な活動を行った。その後、田中智學は右翼政治団体「立憲養正會」も結成。天皇中心の政治と世界平和の実現を目指した。立憲養正會は、太平洋戦争中は政府の迫害を受けた影響で、敗戦後の解散処分を免れ、戦後も政治活動を続けた。

から必然的に政治化する。

佐藤 日蓮主義には、ある種のいかがわしさを感じるのか知識人は触れたがりません。しかし創価学会はもちろん、立正佼成会もいまなお日本の政治に強い影響を与えている。

日蓮宗とは何か。平成の社会にも深くつながる重要なテーマと言えるでしょう。

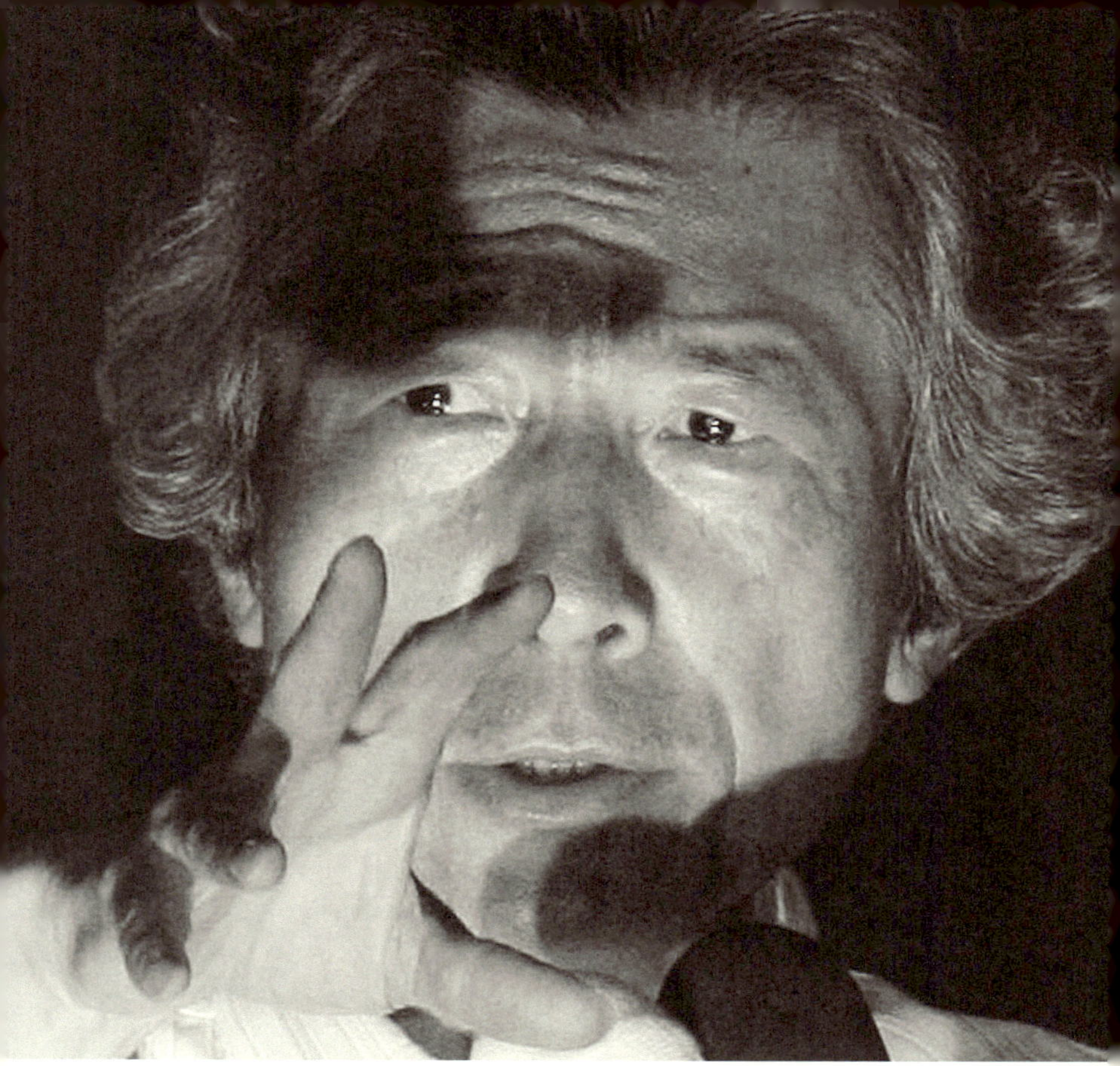

自民党も、日本社会も「ぶっ壊した」。

第三章

小泉劇場、熱狂の果てに

平成12年→17年(2000年—2005年)

平成12年(2000年)

1月・ネット検索大手のヤフーの株価が1億円突破。

2月・大阪府知事に太田房江が当選。初の女性知事誕生。

3月・台湾総統選に民主進歩党の陳水扁が当選。台湾初の与野党間の政権交代。

4月・小渕首相が脳梗塞で昏睡状態(翌月死去)。森喜朗内閣発足。
・携帯電話台数が5000万台を超え、固定電話を抜く。

5月・森首相が、神道政治連盟の集まりで「日本は天皇を中心としている神の国」と発言し、批判される。

6月・金大中大統領、北朝鮮を訪問(南北共同宣言)。

7月・三和、東海、東洋信託銀行が経営統合発表(UFJホールディングス誕生へ)。
・三宅島で大規模な噴火。
・沖縄サミット開催(名護市)。
・プーチン大統領初来日。

11月・米大統領選、ブッシュ当選。
・東北旧石器文化研究所副理事長が旧石器発掘捏造を認める。

時代を感じる。政治家と神道との結びつきが強い今なら、ここまでバッシングされなかったかも。片山

実は、平壌経由で来日したプーチンはサミットに遅れて到着した。遅刻に怒ったフランスのシラクに対し、森が「彼は金正日の情報を我々に提供するために北朝鮮に寄ってきてくれたんだ」となだめた。プーチンは、助け船を出してくれた森に、現在も感謝している。佐藤

インチキをしない民族と自ら信じてきた日本人の、深層にある怪しさやいかがわしさが露呈した事件だった。佐藤

雑誌に「藤村新一の嘘がバレて日本史が四十九万年縮んだよ」というコラムを書いた記憶がある。片山

by the way

＊五人組
小渕が倒れた直後、自民党有力議員による密室協議が行われ、小渕時代の幹事長・森喜朗が首相に就くことになった。森に加え、官房長官・青木幹雄、幹事長代理・野中広務、政調会長・亀井静香、参院議員会長・村上正邦ら、協議に参加した面々は、五人組と呼ばれた。しかし、支持率は低迷を極め、森内閣は約1年しか持たず。現在、五人組の多くは政界の表舞台から去った。ただ一人、森だけがキングメーカーとして存在感を保っている。

平成13年（2001年）

1月	・中央省庁再編（1府22省庁が1府12省庁へ）。
2月	・えひめ丸がアメリカの原潜と衝突し沈没。報告を受けても、ゴルフを続けたという森首相の対応に批判が集まる。
4月	・小泉純一郎政権が誕生。
5月	・金正男とみられる男が成田空港で拘束。
6月	・大阪教育大付属池田小学校で児童8人が死亡する殺傷事件が起こる。
8月	・小泉首相が靖国神社に参拝。海外から強い批判が寄せられる。
9月	・米同時多発テロ（日本人24人含む、3000人超死亡）。 ・日本で牛海綿状脳症（BSE）に感染した牛を確認。
10月	・米国がアフガニスタンを空爆。 ・テロ対策特別措置法成立。米国の後方支援が可能になる。
12月	・皇太子ご夫妻に第一子、愛子内親王が生まれる。 ・海上保安庁巡視船が奄美大島沖で北朝鮮工作船と交戦。

えひめ丸は事故だから、森首相の危機管理の問題ではなかった。逆に言えば、決定的なミスを犯していないから潜在力を残して、いまだにキングメーカーとして影響力を及ぼしている。佐藤

小泉内閣が様々な組織を破壊した結果、支持政党もイデオロギーも持たない人が増え続けた。こうして自ら生みだした無党派層を煽って「神風」を吹かせた。片山

金正男は日朝外交の切り札になりえたが、田中眞紀子が「そんなの怖いからすぐに帰しちゃいなさい」と政治主導で帰還させてしまった。佐藤

世界は準非常時社会に突入した。だから小泉劇場は平時に行われていたわけではないともいえる。片山

by the way

＊荒れる成人式
飲酒や暴言など、成人式に出席する新成人のマナーの悪さが社会問題化する。高知県では、「話が長い」「帰れ」などとヤジをとばされた橋本大二郎知事が憤慨し、「出て行け」と壇上から叱責する騒ぎも起こる。反響は大きく、同知事に対し、「よくぞ言ってくれた」との声が多数寄せられたという。

平成14年(2002年)

1月・外務省事務官との対立で田中眞紀子外相が更迭される。
・北海道の太平洋炭礦が閉山。日本の石炭産業は事実上消滅。

3月・北方四島支援業者選定に関与した疑惑が取り沙汰され、鈴木宗男衆議院議員が自民党を離党(6月にあっせん収賄容疑で逮捕される)。

5月・日韓ワールドカップ開催。日本はベスト16進出。
・経団連と日経連が統合し、「日本経済団体連合会」が誕生。

8月・日本マクドナルドがハンバーガーの価格を従来の80円から59円に値下げ。
・住民基本台帳ネットワークシステム稼働。
・多摩川にアゴヒゲアザラシが出没。

9月・第一次小泉訪朝(拉致被害者確認。10月被害者帰国)。

12月・韓国大統領選、盧武鉉が当選。

これに関連し、5月に東京地検特捜部に逮捕される。以後、512泊513日を小菅の独房で暮らす。佐藤

檻の中では、不快な出来事が山ほどあったが、タマちゃんは数少ない愉快なニュースだった。佐藤

1回目の首脳会談で北朝鮮は拉致被害者8人の死亡確認書を提出した。しかし書類の中身を確認せずにすぐに受け取ってしまった。確認さえしていれば、なぜ死亡した日時や場所がバラバラなのに死亡確認書を発行した病院が同じなのかなど様々な矛盾点を指摘できた。佐藤

小泉訪朝の失敗が今日の日朝関係の混乱を招いたのでは。日本にはもう打つ手がない。片山

by the way

＊サッカーと愛国

日韓W杯で韓国代表がベスト4に進出。試合中に、韓国のスタジアムや日本のコリアンタウン・新大久保で「テーハミング(大韓民国)」の声が連呼された光景をご記憶の方も多いだろう。だが、隣国の躍進は、日本人のナショナリズムを刺激した。韓国がイタリアやスペインといった強豪国を撃破する度に、日本のネット空間には、「誤審」や「八百長」を指摘する声が溢れた。ここに、「嫌韓」「ネトウヨ」の原点を見る専門家も多い。

平成15年(2003年)

2月	・ユーゴスラビア連邦消滅。
3月	・大量破壊兵器開発疑惑を理由に、米英軍がイラク戦争を開始。小泉首相は戦争支持。 ・新感染症SARSによって、中国が大パニック。
4月	・イラクのフセイン政権崩壊。 ・六本木ヒルズ完成。 ・28日、日経平均株価終値がバブル後の最安値7607円を記録。
5月	・個人情報保護法成立。
6月	・国庫補助負担金削減、地方交付税総額抑制、地方への税源移譲など、地方税制の「三位一体改革」が閣議決定。
8月	・北朝鮮の核を巡り、初の六カ国協議(日米中韓露と北朝鮮)が行われる。
9月	・安倍晋三、自民党幹事長就任。 ・自由党が解散し、民主党へ合併。
10月	・日本産のトキが絶滅する。
11月	・イラクで日本人外交官2人が殺害。
12月	・BSE問題で、アメリカ産牛肉輸入停止。

六本木ヒルズがゲーティッドシティ——アメリカ郊外に治安を維持するために住民以外の出入りを制限する門で囲まれた町——に見えた。佐藤

六本木ヒルズなどの富裕層が住むゲーティッドシティには自家発電能力がある。格差が顕在化、可視化された。片山

個人情報保護で年鑑や人名録が作られなくなり、ネットなど非公式なアングラ情報が大きな力を持つようになった。片山

この頃、拘置所から保釈される。佐藤

by the way

＊ハルウララ

高知競馬場で連戦連敗を続けるサラブレッド、ハルウララが話題になる。平成の大不況真っ最中で、リストラが横行していた当時——負けても負けても、けなげに走る小柄な馬の姿が、日本人の琴線に触れたのだろうか。2005年には映画化もされた。1998年デビューで2006年引退。最終戦績は113戦0勝。

平成16年（2004年）

1月	・陸上自衛隊と海上自衛隊にイラク派遣命令（翌月、本隊をサマーワへ派遣）。
4月	・イラクで日本人3人拉致（同月半ばに全員解放）。
5月	・皇太子が「（雅子妃の）キャリアや人格を否定する動きがあった」と発言。 ・第二次小泉訪朝。拉致被害者家族5人帰国。
6月	・経営難でオリックス・ブルーウェーブとの球団合併を進める近鉄バファローズの買収をライブドアが申し出る。
8月	・普天間基地の米軍ヘリが沖縄国際大学に墜落する。
9月	・脱北者29人が北京の日本人学校に駆け込む。 ・プロ野球で初の選手会スト。12球団維持を求める。
10月	・イラクに「大量破壊兵器なし」と米政府調査団が発表。 ・新潟県中越地震が発生（死者68人）。
12月	・スマトラ島沖地震が発生（死者・行方不明者は30万人超）。

帰国の段階になり、「自己責任論」＝バッシングが激しくなった。そういう意味では社会が変わるリトマス試験紙のような役割を果たした事件だった。 佐藤

妻を守る姿勢は人間として素晴らしい。それこそ人間天皇の最終型とも言えるが、それで天皇像が新たな民主主義的強固さを獲得できるかというと別問題。 片山

三原脩監督時代からの近鉄ファンだったので、行方を注視していたが…。 片山

by the way

＊疑惑の温泉

2004年7月、週刊誌の報道によって、長野県の白骨温泉で入浴剤を使用していることが発覚する。乳白色の湯を印象づけるために、入浴剤を使用したという。この「疑惑の温泉」問題は、全国の温泉に飛び火する。源泉が枯渇しているのに、水道水を使いながら「温泉」を謳う旅館も多数発覚。温泉・旅館業界の「ぬるま湯」体質の見直しの契機になった。

平成17年（2005年）

1月	・女性国際戦犯法廷に関するNHK番組に、安倍晋三ら自民党議員が介入したと報道された。
2月	・地球温暖化防止を目的とする京都議定書発効。
3月	・島根県議会が「竹島の日」条例を決議する。
4月	・フジテレビとライブドアが業務提携発表。 ・JR福知山線で脱線事故（死者107人）。
7月	・ロンドン中心部で同時爆破テロ（死者50人超）。
8月	・参院で郵政民営化法案否決。異議を唱えた小泉首相が衆院解散（郵政解散）。
9月	・衆院選で、自民党圧勝へ。
10月	・郵政民営化法案成立。 ・自民党、初の新憲法草案を発表。
11月	・ドイツで初の女性首相、メルケルが選出される。
12月	・セブン＆アイ・ホールディングスがそごう・西武百貨店を統合。

この頃、『国家の罠』で作家デビュー。佐藤

まさに中間団体の破壊。小泉首相は「郵政民営化に賛成する候補者しか公認しない」と敵を作った。有権者はイデオロギーに関係なく、麻薬にやられたように投票した。片山

そもそも内閣府特命担当大臣だった竹中平蔵も、郵政民営化は必要ないと考えていた。佐藤

by the way

＊昭和30年代ブーム

「失われた10年」（後に20年とも呼ばれる）とされた低成長時代を迎え、大企業でも「リストラ」が横行し、終身雇用も幻想に過ぎなくなった時代。貧しくても、右肩上がりだった高度経済成長時代を回顧する風潮が見られるようになった。火付け役となった映画『ALWAYS 三丁目の夕日』の大ヒットをはじめ、昭和レトロをモチーフにした商品や店舗も多く見られるようになった。

現在も信頼関係が続く
森元首相とプーチン大統領。
奥で二人を見守るのは
鈴木宗男氏(2001年3月、
露イルクーツク)。

森首相の外交がベスト

片山　99年から00年に移る瞬間、コンピューターが誤作動を起こして大パニックに陥ると言われていました。世紀末に世界が滅亡するという終末思想と重ねて危機感を募らせる人が多かった。

佐藤　**2000年問題**（＊1）ですね。霞が関でもミレニアムに何が起きるのかと緊張していました。

　忘れられないのは99年12月31日です。昼過ぎにモスクワから電話があった。モスクワ時間正午（日本時間午後6時）にエリツィンが緊急演説をして、**大統領辞任**（＊2）を表明するというのです。後任はプーチンだと読んで、すぐに鈴木宗男さんに連絡して、小渕恵三首相との会談の準備をはじめました。

片山　まさに日露関係のターニングポイントですね。しかし翌年の4月に小渕総理が倒れて昏睡状態になった。外交の現場も混乱したのではないですか？

佐藤　鈴木さんとプーチンの会談が実現したのが、大統領選後の4月4日。イスラエルのテルアビブで行われていた国際学会に出てい

＊1—2000年問題　2000年にコンピューターの年号認識システムが混乱し、誤作動を起こすと懸念された。全世界で対策が行われたが、問題は起きなかった。

＊2—エリツィン大統領辞任　1991年からロシア連邦の初代大統領を務めたが、98年の金融危機で議会と対立、国内の人気も低迷した。健康問題もあり、99年12月31日に辞任。

た私もモスクワに向かいました。

しかしその2日前に小渕首相が倒れてしまった。特使派遣の中止もありえましたが、次期首相の森さんからの指示もあり、予定通りに行うことができた。外交官として仕事のピークの時期でした。

片山　7月の**沖縄サミット**（*3）では、プーチンが初来日しました。いまも森元首相とプーチンは堅い信頼関係で結ばれているといいますね。

佐藤　実は、平壌経由で来日したプーチンはサミットに遅れて到着した。遅刻に怒ったフランスのシラクに対し、森さんが「彼は金正日の情報を我々に提供するために北朝鮮に寄ってきてくれたんだ」となだめた。プーチンは、助け船を出してくれた森さんに、いまもとても感謝しているのです。

片山　一方で、森さんほど、マスコミに叩かれた人もいない。

佐藤　流行語になった「IT」を「イット」と言って叩かれていましたね。

もう一つが「神の国」発言。森さんは神道政治連盟の集まりで「日本は神の国だから」と語りました。神主たちを対象にした発言をそこまで叩く必要があったのか、マスコミは意地が悪いなと感じまし

＊3—沖縄サミット
2000年に沖縄（名護市）で開催された第26回主要国首脳会議。沖縄の経済的自立と歴史の再認識を促すため小渕首相が開催を決断した。開催時は、森首相。

サミットのG8首脳歓迎レセプションで歌を披露した安室奈美恵氏。

た。

片山　いまならもっと過激な発言をしても許されるでしょうね。逆に拍手が起こるかも知れない。

佐藤　森喜朗というとサメの脳みそ、ノミの心臓というイメージで語られますが、実際は非常に精緻な思考をする人で常に温厚、そしてとてもよく勉強している。会談でも条約文や事実関係の日付、統計上の数字、固有名詞のカードを作る。基本的にはアドリブですが、大事な部分はカードで確認するから絶対に間違えない。

実はプーチンもこのスタイルとまったく同じなんです。我々外交官にとっては、森さんのやり方がベストでした。事実、森内閣では様々な交渉が動いた。

片山　なるほど。そう伺うと、森喜朗はやはり**早稲田大学雄弁会**（＊4）出身の政治家という気がしますね。アドリブを重んじるが、細かいところはよく確かめる。学生弁論の基本ですから。事実関係を間違えると野次り倒されるので、慎重さが身につきます。しかし、サービス精神も旺盛ですので、舌禍事件も起こしやすい。それが学生弁士根性というやつです。私も雄弁会のライバルの慶應義塾大学弁論部にいましたので、雄弁会の気質は多少知っております。

平成12年（2000年）

流行語
・〈おっはー〉
・〈最高で金 最低でも金〉
・〈IT革命〉

流行歌
・「TSUNAMI」（サザンオールスターズ）
・「桜坂」（福山雅治）
・「今夜月の見える丘に」（B'z）

映画
・『顔』（阪本順治）
・『バトル・ロワイアル』（深作欣二）
・『ホワイトアウト』（若松節朗）

本
・『だから、あなたも生きぬいて』（大平光代・講談社）

＊4――早稲田大学雄弁会
117年の歴史を持つ、早稲田大学の弁論サークル。石橋湛山、竹下登、海部俊樹、小渕恵三、森喜朗と多数の首相経験者を輩出した。

するなと、森さんの前の総理大臣たちは、外交の場では、森首相とはまた違ったやり方で、会談に臨んでいたわけですね。

神の手とSTAP細胞

佐藤　それぞれにスタイルが違っていました。小渕はひたすら下を向いて紙を読む。だから会談録は完璧なんだけど、相手の心は読めない。真逆なのが橋本。すべてアドリブだから人間関係の構築はうまい半面、よく間違える。

最悪だったのは外務大臣だった**河野洋平**（＊5）。「俺は外相2回目だから説明はいらない」と官僚のブリーフィングを聞かず、新聞で読んだ知識で外相会談に臨むんです。

00年に河野とロシアのイワノフ外相が会談したときのことです。河野は「日本はイスラム研究を重視していく」「イランというのは重要な国だ」と延々と語りました。するとロシアの外務事務次官が「おい、佐藤。日本政府は方針を転換したのか。それとも不規則発言か、どっちか教えてくれ」と慌てて聞いてくる。

それは当然で、当時はアメリカがイランに制裁をかけていた時期

＊5—河野洋平
1937年生まれ。衆議院議長、副総理、外務大臣などを歴任した。宮澤喜一内閣の内閣官房長官として、それまで否定していた慰安婦の強制性を認めて謝罪した「河野談話」が物議を醸す。

です。日本政府の政策変更だとしたらロシアにとっては非常に大きな情報になる。私は「大臣はなんの資料も見ていないし、ブリーフィングも受けていない。不規則発言だ」と伝えるとロシアの外務次官も「そうだよな。ありえないよな」と呆れていました。私たちも頼むから普通にやってくれ、と思っていました。

片山 それは危なっかしい。森内閣は蜃気楼内閣と揶揄されましたが、いま振り返れば、大きな失点があったわけではないですね。しかし01年2月に起きた**えひめ丸沈没事故**（＊6）の対応や失言で支持率が一気に下がり、退陣に追い込まれてしまった。

佐藤 冷静に考えれば、えひめ丸は事故だから、危機管理の問題ではなかった。逆に言えば、決定的なミスを犯していないから潜在力を残して、いまだにキングメーカーとして影響力を及ぼしているわけです。

プーチン初来日から4カ月後の00年11月、**旧石器ねつ造事件**（＊7）が起きました。忘れてしまっている人もいるかも知れませんが、教科書を書き換えなければならないほどのインパクトの事件でしたね。

片山 私も雑誌に「藤村新一の嘘がバレて日本史が四十九万年縮ん

＊6―えひめ丸沈没事故
2001年2月10日、オアフ島沖で水産高校の練習船えひめ丸と米海軍の潜水艦が衝突。9人が死亡。事故が伝えられた際に、ゴルフを続けた森首相が辞任した。

＊7―旧石器ねつ造事件
1990年代半ばから2000年まで日本各地で旧石器時代の遺物や遺跡が発見されて「原人ブーム」が巻き起こった。しかし2000年11月5日付の毎日新聞のスクープで、考古学者の藤村新一が事前に埋めた石器を自ら掘り起こしていたねつ造だったと発覚する。教科書の書き換え以外に大学受験などにも影響を及ぼした。

だよ」というコラムを書きました。日本の考古学は戦後、皇国史観から解き放たれて自由になった。旧石器時代が日本に存在したことを証明した岩宿遺跡の発見をきっかけに、考古学的に日本の歴史を遡る流れができた。

しかしなぜか日本ばかりで古い石器が発見される。やがてありえない年代の石器まで出土しはじめた。

佐藤　実はあのスクープをモノにした毎日新聞の記者とは同志社時代、ロシア語の教室が一緒だったんです。彼は根室通信社以外ならやめると言って、本社に戻らずずっと根室で北方領土問題や元島民の取材を続けていました。彼の元に旧石器のねつ造でたれ込みがあって、発掘現場をずっと張り込んでカメラを回していた。そして藤村がきたところで「もしもし」と声をかけた。

日本人は、ねつ造やインチキをしない民族だと信じられていたのに、深層にある怪しさやいかがわしさが露呈した事件でもあった。その意味では、STAP細胞騒動に連なる問題を内包しています。財務官僚による森友学園関連文書の改ざんもこの流れの延長にあると思います。

片山　日本人は「世界に冠たる日本」が好きなのですね。戦後の学

掘れば、「石器」が見つかった（左＝藤村新一氏、宮城県・上高森遺跡）

問の自由を象徴するはずの考古学が、いつの間にか、神武天皇の存在を信じて日本の歴史の古さを誇張した皇国史観の代替物になってしまった。冷静に考えれば俄《にわか》には信じがたい年代まで日本古代史が遡っても、専門家やジャーナリズムは藤村を「神の手」ともてはやしました。『日本書紀』の代替物として「藤村考古学」が奉られてしまった。

佐藤 ただSTAP細胞は、発覚までの時間が短いので教科書書き換えまでにはいたっていない。ただし、時代やキャラクターの違いなのか、小保方晴子は随分と叩かれ、それと比べると藤村はそうでもない印象があります。

片山 追及すれば、藤村を信じた我が身に跳ね返ってきますからね。確かに日本史の教科書をいったん書き換えさせたくらいの「大発見」がインチキだったという大事件なのですから、もっと検証され続けるべき事柄ですね。「藤村考古学」が日本史のトピックですよ。

「自民党をぶっ壊す」

佐藤 01年4月の森内閣退陣後に「自民党をぶっ壊す」をキャッチ

平成13年(2001年)

流行語
・〈聖域なき改革〉
・〈明日があるさ〉
・〈ドメスティックバイオレンス〉

流行歌
・「Can You Keep A Secret?」(宇多田ヒカル)
・「M」(浜崎あゆみ)
・「恋愛レボリューション21」(モーニング娘。)

映画
・『GO』(行定勲)
・『千と千尋の神隠し』(宮崎駿)
・『EUREKA ユリイカ』(青山真治)

本
・『ハリー・ポッターと賢者の石』(J・K・ローリング・静山社)

フレーズにして登場したのが、小泉純一郎でした。

片山　彼は本当に自民党を、いや、政党政治を根本からぶっ壊した。まず長期政権を担ってきた自民党の支持母体だった郵便局や農協を狙い撃ちにした。

遡れば、80年代以降、右派も左派も組織をひたすら破壊してきました。**三公社五現業**（＊8）も解体されて、労働組合も組織を維持できない。何度も指摘してきた通り個人と国家の間に存在していた中間団体が排除されてしまった。

佐藤　霞が関では、小泉政権ではなく、野中（広務）政権擁立の方向で動いていました。そこで小泉は奇策に出た。党内での根回しを一切せず、数寄屋橋で**田中眞紀子**（＊9）と二人で「自民党をぶっ壊す」と演説する姿をテレビで流させた。国民は「これだ！」と共鳴した。小泉はこれまでにはなかった政治力を用いて当選した。

片山　小泉内閣が様々な組織を破壊した結果、支持政党もイデオロギーも持たない人が増え続けた。こうして自ら生みだした無党派層を煽って「神風」を吹かせた。

「神風」は瞬間最高支持率と言いかえられます。その瞬間を少しでももたせて持続させて、瞬間を瞬間でなくするためには、破壊を続

＊8―三公社五現業
日本国有鉄道・日本専売公社・日本電信電話公社の三公社と、郵政・造幣・印刷・国有林野・アルコール専売の五事業の総称。国有林野事業を除きすべて民営化されるか、独立行政法人に移管した。

＊9―田中眞紀子
1944年生まれ。田中角栄の娘。科学技術庁長官、外務大臣、文部科学大臣を歴任。外務大臣時代は、官僚と対立し、組織運営に大きな禍根を残した。佐藤は「アメリカのトランプ大統領が巻き起こす騒動は、田中外相時代のトラブルと非常に似ている」と指摘する。

けて、熱狂的瞬間を連鎖させてゆくほかはない。これが今の政治モデルの原型である小泉劇場です。
　安倍政権も小池都知事も小泉劇場を模倣しているに過ぎないでしょう。冷戦構造崩壊以後、思想や主義に関係なく、政党が組み替えられていく流れが、小泉内閣誕生で決定的になった。
佐藤　霞が関村は野中政権を望んでいたのですが、外務省だけは小泉政権を歓迎しました。それは外務省が、伝統的に**清和会**（＊10）人脈が強い組織で、安倍晋太郎の世話になった官僚が多かったからです。実際、橋本政権以降、**経世会**（＊11）の政権が続きましたが、小泉政権下では清和会人脈が優遇されるようになった。
片山　小泉政権になり、外務省はタカ派路線で行けると喜んだわけですね。アメリカ同時多発テロ後、アフガニスタン侵攻を表明したブッシュ政権を日本はいち早く支持しました。それが今も議論の対象になっていますね。
佐藤　9・11の場合、テロとの戦いに国連も他国も賛同しました。日本も足並みを揃えたにすぎません。それをさらに踏み込んだのが、10年後の菅直人首相なんですよ。11年5月に行われたオサマ・ビン・ラディンの暗殺を支持したのは主要国のなかで日本とイスラエルだ

＊10―清和会
岸信介の流れを汲む保守派閥。現清和政策研究会。福田赳夫、森喜朗、小泉純一郎、安倍晋三、福田康夫ら首相を輩出。現在の自民党の最大派閥。細田博之が会長。

＊11―経世会
1987年に、田中角栄と決別する形で、竹下登を中心に結成された派閥。現平成研究会。小渕恵三や橋本龍太郎ら首相を輩出。

け。主権国家であるパキスタンで、アメリカが軍を動かしてビン・ラディンを殺害した。どこからどうみても国際法違反なんですよ。

外務省の国際法局も反対したけれど、菅は支持に踏み切った。日米同盟の基幹だし、国際法に違反しているからこそ、アメリカの力になれる、と。だから菅は、オバマ政権にとても好かれたんです。

片山 歴史を逆に回すと、宗教対立や国際社会の混乱はいうまでもなく01年9月11日の同時多発テロに始まります。佐藤さんはどちらにいらっしゃいましたか？

佐藤 外務省の執務室でした。テレビで、リアルタイムに見ていました。ＮＨＫの**手嶋龍一さん**（＊12）による放送です。その後、私はテロ対策で中東、ロシア、中央アジアと走り回りました。

片山 9・11は小泉内閣が発足したばかりの時期に起きました。それ以来、世界は準非常時社会に突入しましたね。だから小泉劇場は平時に行われていたわけではないといえる。

佐藤 時代区分で分ければ、9・11でポスト冷戦は終わった。片山さんが言う世界的準非常事態時代はポスト・ポスト冷戦と言える時代でしょうね。

＊12―手嶋龍一
1949年生まれ。外交ジャーナリスト。ＮＨＫ記者時代、9・11同時多発テロ発生を受けて11日間にわたって中継放送を担当。佐藤も外務省の執務室で手嶋の中継を見ていたと振り返る。佐藤との共著も多数。

田中眞紀子vs鈴木宗男

片山　当時は田中眞紀子が外務大臣でした。ポスト・ポスト冷戦時代に突入して、国際外交がもっとも重要視されていた時期にもかかわらず1年足らずで更迭されましたね。

佐藤　政権発足時、外務省ではほとんどの人間が田中だけは勘弁してほしいと考えていました。でも徐々に省内で田中派が強くなっていった。やがて死ぬまでついていきますという連中まで出てきた。

片山　(苦笑)。そんな人たちがいたんですね。

佐藤　主流派から冷遇されていた人には、田中外相誕生は出世のチャンスだったんです。

片山　田中眞紀子が外相だった01年5月に**金正男と見られる男**（＊13）が成田空港で拘束されました。しかし慌てて帰国させてしまった。彼を日本で確保しておけば、日朝外交の切り札になったのではないですか。

佐藤　おっしゃるとおりです。でも、田中眞紀子が「そんなの怖いからすぐに帰しちゃいなさい」と政治主導で帰還させてしまったん

＊13―金正男と見られる男
2001年5月1日に「金正男と見られる男」が成田空港で拘束された。ドミニカ共和国の偽造パスポートを所持していた。4日に国外退去。男は「ディズニーランドに行きたかった」と語った。

です。また9・11直後に田中は、アメリカ国防省がスミソニアン博物館に避難しているという機密をマスコミにしゃべってしまった。ここでやっと外務省内でも田中に対する危機感が露わになった。

片山　すごい話ですね。

佐藤　田中は人の説明をまったく聞かないし、感情的に動く。パソコンにたとえれば、容量が非常に小さくて、OSが違うからどんなにいいソフトをダウンロードしてみても、どう動作するかが分からない（苦笑）。

片山　それなのにあんな勝手なことを言っていたのですか。いま振り返っても恐ろしい。とはいえ、あの時期小泉首相と田中外務大臣を圧倒的多数の国民が支持した。いまや完全に過去の人ですが、田中眞紀子も首相候補の一人に数えられていました。

佐藤　歯車が狂えば、田中首相誕生の可能性も確かにあった。そうなったらトランプとドゥテルテを足して3で割ったような騒動になっていたでしょうね。

片山　なるほど。日本はトランプ政治の混乱を先取りした可能性もあったのか。さすが「世界に冠たる日本」です（苦笑）。

佐藤　そうです。だから鈴木宗男さんの政治家としての最大の功績

平成14年（2002年）

流行語
・〈タマちゃん〉
・〈Godzilla〉
・〈拉致〉

流行歌
・「ワダツミの木」（元ちとせ）
・「地上の星」（中島みゆき）
・「Life goes on」（Dragon Ash）

映画
・『たそがれ清兵衛』（山田洋次）
・『OUT』（平山秀幸）
・『模倣犯』（森田芳光）

本
・『声に出して読みたい日本語』（齋藤孝・草思社）
・『世界がもし100人の村だったら』（池田香代子ほか・マガジンハウス）

は、田中眞紀子と刺し違えて公職から外したことなんですよ。

田中外相更迭のきっかけは、02年1月のアフガニスタン復興支援国際会議でした。鈴木宗男さんが出席予定のＮＧＯ団体に圧力をかけて参加を取りやめさせた、と田中が主張した。もちろんそんな事実はありません。

実際は次のような時系列でした。02年1月17日夜、鈴木さんはモスクワのホテルに滞在中だった。そこに外務省のアジア大洋州局の審議官が訪ねてきた。彼は、アフガニスタン会議のＮＧＯに金銭トラブルがあるから参加を取り消しますと報告に来たんです。翌日、帰国するＪＡＬの機中で鈴木さんが読んだ朝日新聞に件のＮＧＯ代表が登場して「お上は信頼できない」と語っていた。鈴木さんはこの記事を読んで、そういう人がアフガニスタンに行くと政府の退去命令に従わないので危ないね、と言った。

田中は、朝日新聞を読んで腹を立てた鈴木さんが、彼を排除したと言いましたが、経緯も違うし、辻褄が合わない。鈴木さんは「田中の首を取る」と憤っていました。

片山　とはいえ、当時の田中眞紀子人気はすごかった。そこに鈴木宗男さんは真っ向から対立した。勝算はあったのですか。

国会でも激しくバトル（左＝田中眞紀子氏、右＝鈴木宗男氏）。

佐藤 おっしゃるように世間は圧倒的な田中支持です。私も「こんな状況で、田中さんを敵に回しても大丈夫なのですか」と聞きました。鈴木さんは「向こうは明白なウソをついている。いくら人気があっても大丈夫だ。事実関係について100対0なら勝負できる」と語り、国会で疑惑の追及に対して全面的に否定した。

その後、国会審議を混乱させたとして田中眞紀子は外相を更迭されて、鈴木さんも責任をとって衆議院議院運営委員長を辞任した。その後、宗男バッシングの嵐が吹き荒れ自民党も離党したんです。

それからしばらくした02年5月、東京地方検察庁に私が逮捕され、6月、鈴木さんが逮捕されました。

小泉訪朝は失敗だった

片山 日朝関係が一気に動き出したのは、田中外相更迭後です。小泉訪朝が02年9月。日朝首脳会談が行われて、日朝平壌宣言が交わされた。5人の拉致被害者が帰国しました。さらに2年後には5人の拉致被害者家族も帰国した。拉致被害者奪還が小泉政権最大の功績という見方をする人が多い。佐藤さんは**小泉訪朝**（＊14）をどう

＊14—小泉訪朝
2002年と2004年に2回にわたって平壌で開催された小泉純一郎と金正日による首脳会談。1回目の訪朝で、北朝鮮は拉致した事実を認めて謝罪し、拉致被害者5人が帰国。2回目では拉致被害者家族が帰国した。

評価されますか?

佐藤 9月17日ですよね。私の初公判の日だった。小泉訪朝のおかげで、私の裁判の記事が小さくてすんだ。個人的には、小泉訪朝には感謝しているんです。あれがなければ、一面トップで書かれていたかもしれません。

ただし、あの交渉には大きな問題があった。首脳会談を実現させた外務省の**田中均**(*15)が北朝鮮との約束を破ってしまったのです。

片山 もともとは拉致被害者を2週間後に北朝鮮に帰す約束でしたね。

佐藤 そうなんです。この外交には、小さな約束と大きな約束の二つがありました。小さな約束を守ったからといって、大きな約束を履行するとは限らない。ただし小さな約束に従わなければ、大きな約束に踏み切れない。この場合、拉致被害者を2週間で北朝鮮に返すという小さな約束のあとに日本は経済支援を行い、北朝鮮は核と弾道ミサイルを廃絶するという大きな約束が履行されるはずでした。

片山 しかし帰さなかった。いえ、日本の世論を考えれば、帰国させられる状況ではなかった。

佐藤 その世論の動きを読めなかったのが、田中均の最大のミスだ

***15—田中均**
小泉政権下の外務省アジア大洋州局長。日朝交渉で力を発揮した一方、その外交術に関して批判も多い。2013年6月、北朝鮮交渉の記録が保管されていないという安倍首相のフェイスブックの批判に対して、田中は「事実誤認」と反論した。

った。

外交官が両国からよく見られようとしたら交渉なんてできません。北朝鮮からは植民地主義の反省がないと叩かれ、日本でも北朝鮮の手先だと罵られる。そのぎりぎりのなかで交渉をまとめ上げなければならない。

彼は、約束を果たせなかった責任をとって辞めるべきだった。そうすれば、北朝鮮にも顔向けができた。ほとぼりが冷めたら政治家か、政治任用で田中に北朝鮮外交担当の職を与えることもできたわけですから。でも田中にはその覚悟がなかった。約束を履行できなかった責任も取らずに、先頭に立って北朝鮮を叩きはじめた。

片山 小泉訪朝の失敗が今日の日朝関係の混乱を招いたと言えます。**万景峰号**（＊16）を入港禁止にしたところで北朝鮮は痛くもかゆくもない。制裁強化というものの、もう制裁するものがない。今後どうすべきか。打つ手がありません。

佐藤 小泉訪朝にはもう一つ大きな失敗がある。1回目の首脳会談で北朝鮮は拉致被害者8人の死亡確認書を提出しました。しかし書類の中身を確認せずにすぐに受け取ってしまった。確認さえしていれば、なぜ死亡した日時や場所がバラバラなのに死亡確認書を発行

＊16―万景峰号
主に新潟―元山間を航行していた貨客船。日本にいる工作員との連絡や、不正送金に利用されたとの疑惑がある。現在は北朝鮮―ロシア間の航路に就いている。

日朝共同宣言の署名を終え、握手する小泉首相と金正日総書記。

した病院が同じなのかなど様々な矛盾点を指摘できた。

会談に同席できる人は限られていますが、同行する荷物運びや連絡役のスタッフ全員を朝鮮語の専門家にしておけば、受け取ったレポートをすぐに6、7等分にして全員で翻訳することができたはずです。

片山 佐藤さんが小渕・エリツィン会談で行った方法ですね。日朝首脳会談でそれさえやっていれば状況は変わっていた。合理的な説明がなければ、受け取らず突き返すという選択もできた。もっといい回答を引き出せたかもしれない。問題は中途半端な回答を受け取ったことで、生存中の拉致被害者がその後の日朝関係の変化で危ない目に遭った可能性も考えられる。

佐藤 そうです。現場での瞬間的判断の問題です。うまくやっていれば、現在の日朝関係だけでなく、北朝鮮による軍事的な緊張状態も緩和できたかもしれません。

ヒルズ族というニューリッチ

片山 北朝鮮とは緊張関係が続いた反面、日韓関係は良好だった。

平成15年(2003年)

流行語
・〈なんでだろう〜〉
・〈毒まんじゅう〉
・〈マニフェスト〉

流行歌
・「世界に一つだけの花」(SMAP)
・「さくら〈独唱〉」(森山直太朗)

映画
・『ヴァイブレータ』(廣木隆一)
・『ジョゼと虎と魚たち』(犬童一心)
・『座頭市』(北野武)

本
・『バカの壁』(養老孟司・新潮社)
・『世界の中心で、愛をさけぶ』(片山恭一・小学館)

私はさほど関心はありませんでしたが、02年には日韓ワールドカップがあった。さらに04年の『冬のソナタ』で韓国の芸能ブームが起きた。下火になっているとはいえ、いまも韓国人タレントは人気です。

佐藤 私はその時期の社会の動きがよく分からないんです。

というのも、02年5月14日から03年10月8日まで「小菅ヒルズ」に勾留されて刑事裁判に追われていました。新聞も読めないうえ、接見も禁止されていた。途中から読めるようになった日刊スポーツで知った大ニュースが、電磁波が人体に有害だと主張する**パナウェーブ**（＊17）と、多摩川にあらわれたアゴヒゲアザラシの**タマちゃん騒動**（＊18）でした。

片山 パナウェーブは電磁波から身を守るために白装束を着ていた団体ですね。

佐藤 そうです。檻の中では、不快な出来事が山ほどありましたが、タマちゃんは数少ない愉快なニュースでした。

私が檻の中から出た03年のベストセラーが『**バカの壁**』（＊19）だった。最近はびこる優生学ブームの火付け役です。ちなみに16年に話題になった『言ってはいけない』も遺伝学や進化論の見地から

＊17—パナウェーブ
パナウェーブ研究所。人体に悪影響を与えるとするスカラー電磁波を遮断する白装束をまとった集団。千乃裕子を代表とする宗教団体千乃正法会の下部組織。2002年、横浜市の帷子川でアゴヒゲアザラシのタマちゃんにエサを与えて話題になった。

＊18—タマちゃん騒動
2002年9月、多摩川などに現れたオスのアゴヒゲアザラシを巡る騒動。メディアが一挙手一投足を追い、タマちゃんの歌などが作られた。横浜市西区が特別住民票を与え、ニシタマオと名付けた。

＊19—『バカの壁』
解剖学者養老孟司の著作。人間は結局自分の脳に入ることしか理解せずに、壁を作る生き物だという考え方を軸にして、社会

年収や容姿、犯罪傾向が決まると書いた優生思想の本です。
片山　この年には六本木ヒルズが建てられて世間を賑わせました。確かライブドアの堀江貴文ら六本木ヒルズの住人たちを**ヒルズ族**（＊20）、ニューリッチと呼んでいましたよね。ＩＴ産業で儲けた成功者たちは世間の憧れになった。格差が拡大する前で、努力すれば自分も豊かになれると思えた時期だったのでしょう。
佐藤　私には六本木ヒルズがゲーティッドシティに見えた。アメリカ郊外には治安を維持するために住民以外の出入りを制限する門で囲まれた町があります。あれが日本の場合は上に伸びていくのかと感じました。
片山　永井荷風が暮らした麻布の丘の上に建つ偏奇館《へんきかん》からは、低地に広がるスラム街が見渡せた。六本木ヒルズも同じ発想でしょう。森ビルは、低地を買って嵩上げして人工的な丘を造り、ヒルズと名付けた。東京の勾配を活かした閉鎖空間です。私もそこに封建思想というか、棲み分けの思想を感じます。
佐藤　それに加えて六本木ヒルズの特徴は自家発電と地下水のくみ上げ装置。何かが起きれば、公共インフラに頼らずに生きていける。
片山　戦争はともかく、災害などの非常時に備えて造られたのでし

を批判した。４００万部を超えるベストセラーに。

＊20―ヒルズ族
六本木ヒルズの高級マンションに住むベンチャー起業家や経営者などの富裕層。２０００年代、堀江貴文のほか、楽天の三木谷浩史、ＵＳＥＮの宇野康秀らがヒルズ族として注目を浴びた。

ょう。内乱や暴動が起きて籠城するかも、とまでは想定していなかったでしょうが。

佐藤　でも平成も終わりにきて、暴動が本当に起きてもおかしくない社会になってきた。

東急に代表されるほかのディベロッパーの場合は、低層階にはUR賃貸住宅などを入れて、高層階を富裕層向けに売り出している。つまり中産階級も利用できるようにしている。しかし六本木ヒルズは中産階級以下を完全に排除した。このコンセプトの違いは大きい。

格差が広がったとき、六本木ヒルズは憎しみのシンボルになる。そう考えると東急などのディベロッパーのやり方が利口な気がしますね。

片山　東急などには、中産階級に一戸建てを買ってもらおうという私鉄沿線文化がありますよね。何もないところと言っては失礼だけれども、農村地帯、田園地帯に鉄道を通して、渋谷まで何分、目黒や五反田や大井町まで何分と言って、サラリーマン階級に郊外の一戸建てを買わせてゆく。もともとは阪急の**小林一三**（＊21）が考えたわけでしょうが。本当は金持ちでない人に金持ち気分を味わわせて、上を見させて、夢を与える。それが都心のマンションの低層階

＊21—小林一三　1873‐1957。三井銀行を経て、阪急電鉄の前身の箕面有馬電気軌道の創業にたずさわる。鉄道沿線の宅地開発、娯楽施設の建設を手がけ、私鉄経営のパイオニアとなる。東京電灯、東宝を経営。宝塚少女歌劇団（現・宝塚歌劇団）の創始者としても知られる。

に安めに住める抜け穴を残しておく文化につながるのでしょう。階級宥和《ゆうわ》の思想ですね。

　しかし六本木ヒルズを開発した森ビルは高層階の思想に特化しています。企業としてはたいした儲けにならない階層を外すのはまったくもって正しいことになるのでしょうが、断絶を作り出すやり方は社会の緊張を高める方向に作用せざるを得ない。

佐藤　ずっと日本の住宅で異常だなと感じていたことがあるんです。災害や火災のリスクがあるにもかかわらず、日本にはいまだに木造住宅が多い。合理的に考えれば、ＲＣ住宅（鉄筋コンクリートで造られた建造物）の方がいい。20年ほど前は大手の住宅メーカーが扱っていたのに、いまは一部しか扱っていない。

片山　やっぱり壊れた方がいいと考えるのではないですか。

佐藤　そうだと思います。１００年以上もつＲＣ住宅が普及すると住宅産業の成長が止まってしまう。住宅産業の立場に立てば、その理屈は理解できます。

片山　日本人はやはり大破壊を前提として生きているのでしょう。いくら丈夫に造っても壊れるのが当たり前。瓦礫の中からやり直すのも織り込み済み。それじゃみんな困るはずなんだけど、なんとなく受け入れてしまう。

佐藤　ゴジラにも通じる思想ですね。あれだけ破壊される映画が許されるという。

片山　そう思います。原爆、空襲、大地震、大津波、そして文化的象徴としてのゴジラ。日本人はカタストロフとともに生きてきた。日本文化は破壊と再生と切り離せない。

佐藤　日本では必ずしもカタストロフ（破局・大変革）のあとに新たなフェーズに入るわけではない。カタストロフ後も日常は続いていく。いわば『紅白歌合戦』から『ゆく年くる年』に移るというイメージでしょうか。

片山　あるいは循環していくという感じではないですか。蘇りと破壊が延々と繰り返されていく。それは終末思想を持つキリスト教にはない感覚でしょう。破壊と再生がセットになっている日本には、真の終末論はない。それが神道の「中今」にもつながる。すべて「いつだって今」ですんでしまう。

佐藤　日本人は「永遠の今」が大好きですからね。

片山　それが、今の瞬間支持率ばかりを気にするときの政権の姿勢につながっているのかもしれません。今日の風向きばかりを気にして、明日のことは何も考えない。「永遠の今」を追い求める政権が続きました。

ワンフレーズ政治とトートロジー

佐藤 その発端とも言える劇場型小泉内閣下で変えられたものの一つに言葉の性質があります。

象徴するのが、04年1月の陸上自衛隊イラク派兵です。この議論において、公共の場でトートロジー（同じ意味を持つ語の無意味な反復）を使ってしまった。戦闘地域の定義を巡って、小泉は「戦闘地域は自衛隊が出動していない場所」「非戦闘地域は自衛隊が出動している場所」と繰り返した。

片山 画期的な答弁でしたね。その堂々巡りを繰り返し続けた。

佐藤 政治の世界でトートロジーは使っていけないはずだった。たとえば、「今日の天気は雨か雨以外です」なんて天気予報はありえません。天気に関する情報が何もないからです。でも小泉以降、公共の場でも同語反復が堂々と使われ始めた。

片山 イデオロギーや言葉よりもノリ、論理よりもレトリックが重

自衛隊と海外活動の30年史

91・ペルシャ湾派遣（機雷除去）
92・PKO法案成立。カンボジアPKO（カンボジア内戦、〜93）
93・モザンビークPKO（モザンビーク内戦、〜95）
94・ルワンダ紛争（難民救済）
96・ゴラン高原PKO（第四次中東戦争停戦監視、〜13）
99・東ティモール紛争（難民救済、〜00）
01・インド洋派遣（米対テロ支援、〜10）
・アフガニスタン紛争（難民救済、〜14）
02・東ティモールPKO（東ティモール独立、〜04）
09・ソマリア沖海賊の対策部隊派遣（〜現在）
12・南スーダンPKO（南スーダン独立、〜17）

＊災害派遣などは除く。

視される。ノリが悪ければ、それで終わりです。あのワンフレーズ政治はCMみたいなものだった。

佐藤　もっといえば、気合いで政治が決まっていくようになってしまった。

でも小泉も滑った経験もあった。サラリーマン経験がない小泉が横浜市の不動産会社から厚生年金の保険料支払いを受けていた事実が発覚したとき「人生いろいろ、会社もいろいろ、社員もいろいろ」なんてコメントしていましたからね。

片山　滑ってはいるんだけれど、キャラクターで許された。もしも森喜朗だったら大変なバッシングを受けていたでしょう。しかし昭和くらいイデオロギーがきちんと存在し、言葉がしっかり使われている場なら、あの発言で退場を命じられたはずです。

佐藤　04年にベストセラーになり、翌年にドラマや映画になった『**電車男**』（＊22）も平成を象徴していました。『電車男』は2ちゃんねるに書き込まれた恋愛相談をもとに作られた作品です。

新潮社の編集者の仕込みだったそうですが、バーチャル世界が現実社会に影響を及ぼした。主人公が電車内で出会う中谷美紀似のお姉ちゃんを映画で演じたのが、実際の中谷美紀。バーチャルな空間

＊22―『電車男』
2ちゃんねるへの書き込みから派生した小説。投稿した人物が電車男というハンドルネームを用いていた。04年に新潮社から書籍化。05年に山田孝之、中谷美紀主演で映画化される。

の物語が現実を生みだした新たな現象でした。

片山　現実とバーチャルの区別という話題なら05年の『**女王の教室**』（＊23）が印象的でした。06年にはドラマで教師役をつとめた主演の天海祐希に対して、安倍政権が教育再生会議の委員に就任を打診した。

佐藤　かつてなら武田鉄矢らが候補になるんでしょうけど、彼の場合は教育大に在籍したこともあるからまだ理解できる。

片山　ゆとり教育を見直そうという会議に、教師役で人気になった女優を入れるという発想はやはり人気取りでしかない。天海祐希には断られましたが、政府も現実とバーチャルの区別がつかなくなってしまったと言われても仕方ない。

天皇制を否定しきれなかった網野史学

佐藤　04年2月には歴史学者の**網野善彦**（＊24）が亡くなっています。その後、甥で宗教学者の中沢新一の追悼文『僕の叔父さん　網野善彦』が刊行された。

いまアカデミズムの世界で網野史学はどのように受け止められて

＊23—『女王の教室』
05年に日本テレビで放映された天海祐希主演のドラマ。徹底した管理教育を行う鬼教師と小学生の成長を描く。

＊24—網野善彦
1928－2004。歴史学者。海民、職人などに注目し、農業中心とされてきた日本社会の多様性を明らかにし、網野史学と呼ばれる独自の日本史観を作り出した。専門は日本中世史、日本海民史。

いるのですか？

片山　網野が描いたのは理想としての民衆史だったでしょう。無縁という中世的ワードと自由という近代的ワードを結びつけて、中世的ワードに近代の理想を読み込んで、中世の民衆を近代的というよりも超近代的な人々として描いた。今のアカデミズムでは、あの網野流は思想の投影としての歴史観であって実際をよく説明するものとしてはどうかという見解が強まっているように思います。

　でも網野史学の魅力は失われてはいないでしょう。折口信夫の民俗学も同じですが、構想力そのものに、ある種の人々が時代が変わっても抱き続けるだろう志向性というか夢が組み込まれて、しかも応用の利く広がりが担保されている。すると、個々の話に疑問符がついても、続きの構想が後継者たちによってどんどん生まれてゆく。網野史学というよりも網野思想であり網野教なんですね。

　ただ、網野思想は網野本人のベクトルに導かれて機能するのかというと、私には疑問はあります。

佐藤　どういうことですか？

片山　たとえば網野天皇論を取り上げますと、もともと網野史学は農耕民とは別の土地に縛られない職人や商人や海民の日本社会にお

平成16年（2004年）

流行語
・〈チョー気持ちいい〉
・〈気合だー！〉
・〈負け犬〉

流行歌
・「Sign」（Mr.Children）
・「Jupiter」（平原綾香）
・「マツケンサンバⅡ」（松平健）

映画
・『誰も知らない』（是枝裕和）
・『血と骨』（崔洋一）
・『世界の中心で、愛をさけぶ』（行定勲）

本
・『蹴りたい背中』（綿矢りさ・河出書房新社）
・『13歳のハローワーク』（村上龍、絵・はまのゆか・幻冬舎）

ける重要性を強調したい学問であって、そのアプローチによって農民と農耕儀礼と天皇が結びつくような「豊葦原瑞穂国《とよあしはらのみずほのくに》共同幻想」(＊25)といったものを突き崩す方向を目指していたのでしょう。網野は、その構想の果てに、農耕儀礼の司祭としての天皇像を破壊するための切り札として、職人や海民と天皇との強いつながりを証明していこうとした。天皇は豊葦原瑞穂国の象徴というイメージを実は裏切る存在なんだと。

それはものすごいインパクトでしたが、私は、網野天皇論がかえってそこで天皇の超時代的性格を強めてしまう役割を持ってしまったのではないかと、感じてしまうのです。天皇は農業と強く結びついていて、だからこそ日本人に農村的心情が生きている限り支配力を持ち権威の源泉となれるのだという説明なら、農民の数が日本から減れば減るほど天皇の存在の正統性の根拠は失われてゆくと考えられる。農業が弱くなれば天皇制もなくなってしかるべきとの議論に進めるのです。

けれども漁業のみならず、運搬や商いをする海民などとも仲良しとなりますと、農業が廃れるとしても天皇の存在の歴史的正統性はまた別のところに求められてしまう。海民や、包丁一本携えて旅《たび》

＊25—豊葦原瑞穂国共同幻想 豊葦原瑞穂国とは、古事記などに見られる日本国の美称。神の意志によって、稲が豊かに実り、栄える国。そうした日本の「あるべき姿」を信奉する、もしくは取り戻そうとする人々は、今も昔も一定数存在する。網野は、農民ではなく、中世の職人や商人や海民などの存在に光をあてることで、そうした幻想を解こうとした。

烏《がらす》となって渡り歩く職能民のような、流動的なネットワークを築き国境を越えていくノマド（遊牧民）的な生き方も天皇と結びつくことができるとなれば、近代資本主義と天皇制もとても相性が良くなってしまう。西洋ならフリーメーソンみたいなもの、つまり旅する職能民の応援ネットワークを、日本では天皇のお墨付きで作っていたとなれば、ユダヤ人的なものと天皇とはよく組み合わさるなんて議論もできてしまうでしょう。そうすると実は網野善彦と**山本七平**（＊26）は近いところにいたようにも思えてくる。

とにかく網野は一生をかけて「天皇制」を相対化し転覆させる基盤をみつけようとしたのだろうけれど、彼が否定しようとすればするほど天皇像はどんどん膨脹し、かえってイメージが多義化し巨大化して強くなってしまった。

佐藤　そこに天皇の面白さがある。否定しようと思っても否定しきれない。

片山　それはいまの皇位継承にもつながる問題です。保守の人たちの間で、皇室を守るために女系天皇や女性天皇を認めるべきかどうか、旧皇族を皇籍に復帰させたらどうか、と議論が行われています。しかしそれは逆効果です。旧皇族でも、女性でも誰でも天皇になれ

＊26―山本七平　1921‐1991。フィリピン戦線で終戦を迎え、捕虜収容所に1年4カ月の間収監された経験を持つ。56年個人出版社山本書店を設立。70年に上梓した初の著書『日本人とユダヤ人』は、日本生まれのユダヤ人という設定で書かれた（本人は、自身が執筆者であることを否定）。その後、在野の思想家として、一貫して日本人とは何かと問い続けて作品を量産。また、日本人が無自覚に言動の規範とする宗教、思想を「日本教」と名付けた。

るのなら、そんないいかげんなものなのかという意見が必ず出てくるでしょう。根拠と言いますか存在要件をご都合主義的に変えてしまうと、権威や正統性が損なわれてしまうので、皇位継承者を多くして安心したい欲望が、一方で天皇存在の根拠の部分を不安定にしてしまう。

ここでは天皇を否定した結果、天皇像が強化された網野とは逆の現象が見て取れます。皇室を守るはずの保守派の動きが天皇制を弱める可能性がかなりあるということです。

佐藤　天皇制の絡みでは、04年5月に皇太子が**雅子妃のキャリアや人格を否定する動きがあったと発言**（＊27）して話題になりましたね。

片山　昭和天皇から今上天皇へ受け継がれた戦後の天皇一家のありようは、戦後民主主義下の理想的家族像の形成と寄り添うものでした。マイホーム民主主義なんて言い方もありましたね。お父さんお母さんと子どもたちがなるたけフラットに仲良くお互いの人格を認めて和気あいあいとやるのがいいんだと。家父長的な家族国家観に基づく明治から敗戦までの日本の家族のありようへの反動ですが、特に今上天皇が皇太子時代からこの戦後の家族らしい天皇一家の姿を懸命に作り出した。人間天皇の姿を徹底的に実践した。

＊27―人格否定発言　２００４年5月、皇太子徳仁親王が、雅子妃の長期にわたる「適応障害」療養の背景を「雅子のキャリアや、そのことに基づいた雅子の人格を否定するような動きがあったことも事実」と発言した。

外務省キャリアから平成のプリンセスへ（93年6月）。

それでも今上天皇にはお父さんのカリスマが少し分与されているし、祭祀への熱心さや災害時での国民と共感共苦する姿勢の強力な顕示によって、公と私のバランスはよくとれていたと思います。

ところが皇太子になりますと、もっと私の方につっこんでいる印象がある。歴史の流れからいって当然そうなるのですが、今上天皇は人間天皇として素晴らしいと言えるのが、皇太子は人間皇太子として素晴らしいからもう本当に人間になってしまった方がいいのではないですかと言いたいくらいに、あまりに普通な感じになってくる。妻を守る姿勢は人間として素晴らしい。これはもう本当に戦後の普通の人間そのものなのではないかと。

天皇に賛成反対と外から云々する前に、天皇が天皇であるためのエートスが戦後市民の普通の感覚の中についに溶けて解体してきているのではないか。昭和天皇から三代目になるとそこまで行く。それこそ人間天皇の最終型とも言えるけれど、それで天皇像が新たな民主主義的強固さを獲得できるかというと別問題でしょう。だったら日本共和国でよいのではないか。この話は平成の次の時代にはけっこう蘇るのではないかと想像します。

ホリエモンは何者？

佐藤　天皇制を脱構築する上でもっとも危険なのが、ホリエモン的な存在です。天皇の存在は認めます。大切にもします。ただしそれはそれ。一先ず横に置いて何より大切なのは金儲けでしょう。これで天皇制は無力化してしまう。

片山　いちばん大切なものだから、筋を通して守りぬいて、守れないときは殉じます。この迫力がないと守れないものがあると思うのです。でも、いまの右派には筋を通さないで筋を変えても守れればいいんだろうという人や、あった方がいいと言いながら「横に置いて」おける、要するに本気度に疑いのあるホリエモン的な人たちが目立つ気がします。天皇制の認め方がぬるくて甘いゆえにかえって天皇制の基盤を危うくしていっている。味方の内実が危うくなっているということ。こういうのが滅亡サインなんですよね。

　04年で強く記憶しているのは、ライブドアの堀江貴文の**近鉄バファローズ買収騒動**（＊28）です。私は三原脩《おさむ》監督時代からの近鉄ファンでして。生きているうちに一度でいいから日本シリーズで勝つ

＊28—近鉄バファローズ買収騒動　2004年6月、経営難でオリックス・ブルーウェーブとの球団合併を進める近鉄バファローズの買収をライブドアの堀江貴文が申し出る。しかし近鉄が拒否。その後、ライブドアは東北に新球団を立ち上げる計画を発表したが、実現しなかった。

結論ありきの検察捜査に異議を唱え続けた（堀江貴文氏）。

のを楽しみにしていたのですが、その前に消滅してしまい、ただ呆然とするのみで。

佐藤さんはホリエモンこと堀江貴文をどのように評価していますか？

佐藤　とても優れた人であることは間違いありませんが、彼は読み違いをした。それは、国家が絶対に許さない通貨発行権に触れたこと。彼はライブドア株をどんどん分割した。それを続ければ、ライブドア株はやがて貨幣の代わりとして使えるようになる。しかも株式と商品の交換は物々交換だから消費税がかからない。偽金作りをしているようなものだった。もしもやるのならビットコインのように誰が作ったか分からないように用意周到に事を運ぶべきだった。

片山　冷戦以後、アメリカは金融資本主義を推し進めてきました。資本主義の最終段階と言われる金融資本主義という分野に日本でチャレンジしたのが、堀江や村上ファンドの**村上世彰**《よしあき》（＊29）らベンチャー経営者だった。しかし国内で彼らは総会屋のようなネガティブな存在として見られた。

佐藤　総会屋は彼らの登場でいなくなってしまいましたからね。それは「物言う株主」という言葉の流行に象徴されるように、みんな

村上世彰氏の登場で「物言う株主」が話題に。

＊29——村上世彰
1959年生まれ。通産省を経て、投資や企業の買収などに関するコンサルティング会社である村上ファンドを設立。「物言う株主」として自身が株を取得した企業の経営に注文をつけ、企業価値を高める手法が注目を集めた。ニッポン放送株を巡るインサイダー取引で、証券取引法違反で執行猶予付き有罪判決を受けた。2017年に『生涯投資家』を刊行して話題に。

が総会屋になってしまったからです。そうなると職業的な総会屋は必要なくなります。

堀江のもう一つの失敗は日本で権力を握るおじいちゃんたちへの挨拶が足りなかったこと。長幼の序を重んじる日本では挨拶がとても重要なのに、そこが分かっていなかった。だから05年2月にはじまる**ニッポン放送株買収騒動**（＊30）ではフジテレビの日枝久（当時フジテレビジョン会長）が怒った。

片山 昔の東映ヤクザ映画みたいな話ですね。新興ヤクザや愚連隊は挨拶が足りないとすぐ潰される（笑）。

通貨発行権と挨拶不足で、堀江たちは表舞台から退場させられてしまった。堀江は06年1月に、村上は6月に逮捕された。その結果、金融資本主義という新時代の経験が不十分なまま、日本は次の時代に向かわざるをえなくなった。

佐藤 村上も堀江も逮捕されましたが、二人には決定的な違いがありました。村上は一審でインサイダー取引で実刑を言い渡されたあと、NPOへの協力やボランティア活動にいそしんで国家の温情にすがった。

片山 国家権力の恐ろしさを知っていたんですね。

＊30―ニッポン放送株買収騒動 2005年2月、ライブドアの堀江貴文がニッポン放送株を買収。狙いは、ニッポン放送の子会社であるフジテレビの経営権だった。約2カ月にわたって繰り広げられたニッポン放送株を巡る攻防は世間の注目を集めたが、買収は失敗に終わった。

佐藤　村上はもともと通産官僚でしたからね。

一方の堀江はモヒカンで出頭して国家権力を挑発した。彼は特に厳しいと言われる須坂《すざか》（長野刑務所）に収監された。須坂には現役のヤクザもいる。夏は気温36〜37度で、冬はマイナス。もちろん冷暖房はなし。彼の公判態度を見て国家の裁量で重い懲罰を加えたわけです。

余計なことをしなければ、栃木の喜連川社会復帰促進センターに収監されたはずなんですよ。労働大臣の村上正邦、防衛官僚の**守屋武昌**（＊31）、大王製紙の**井川意高《もとたか》**（＊32）、そして鈴木宗男。みんな喜連川社会復帰促進センターです。私ももしかしたら収監されるかもしれないと思って調べていたんです（笑）。

吹き荒れる自己責任論

片山　堀江の存在は、小泉政権下でレッセフェール――自由放任主義的な方向に向かう社会の象徴のように感じました。同時に、国家が個人を守るという意識がどんどん希薄になっていく。そんなさなかの04年4月、**日本人3人がイラクで武装勢力に誘拐されて自衛隊**

＊31―守屋武昌
1944年生まれ。元防衛事務次官。普天間基地問題に深く関わり、事務次官在任中は「防衛省の天皇」と囁かれた。07年に防衛大臣・小池百合子と対立し、退職。その後、防衛産業に絡む在任中の汚職によって、東京地検特捜部に逮捕される。

＊32―井川意高
1964年生まれ。大王製紙の創業3代目・会長として、華々しい交友関係を誇っていたが、マカオのバカラで100億円以上の借金を被り、子会社からの借り入れをその返済にあてたことが判明。2011年に会長を辞し、その後、特別背任によって東京地検特捜部に逮捕される。

＊33―イラク日本人人質事件
2004年4月、地元武装勢力が日本人3人を誘拐して自衛隊

撤退を要求される事件（＊33）が起きた。そこで巻き起こったのが「自己責任論」です。

佐藤 ただこの時点での「自己責任」には賛否両論がありました。福田康夫官房長官の「自己責任」発言に対しても批判が数多く寄せられた。北海道の東京事務所で会見を行った家族もイラクに自衛隊を派遣した政権を批判した。この事件は従来の価値観でスタートしていったんです。いまならこの手の会見に都道府県が東京事務所を貸すとは考えられない。

そしていざ帰国の段階になり、バッシングが激しくなった。そういう意味では社会が変わるリトマス試験紙のような役割を果たした事件だった。

その半年後の**香田証生《しょうせい》さん殺害事件**（＊34）ですでに社会が変わったのが明らかになった。

片山 イラクでバックパッカーの青年が殺された事件でしたね。この事件でも香田さんを拘束した組織が自衛隊の撤退を求めてきました。

佐藤 政府は自衛隊撤退要求を拒否しましたが、世論からの批判はまったくなかった。イスラム教学者の中からは、イスラムの館に入

撤退を要求した。しかし日本政府は拒否。誘拐された日本人の家族がメディアを通し、自衛隊撤退を訴えた。8日後、宗教指導者の仲介で全員解放された。

＊34―香田証生さん殺害事件 2004年10月にアルカイダの関連組織に日本人青年（香田証生さん）が拉致、殺害された事件。

ったのだから殺されるのは当然だという言説も出た。日本社会全体が殺されても仕方がないという考え方に同意した。

片山　一般市民を見捨てた国家を国民が容認したとも言える。また小泉政権以降の言葉の軽さ、ノリの軽さがここにも見えますね。

佐藤　香田さんと対照的だったのが03年に**イラクで2人の外交官が殺害された事件**（＊35）です。彼らは国葬に準ずるような扱いを受けた。

片山　9・11以後の準非常時体制のなか、日本は自由放任主義社会に向かっている。そこが相まって、一般市民の死は自己責任で、外交官の殉死は「テロとの戦い」という国難の中で大義に殉じたのだから顕彰されるという空気が醸成されたわけですね。

佐藤　その通りです。そもそも外交官は命よりも職務遂行を優先しなければならない無限責任を負います。一般市民と違って、殉職する危険性をともなう職業なんです。

二つの事件は、一般市民と外交官ではどちらの命が重いのかという問題を突き付けた。さらに踏み込んで言えば、一般市民と外交官の命の重さが逆転したことを示す出来事だった。これって、靖国神社の論理と似ていませんか？

＊35――イラクで2人の外交官が殺害された事件
2003年11月、イラク派遣中の日本人外交官2人とイラク人運転手が、日本大使館の車で移動中に何者かに射殺された事件。

片山　靖国神社は国家の大義に殉じた軍人兵士を神として祀った。戦没兵士を神道式の葬儀で神とするのは幕末の長州が一つの起源のようですが、あそこは奇兵隊とかで士農工商を超えて兵士にした。

しかし戦死者が出ても身分制度と葬儀の形式が対応していた仏式だと弔いようがない。尊王攘夷思想でも神道を重視していましたから、国難に殉じた人を分け隔てなく神として祀るのは神社がいいと考えた。幕末の国難の中で急ごしらえされたシステムから、維新の大業に殉じた「官軍」の側だけを祀る靖国神社ができたわけです。

当時の、つまり維新当初の日本にはまだ近代的な国民意識が存在していませんでした。たとえば会津の人は会津の殿様が忠誠対象なのだから、戦死してもそれだけですが、官軍側は会津と戦って戦死すると神様になって皇居のすぐ隣の神社でまつられて、えらい国民なんだなあと言われる。会津の人は戦死しても神様になれない。このように国家と関係なく、あるいは国家の意向＝威光に逆らって死ぬのは無意味な死であって神様になれないという国民意識が新しく作られていった。

自由人が自由に死んでも何の名誉も与えられないし、反逆者を認める寛容の精神もないし、そいつらはただの非国民であると。そういう認定の制度としての靖国神社的なものが蘇ってきたということですね。

その方向に潮目が変わったのが、はじめて自己責任を問われた3人の人質事件であり、いまや日本は自己責任がスタンダードな社会になってしまった。

佐藤 だから15年に「イスラム国」で殺されたジャーナリストの**後藤健二さん**（＊36）は、「イスラム国」に入るときにビデオメッセージで「何があっても自己責任です」と自ら残した。彼は自己責任社会の日本で、自分が死んだら何が起きるか想定して動いていたのです。

片山 04年5月、小泉純一郎が再び訪朝して、5人の拉致被害者家族を帰国させました。世間はイラクの拘束事件とは逆に温かく迎えた。

佐藤 小泉は、なぜ2度目の訪朝に踏み切ったのか。いや、なぜ再び訪朝しなければならなかったのか。これは外交の観点から見ると非常に分かりやすい。

先ほども話しましたが、02年の日朝平壌宣言で、北朝鮮が拉致を謝罪して核と弾道ミサイルの開発を止めれば、日本は経済支援を行

＊36―後藤健二
1967-2015。ジャーナリスト。2014年、イスラム国に拘束された友人で、民間軍事会社を経営していた湯川遥菜を救出しようとシリアに潜入。しかし2015年に湯川とともに殺害された。後藤は、佐藤と同じプロテスタントの日本基督教団に所属するクリスチャンだった。

う約束した。しかし日本はその前提となる約束を破った。2週間で北朝鮮に戻すはずだった拉致被害者を帰国させなかったのです。とはいえ、そのまま放っておくわけにはいかない。

外交の世界では約束は絶対です。どんなに卑劣で極悪非道な相手でも約束を反故《ほご》にした側に否がある。そう考えると2度目の小泉訪朝はお詫び行脚だったことが明白です。北朝鮮側からすれば「2年前の詫びを入れるなら、我々の高い人道的観点から家族を帰してやる」という言い分になる。

日本は、北朝鮮に外交上の借りがあったんです。この認識を持てないと日朝関係の構造が見えてこない。

片山　拉致被害者やその家族を取り返したことには意味があった。でもその失敗は今の日朝関係に影を落としていますね。

日中戦争の経過を見ても外交上に様々な問題が起きています。いま振り返れば、あのタイミングであああしていれば、あそこでこうしていれば、と指摘はできる。しかし取り返しはつかない。歴史を決定付けるのは一つのミスです。

佐藤　しかも小泉訪朝の場合、交渉の記録が残っていない。それに頭にきて反発した外務官僚が手嶋龍一さんに詳しく話した。それが

平成17年（2005年）

流行語
・〈想定内（外）〉
・〈クールビズ〉
・〈ブログ〉

流行歌
・「Butterfly」（倖田來未）
・「青春アミーゴ」（修二と彰）
・「さくら」（ケツメイシ）

映画
・『パッチギ！』（井筒和幸）
・『ALWAYS 三丁目の夕日』（山崎貴）
・『ハウルの動く城』（宮崎駿）

本
・『さおだけ屋はなぜ潰れないのか？』（山田真哉・光文社）

小説『ウルトラ・ダラー』として出版されたわけです。

出版界への違和感

片山　05年3月は佐藤さんが『国家の罠』で作家デビューなさった年ですよね。作家としてカルチャーショックはありましたか？

佐藤　業界のしきたりなどはいろいろ覚えましたが、カルチャーショックはまったくありませんでしたね。ただ一つ言えるのは、作家のたかり気質がとても気になりました。

作家が編集者にたかって必要でもないのにホテルに缶詰になる。すると編集者がその部屋を借りて女を連れ込む。ルーズな外務省でもさすがにそんなことは珍しかった。この業界は危険が一杯だ、大変な目に遭わないためにもそこには近寄るまい、と決めました。何かあれば、背任や横領でやられるかもしれない。借金、たかり、付け回しは絶対にやらない。だから編集者に一方的に飯をおごられるようなことは避けています。会食での支払いは交替にしています。

片山　普通は、ありがたくごちそうになるものですが（苦笑）。佐藤さんとは違って、駆け出しライター時代の私は、恥ずかしながら編集者に依存していたところがあった。おごられるたび、おいしい物が食べられてよかったなんて思っていましたから。

佐藤　依存させようというのがありありと見えるでしょう。だから編集者以上の年収を稼がないと絶対になめられるな、と思った。

片山　スタート時点から一般的な作家とは心構えが違いますね。ロシアや裁判の経験も大きいのでしょうが、誰かを参考にしたり、教えてもらったりしたんですか？

佐藤　潰れた作家の研究はしましたね。賞を取ったり、話題になったりしたけど数年で消えた人の原因を調べた。

作家としてのあり方を教わった人の一人が**井上ひさしさん**（＊37）です。井上さんにはまずホームグラウンドになる出版社を作れ、と教わりました。そして20代から30代の若手、同世代、幹部と会社毎に3世代の編集者と付き合うといいとも言われました。

片山　同世代の編集者とばかり付き合っていると、そのときはいいんですが、いつの間にか世代が代わって仕事先がなくなってしまう。浮いて捨てられてしまうわけです。私もそんな経験はたくさんありました。編集者も特にライター仕事の場合は同世代以下の使いやすい人がいいに決まっているわけですから。

＊37―井上ひさし　1934‐2010。小説家、劇作家。大学在学中に浅草フランス座で戯曲や台本などを書きはじめる。64年にNHKで放送された人気人形劇『ひょっこりひょうたん島』の台本を担当。『手鎖心中』で直木賞を受賞。

佐藤　今になるとそれが分かるのですが、作家になりたての時期だったのでとても参考になりました。それから常にやりたい仕事のリストを100個作っておくこと。そして半年おきにプライオリティの順に並べ替える。そのうちの1割か2割しか実現しないだろうけど、リスト作りは大切だと教えていただいた。

片山　すばらしい教訓ですね。それは作家としての仕事だけではなく、一般の人にも参考になりそうですね。

佐藤　そしてもう一人お世話になったのが、**竹村健一さん**（*38）。どういうわけか竹村さんが私に興味を持ってくださって会ったんです。

その時点で彼は500冊以上の本を出していた。編集者に口述筆記させる彼の手法はゴーストライターを使っていると批判された。しかしそれは彼がアメリカで学んだ本作りの実践だったんです。

私は竹村さんと3日間にわたって対談しました。午前中2、3時間話す。昼から夜にかけて速記者が対談を文字に起こして、編集者が粗い原稿を作ってしまう。翌朝、その粗稿を読みながら再び対談する。それを3日続けると1冊分の原稿になる。

片山　非常に効率的な仕組みですね。だから竹村さんはあれだけの

＊38—竹村健一
1930年生まれ。ジャーナリスト。フルブライト留学生第1号として、アメリカ留学。英文毎日新聞記者、大学教授などを経て、テレビ、新聞、雑誌、ラジオなどメディアを問わず評論活動を行う。佐藤との共著に『国家と人生』。

メディアの寵児だった竹村健一氏。口癖は、「だいたいやね〜」。

本を量産できたわけか。

佐藤　私も驚きました。竹村さんには次の三つを教えてもらいました。

一つはテレビメディアとの付き合い方。評論家マクルーハンは97、98％の情報はテレビで伝達されて、残りの2、3％が活字で伝わると指摘しています。竹村さんはテレビと活字とを両立しようとしたけれども自分にはできなかったと話していた。実体験から消費されるだけだからテレビには気をつけろ、とアドバイスをいただいた。一貫して私はテレビを遠ざけて活字を中心に活動していますが、竹村さんの指摘は正しい。活字の世界で長生きしてメディアで影響力を持とうとするなら、テレビとの距離感が重要になる。

二つ目はコマーシャルに出ないこと。もしもその商品に欠点が見つかったり、会社が問題を起こしたりしたときに責任をとらされてしまう。これも竹村さんに従って、私も特定の商品の宣伝は一切していない。

そして三つ目が人と会う場所。政治家や出版社の幹部に呼び出されてもこちらから出向くな、と。向こうからのオファーならこちらにきてもらうか、中立的な場所を指定する。そしてこちらが用のある場合は自ら相手の指定する場所に行く。
何よりも教えられたのは身の引き方です。彼はまずテレビから消え、次にラジオをやめて、最後に活字の世界から引退した。その過程で、自身が持っていた数十の会社を畳んでいった。生涯現役を標榜して頑張っちゃう人が多い中で、消え方も格好よかった。

片山　井上ひさしと竹村健一という学ぶべき人から学ぶべきことを教わったんですね。作家として仕事をする上で最高の手本になる。本当にうらやましいことです。

佐藤　リベラルな井上さんと保守的な竹村さんと立場は違いましたが、後輩を育てようという気持ちは同じだったのかもしれません。たくさんのことを教えてもらいました。

郵政選挙は反知性主義

佐藤　平成史に話を戻しましょう。私が竹村さんや井上さんにお世話になった05年で注目したいのが4月に起きたJR西日本、福知山線の脱線事故です。私はこの事故は労働組合の問題だと考えているんです。

107人が死亡する大惨事に（福知山線脱線事故）。

公安警察によるとＪＲ東日本では、革マル派が浸透しているとされるＪＲ東労組が労働者を守っているからムリな仕事をさせないし、過密ダイヤも組ませない。だから事故が起きない。

片山　実際、３・11ではＪＲ東日本の乗員、乗客に死者は一人もいなかった。

佐藤　地震直後、運転士や車掌は電車を放棄して乗客と高台に避難しました。会社のマニュアルを無視して、自分と乗客の安全を優先して行動したそうです。

しかし事故を起こしたＪＲ西日本は、ＪＲ東日本に比べて労働組合が弱い。脱線事故は会社が定めた過密ダイヤに合わせようと、運転士がスピードを出しすぎてカーブを曲がり切れなかったのが原因です。

片山　労働組合も中間団体です。福知山線の脱線は、中間団体の機能が弱まった結果、使用者側の利益追求の姿勢に歯止めがかからなくなって起きた事故と言えるかも知れません。

中間団体が弱ったせいで、政党の固定的支持層というものが見えなくなった。何かをきっかけに浮動票が地滑り的に動いて、歴史的な圧勝と惨敗が繰り返される。不祥事やスキャンダルがストレートに選挙の結果にあらわれる。

事故の4カ月後の**郵政解散**（＊39）もまさに中間団体の破壊だった。小泉首相は「郵政民営化に賛成する候補者しか公認しない」と抵抗勢力と呼ぶ敵を作り、熱狂を生んだ。有権者はイデオロギーに関係なく、麻薬にやられたように投票しました。

佐藤　まさに麻薬にやられたという表現がぴったりくる選挙でした。それに、あれは反知性主義に支配された選挙だった。郵便局は1円も税金を使っていない組織でした。郵便事業は赤字でしたが、簡保と郵貯でまかなっていたんです。職員の給与も税金から支払われていたわけではなかった。小泉は国家に実害がない郵便事業を官営から民営にすることで、小さな政府を実現させるんだと国民に思い込ませた。まったく関係のない問題を結びつけて、選挙に勝ってしまった。

片山　郵政公社の職員は親方日の丸で安定している上、税金でいい暮らしをしている。とんでもない連中だというでたらめなイメージを連日、発信し続けた。

佐藤　そもそも内閣府特命担当大臣だった**竹中平蔵**（＊40）も、郵政民営化は必要ないと考えていたんです。

＊39—郵政解散
この解散により2005年9月11日に郵政民営化法案の是非を問う衆議院総選挙が行われた。首相の小泉純一郎は「郵政民営化に賛成する候補者しか公認しない」と語り、反対派に「刺客候補」を立てた。自民党が圧勝。片山は「味方と敵をはっきり分ける現在の劇場型政治の原点」と指摘する。

＊40—竹中平蔵
1951年生まれ。一橋大学卒業後、日本開発銀行に入行。小泉内閣で経済財政政策担当大臣、金融担当大臣、郵政民営化担当大臣、総務大臣を歴任。

片山　そうだったんですか？
　私も郵政民営化は小泉と竹中が主導したと思っていました。それにしても竹中は必要なかった郵政民営化になぜ踏み切ったのでしょう。小泉のこだわりですか。
佐藤　そうです。竹中は自分がやらなければ、おかしな形になると思った。そこで郵政民営化の理屈を考えて、田原総一朗さんに相談したそうです。しかし田原さんは納得しなかった。そこで再び考え直して、田原さんに聞いてもらった。それでも分からない。最後に石原伸晃にも同席してもらった。そのときは田原さんも石原も郵政を解体する意義が理解できた。そこで郵政民営化をスタートさせた。
片山　石原伸晃ですか？
佐藤　田原さんの弁によれば、「一番分かりの悪そうな石原さんを連れて行った」ということです（苦笑）。
片山　1929年に発足した浜口内閣の逓信大臣には小泉純一郎の祖父の小泉又次郎が就任しました。首相の**浜口雄幸**（＊41）はその風貌からライオン宰相と呼ばれた。
　私は小泉純一郎が郵政事業にこだわるのは祖父の経歴が影響し、髪型をライオン風にしているのは浜口を意識しているんじゃないか

＊41—浜口雄幸
1870‐1931。1929年に立憲民政党初代総裁として内閣総理大臣となり、金解禁、緊縮政策を断行。しかし政策に反発する右翼活動家に東京駅で襲撃を受け、そのときのケガがもとで死去。片山は「小泉内閣発足時から浜口内閣との共通性を指摘したが、浜口が忘れられたせいか反応がなかった」と振り返る。

と半ば本気で思っていました。

小泉内閣が「痛みを伴う改革」を打ち出したように浜口内閣の**井上準之助蔵相**（＊42）も世界恐慌後の不況からの経済立て直しをはかった。結局、国民に痛みを求める荒療治は失敗に終わり、浜口と井上はテロリストに殺された。

私は、浜口・井上コンビと小泉・竹中コンビはとても似ていると感じていました。ともに新自由主義的な方針をとり、地方を切り捨ててひたすら都市部の大資本と結んで、国際協調、日米協調を打ち出しました。

小泉・竹中コンビの内実

佐藤　確かに似ていますね。片山さんがおっしゃるように竹中と小泉はセットで語られることが多いですが、二人のキャラクターはまったく違う。

竹中さんは個人の能力が極めて高く徒手空拳で物事にチャレンジするタイプです。非常にチャーミングな人で話していると人の気をそらさない。それに人間関係をとても大切にする。

改革の陣頭指揮をとった小泉首相と竹中経済財政担当相。

＊42―井上準之助　１８６９-１９３２。横浜正金銀行頭取、日本銀行総裁などを歴任。１９２９年から浜口雄幸、若槻礼次郎内閣の大蔵大臣として緊縮財政、金輸出解禁を断行した。選挙活動中に血盟団員に暗殺される。

彼はバカバカしいと思った宴会も二次会までは必ず出席する。その代わり、二次会のカラオケボックスでは出口近くに座って最初に2曲歌ってからそっと退室する。

片山　なるほど。そうすれば、二次会にも出席したという印象がみんなに残るし、悪く思われませんよね。

佐藤　竹中さんは日本開発銀行の銀行員になって、まず村田簿記学校に通って簿記3級をとった。簿記が読めない同僚が多かったらしく、銀行員なら簿記が読めた方がいいだろうと基礎から学び始めた。

竹中さんの勉強に対する考え方が面白い。彼は「天井のある勉強」と「天井のない勉強」があると言うんです。たとえば、英検などには期限や目標という「天井」がある。一方、英会話には天井がない。この二つを区別しながら勉強しなければならないと語っている。

片山　彼はそうやって最大効率の方法を見つけて成功したんですね。

佐藤　私は彼のようなアナーキーで行動的なインテリがどう生まれたのかに興味があるんですよ。竹中さんは小泉政権下で税金を引き下げようとした。それ自体が反国家的です。彼の本質にはアナーキーな面と破壊的な面がある。しかも小泉政権下ではあれだけの憎まれ役を買って出た。いくら何を言われても、それに耐える強靱な精神力も備えている。

片山　竹中一人に責任を押しつけ、ヒールにすることで政治家や評論家は、自己保身をはかったのでしょうね。

竹中平蔵と、成長が止まった国家で新自由主義を推し進めた小泉純一郎。アナーキストとキャピタリストの野合とも言える。本来ならうまくいくわけがないように思えますが、国家機能が弱体化していく時代だからうまくいったのかもしれませんね。

あの二人は人間的に馬が合っていたのですか？

佐藤　うまくいっていたと思います。ただ公職を外れてもべたつく関係じゃない。

片山　小泉政権を改めて総括すると最大の問題は、小泉純一郎が確立した劇場型政治がいまも続き、社会そのものが破壊されたことです。かつて日本の社会は、よくも悪くも地域組織や労働組合や職能団体などの中間団体に支えられていた。しかし現在は宗教団体を除いては中間団体が弱体化し、一人一人の人間がバラバラにアトム化してしまった。その結果、連帯が弱まり、社会に不安が広がっている。

佐藤　ヨーロッパの中堅国ならいつ崩壊してもおかしくない状態で

平成を数字で読む ❻ **ニッポンの貧困率**

＊所得が国民の「平均値」の半分に満たない人の割合（相対的貧困率）。貧困の度合いというよりは、国民の収入格差を示す指標。

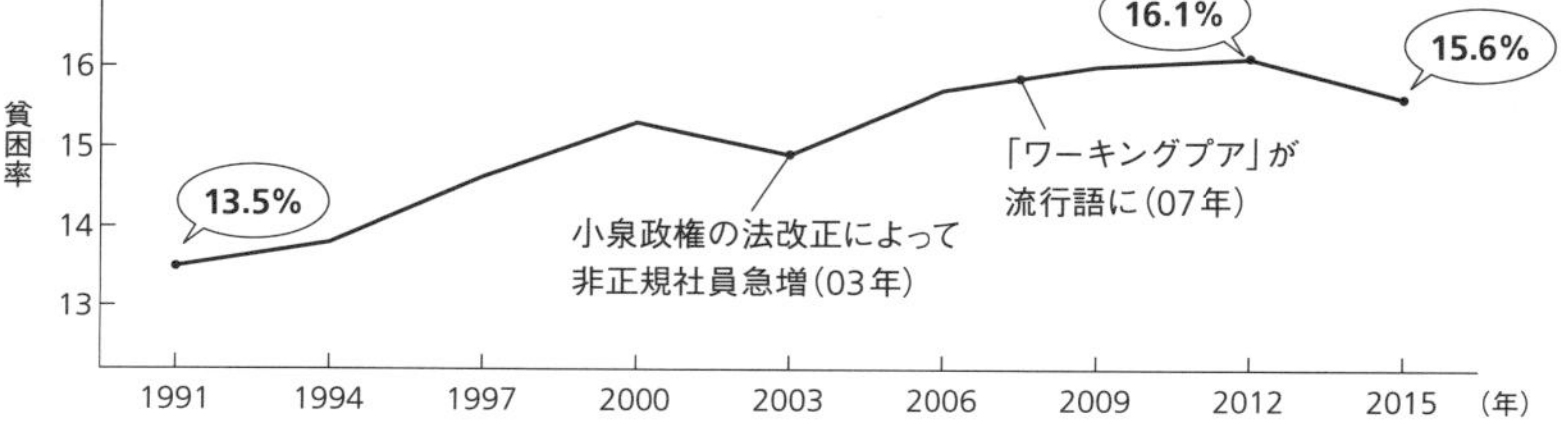

出典：厚労省

すからね。でも逆説的に言えば、日本の底力が証明されている。

片山　確かに。この状態で社会秩序を維持しているし、GDPも世界3位。この国はすごい（苦笑）。

佐藤　この時期、小泉政権が推進した新自由主義の影響で、非正規雇用が増加して社会問題になりました。一方では「格差の何が悪い」と言い切るライブドアの堀江貴文に代表される新富裕層が現れた。彼は郵政選挙にも出馬していましたね。そして先ほども触れたように翌年、逮捕された。

片山　小泉時代に現代社会の問題が一通り表出している。約5年半にわたって続く小泉長期政権の後半期の05年10月、自民党初の**新憲法草案**（＊43）に「自衛軍」と明記されました。しかし紙の上で自衛隊が「軍」に変わろうが実態は何も変わっていない。何の意味もないただのこだわりに過ぎません。

佐藤　他国を侵略するわけではありませんからね。憲法学者の木村草太の説明には非常に説得力がありました。既に日本には、「軍」があるから憲法違反ではないじゃないか、と。彼がそこで例示したのは、「社会鍋」で有名な救世軍ですけど（笑）。つまりは、言葉の問題に過ぎないということです。

＊43―新憲法草案　小泉政権下の2005年10月に自民党が発表した新憲法法案。9条に戦争放棄条項は残るが、戦力不保持と交戦権否認は削除。新たに「自衛軍保持」を明記して、自衛隊を軍隊と位置づけた。9条護持を主張する人々が懸念を示した。

ただし、実態のない「自衛軍」と紙に書き「設計」したことで、自民党の政治家たちは理想の国家が「構築」できると本気で信じている節がある。

年越し派遣村で炊き出しにならぶ人々(東京・日比谷公園)。

第四章

「美しい国」に住む絶望のワーキングプアたち

平成18年→20年(2006年―2008年)

平成18年（2006年）

1月	・ライブドアの堀江社長らが証券取引法違反容疑で逮捕される。
4月	・民主党代表の前原誠司が「偽メール事件」で辞任。
5月	・日米安保協議、普天間移設と米海兵隊のグアム移転などを合意。
6月	・村上ファンドの村上世彰代表が証券取引法違反容疑で逮捕される。
7月	・昭和天皇のA級戦犯靖国合祀への不快感を示した宮内庁長官・富田朝彦のメモ（富田メモ）が発見される。
8月	・気象庁が緊急地震速報の運用を開始する。
9月	・秋篠宮ご夫妻に長男・悠仁親王が生まれる。 ・安倍晋三内閣発足。
12月	・「愛国心」などが盛り込まれた改正教育基本法が成立。 ・イラクで、フセイン元大統領の死刑が執行される。

実刑確定後、堀江はモヒカンで出頭して国家権力を挑発した。だから特に厳しいと言われる須坂（長野刑務所）に収監された。 佐藤

「美しい国」を標榜したが、具体性は一切ない。考え方は、富国強兵や殖産興業と変わらない。近代化が遅れた我々は、このスローガンに従って強い国家を作るんだ、と口で言っているだけ。 佐藤

以後、「日本の誇り」や「強い日本」を取り戻すべきだという空気が一気に強まっていった。 片山

by the way

＊偽メール事件
年明けからライブドアショックが世間を騒がせていた06年。その余波が永田町にも及んだ。2月16日、堀江貴文・前ライブドア社長が自民党の武部勤幹事長の次男に選挙コンサルタント費用3000万円を振り込むよう指示した——。その内容を証明するメールがあると、民主党の永田寿康衆議院議員が国会で発言したが、結局、そんなメールは存在しなかった。民主党の前原誠司は代表を辞任し、続いて永田議員も辞職した。

平成19年（2007年）

1月	・防衛省発足。
2月	・公的年金の加入記録の不備が5000万件以上と判明。厚労省に非難殺到。
4月	・伊藤一長長崎市長が銃撃され、死亡。
5月	・日本国憲法の改正手続きを定めた国民投票法成立。
7月	・久間章生防衛相が「(原爆投下を)しょうがない」と発言したことで、引責辞任。 ・新潟県中越沖地震（死者11人）。 ・参院選で自民党歴史的惨敗。民主党が参院の第一党に。 ・低所得者向け住宅ローンの不良債権化に伴い、サブプライム・ショック(世界同時株安)が起こる。
9月	・安倍内閣総辞職。福田康夫内閣発足。 ・ミャンマーで10万人規模の反政府デモが起こり、日本人カメラマンが死亡。
12月	・韓国大統領選、李明博が当選。

年金制度が立ちゆかなくなる現実を突き付けた。加入記録不備は単なる事務的な問題ではない。しかし厚労省は運用する組織を変えればうまくいくと騙り、根本的な見直しをしなかった。片山

国民投票法は、せっかくの代議制民主主義を自ら壊してしまう危険性もある。佐藤

福田内閣はイランとの関係を深めた。それは彼が丸善石油出身だから。佐藤

by the way

＊赤ちゃんポスト
07年5月、熊本市の慈恵病院に設置された、親が育てられない赤ちゃんを匿名で預けることができる窓口（こうのとりのゆりかご）。ドイツを手本に作られた。安易な育児放棄を助長するとの声がある一方、立場の弱い妊婦のセーフティネットとして機能している側面がある。17年までに130人がこの窓口に届けられている。ちなみに、ポストが設置された07年、柳澤伯夫厚労相が「女性は子どもを産む機械」と発言し、大批判を浴びている。

平成20年（2008年）

1月	・中国の冷凍餃子から有害成分検出。
2月	・トヨタが生産台数世界1位（07年実績）。 ・海上自衛隊のイージス護衛艦あたごが千葉県房総半島沖で漁船に衝突。乗り込んでいた漁師の親子が行方不明。
3月	・露、メドベージェフが大統領選圧勝（プーチンは首相へ）。 ・社保庁、年金記録の特定困難2025万件と発表。
4月	・後期高齢者医療制度開始。
6月	・国会両院で「アイヌは先住民族」と採択。 ・秋葉原無差別殺傷事件（死者7人）。
7月	・洞爺湖サミットが開催される。
9月	・米証券大手のリーマン・ブラザーズが経営破綻（リーマン・ショック）。 ・福田首相辞任表明（麻生内閣へ）。
10月	・「日本は侵略国家ではない」とする論文を執筆した田母神俊雄航空幕僚長が更迭される。
11月	・米大統領にオバマ当選。
12月	・日比谷に年越し派遣村が設置される（31日〜09年1月5日）。

この頃より慶應大学法学部で教鞭を執り始める。 片山

小泉時代に行った派遣労働自由化がもたらした最悪の結果の一つ。 片山

麻生首相が「ゴルゴ」ファンだから、官僚たちが必死でマンガを読んだ。 佐藤

彼の論文は日中関係の文脈で注目を集めたが、本当の問題は「反米主義」だった。このような人物が航空自衛隊のトップでいいのか、自衛隊の教育はどうなっているのかという自衛隊のあり方を問われた。 佐藤

by the way

＊蘇る『蟹工船』

小林多喜二が1929年に発表した『蟹工船』。カニを捕獲し、缶詰に加工する設備を備えた漁船に乗った若者たちの悲哀を描き、戦前、発禁処分になった。そんなプロレタリアート文学の代表作が、08年にベストセラーになる。きっかけは、「ワーキングプア」「非正規」「ネットカフェ難民」「ニート」など、様々なキーワードで語られる現代の若者たちの就業状況が、『蟹工船』で書かれた戦前のそれと一致するという作家・雨宮処凛の発言からだった。

在特会誕生は必然だった

片山 小泉が禅譲した形で、06年9月に発足した**第一次安倍政権**（＊1）が打ち出した「美しい国」も、紙に書いて設計することで理想の国家を構築しようとした動きでした。そもそも「美しい国」とは何か。私には、安倍晋三が「美しい国」の具体的ビジョンを持っているとはとても思えませんが、ある種の到達点は示した。

佐藤 片山さんが言うように「美しい国」に具体性はない。スローガンをいくら声高に叫んだからと言って、理想的な国家ができるわけではありません。

考え方は、富国強兵や殖産興業と変わらない。近代化が遅れた我々は、このスローガンに従って強い国家を作るんだ、と口で言っているだけです。

片山 安倍政権の面々は、近代の戦いで試練に耐え抜き、傷ついた過去を完全に忘れてしまっているんでしょうね。いや、もともとその過去を知らないのかもしれない。

佐藤 そう思います。「自衛軍」と書いた新憲法案に侵略戦争に対

＊1――**第一次安倍政権** 2006年9月、小泉政権で内閣官房長官を務めた安倍晋三が内閣総理大臣に任命されて発足した自公連立政権。安倍は「美しい国づくり内閣」と命名した。閣僚には、近しい議員ばかりを登用したため、マスコミには「お友達内閣」と揶揄された。年金問題や、度重なる閣僚スキャンダルに加え、本人の体調問題もあって、約1年で首相辞任。後任は、福田康夫。

する気構えはありません。戦時中、哲学者の**田辺元**《はじめ》（＊2）は学生たちに国家のため戦場に赴き、大義のため死ぬべしと説いた。侵略戦争を論理化したんです。防衛戦なら守るしかないから論理化の必要はなかったが、一歩先に進めたんです。

　戦後、彼は日本を悲劇に導いた責任を感じて『懺悔道としての哲学』を書く。新憲法案は侵略戦争と防衛戦をどう考えているのかまったく見えてこない。

片山　いろいろな支持母体の要求を鑑みつつ、ただバランスをとって、変えればいいんだろうという感じで。歌舞伎の舞台背景の書き割りみたいなもので、実体性や有機性を感じない。にもかかわらず身内の中で自画自賛している。バカじゃないか、と思いました。

佐藤　私はバカにしているわけではありませんが、少なくとも尊敬できる憲法案ではありませんでしたね（苦笑）。

片山　その文脈でいけば、安倍政権は06年の12月に教育基本法を改正して「愛国心」という言葉を盛り込んだ。「日本の誇り」や「強い日本」を取り戻すべきだという空気が一気に強まっていきましたね。そして07年1月に防衛省を発足させる。

佐藤　小泉時代に表に出てきた右への流れを安倍がくみ取って、さ

＊2―田辺元
1885-1962。哲学の学派「京都学派」を代表する思想家。国家、民族を絶対化する危険を孕む「種（＝民族）の論理」を提唱。当時の国家論に応用された。佐藤は著書『学生を戦地へ送るには　田辺元「悪魔の京大講義」を読む』で田辺の思想について詳しく解説している。

＊3―『国家の品格』
05年11月刊行。著者は数学者の藤原正彦。現代日本には、英語よりも国語、民主主義よりも武士道精神が必要だと説いた。

＊4―新田次郎
1912-1980。デビュー作である富士山の強力たちの友情を描いた『強力伝』で直木賞を受賞。気象台で勤務した経験を生かした山岳小説や歴史小説で人気を集めた。代表作に『孤

らに先に行こうとした時代ですね。06年のベストセラー『**国家の品格**』（＊3）がその風潮を端的にあらわしています。

片山　藤原正彦のお父さんの**新田次郎**（＊4）の小説はたくさん読みました。しかし『国家の品格』はスルーしてしまっていて。佐藤さんはお読みになりましたか？

佐藤　論理よりも情緒を重んじる日本人らしさの大切さを訴えた本です。やや右よりでしたが、常識的な論調でセンターライトを狙って250万部以上を売り上げた。

片山　この時期、極右とも言える排外主義も台頭してきました。**在特会**（＊5）の設立が教育基本法改正と同時期の12月だったのも偶然ではないでしょう。

佐藤　在特会の登場まで日本にはやわなナショナリズムしか存在しないと考えられていました。けれど在特会は日本のナショナリズムの毒性が極めて高いことを証明した。彼らは特異な存在ではありません。保守のメインストリームともそれほど離れていないんです。

片山　おっしゃる通りです。日本のナショナリズムの根幹は、万世一系の神話に基づく国家の伝統的構造上、どうしても天皇の血筋に頼らざるをえない。そこから、人種、血統、民族の観念が他国の右

高の人』『八甲田山死の彷徨』『武田信玄』。

＊5―在特会
正式名称は在日特権を許さない市民の会。在日韓国・朝鮮人が、通名使用や生活保護受給などの特権を得ていると主張して、06年に設立。在日韓国・朝鮮人に特別永住資格を認める入管特例法の廃止を最終的な目標に掲げる。09年に京都の朝鮮学校の授業を妨害して逮捕者を出した。2018年3月の時点で、全国に33の支部を持ち、会員数は1万6000人を超えるという。

翼以上に強固に形成されがちです。
　多民族を包容する伝統もあるはずなのですが、血統の純粋性の理屈が勝ってしまう。〝五族協和〟より〝大和魂〟なのです。在特会は、生まれるべくして生まれたとも言えます。

佐藤　時代は少し先に進みますが、２０１４年に在特会会長の**桜井誠と大阪市長の橋下徹が討論した**（＊６）でしょう。

片山　ありましたね。橋下氏が感情的に怒鳴って討論にならなかった。

佐藤　おっしゃるようにあれは桜井の勝ちです。まず彼は討論の前に持って来た自著をメディアに見えるようにテーブルに置いた。まったく準備していなかった橋下に対して、桜井は事実、認識、評価の論理立てで攻め立てた。終始、議論はかみ合わず、論戦にならなかった。桜井は強かった。能力の高い男だと感じました。
　戦前はテロリズムがひんぱんに起きたように暴力レベルが高い社会だった。それに比べて現代の暴力のレベルは極めて低い。だから在特会クラスでも十分に脅威になる。

片山　暴力の経験がない人が突然殴られたら驚いて卒倒してしまうのと同じです。でも暴力に自覚を持っているうちはまだいい。

＊6―桜井誠vs橋下徹　２０１４年10月、大阪市長の橋下徹と在日特権を許さない市民の会（在特会）会長桜井誠が行った公開討論会。当初から互いに怒鳴り合って議論が成立せず、予定を切り上げて10分程度で打ち切られた。

ＪＲ鶴橋駅前で街宣活動をする「在特会」メンバー（13年）。

佐藤　本当に怖いのは無自覚です。
片山　そうです。無自覚なのは安倍政権も同じかもしれません。07年5月に国民投票法を成立させました。しかし国民投票には大きなリスクがともないます。
佐藤　平成の後半になり、**国民投票のリスク**（＊7）が世界的に可視化されましたね。14年には否決されましたがスコットランドで独立を問う住民投票が行われた。そして16年にはイギリスで行われた国民投票で、ＥＵ離脱が決まった。
　17年10月には、スペインのカタルーニャ自治州が住民投票を行い、分離独立を宣言した。スペイン政府はそれを認めずに緊張が高まっています。
片山　イギリスのＥＵ離脱は、日本でいえば日米安保破棄に相当するでしょうか。小泉のような劇場型の政治家が「日米安保を国民投票にかける！」と煽れば、安保破棄ですら現実味を帯びてくる。
佐藤　あるいは安倍首相が自衛隊を明文化する憲法改正の国民投票を行ったとします。投票直前に「このハゲー！」とわめき散らした**豊田真由子**（＊8）のようなスキャンダルが発覚し、メディアが連日取り上げたら憲法改正の中身は二の次になってしまう。

＊7―国民投票のリスク
２００7年、日本国憲法96条に基づく国民投票法が成立。ただし改憲以外に関する国民投票の定めはない。

＊8―豊田真由子
１９７４年生まれ。厚労官僚を経て、２０１2年の衆議院選で初当選。２０１7年、秘書への暴言、暴行が週刊誌で取りざたされて自民党を離党。同年の衆院選に無所属で出馬したが、落選。「ちーがーうーだーろー！」という暴言が流行語大賞にノミネート。

片山　イデオロギーや改憲の善し悪しではなく、反安倍の逆風で改正反対が一気に増えるでしょうね。

佐藤　反対が上回れば、自衛隊は違憲との政治的ニュアンスが出てくるので、国家制度の根本が揺らいで大混乱に陥ってしまう。我々は大きなリスクを背負っていることを自覚する必要がある。

片山　一人の議員の常軌を逸した行動で50年後、１００年後の国家の行く末が決まるかもしれない。革命的なことが起きてしまう危険性すらありますね。

年金問題と裁判員制度の共通点

佐藤　国民投票法を成立させた時点で安倍政権は、せっかくの代議制民主主義を自ら壊してしまう危険性に気づいていなかったのでしょう。

その点で09年に施行された**裁判員制度**（＊9）と国民投票は似ている気がします。国民投票が代議制民主主義を揺るがすように、裁判員制度が司法の信頼性を崩壊させる可能性がある。

片山　古くから陪審員制が採用されているアメリカやイギリスでは、

＊9―裁判員制度
一般市民が裁判員として無作為に選ばれ、刑事裁判に関わる制度。殺人などの刑事事件を裁判官とともに判決と裁量を決定する。２００４年に制度導入の法律が成立し、２００９年から実施された。

歴史や文化が根付いているからまだいいのかもしれません。しかしこれだけ高度化し複雑化した日本社会で、突然裁判員に選ばれた人が人を裁けるものなのか。もともとそういうことをしてきた伝統がないうえに、判断するにはあまりに関係する因子の多い事件ばかりなのが当世でしょう。専業で取り組んでやっと理解が及ぶかというような事件の判断を限られた時間で市民に求めるというのは、表向きは民主主義的に見えて、開かれた裁判だとか言って結構毛だらけかもしれませんが、形式と内容のギャップが甚だしくならざるを得ないでしょう。検察がどんな説明をするかで、裁判員が持つ事件の印象や受け止め方が変わってしまうでしょうし。それで判決を出さされてもねえ。

佐藤 かつての裁判官はみな難しい司法試験に合格した人たちです。その人たちの能力が高ければ、起訴後99・9％の有罪率でも問題はなかった。それなのになぜ素人に任せたのか。死刑判決を押しつけられる裁判員はたまらない。

片山 今後、国民投票や裁判員制度が社会の混乱を招いたとしても何ら不思議ではありません。07年5月に国民投票法を成立させた第一次安倍政権でしたが、7月の参議院選挙で歴史的な惨敗を喫しま

平成18年（2006年）

流行語
・〈イナバウアー〉
・〈品格〉
・〈格差社会〉

流行歌
・「Real Face」（KAT-TUN）
・「純恋歌」（湘南乃風）
・「粉雪」（レミオロメン）

映画
・『フラガール』（李相日）
・『LIMIT OF LOVE 海猿』（羽住英一郎）
・『武士の一分』（山田洋次）

本
・『国家の品格』（藤原正彦・新潮社）
・『東京タワー』（リリー・フランキー・扶桑社）

す。これが第一次安倍政権退陣の引き金になった。

争点の一つが**年金問題**（＊10）でした。07年2月に公的年金の加入記録の不備が発覚し、年金制度が立ちゆかなくなる現実を突き付けた。加入記録不備は単なる事務的な問題ではありません。しかし厚労省は運用する組織を変えればうまくいくと騙《かた》り、根本的な見直しをしなかった。その歪みはまだ是正されないどころか、ひどくなっている。

佐藤　年金を見ると新自由主義が加速しているのがよく分かる。いま年金型保険が富裕層に売れています。もちろん制度設計をする役人たちにも民間の年金型保険に加入している人がいる。国民年金が信用できないという証拠です。

片山　そもそも国民年金法が制定された1959年は、日本の人口が増えて、経済が右肩上がりの時代です。パイが増えていくことを前提にして作られた制度を平均寿命が延び人口が減少していく社会で維持するのは難しい。

さらに遡れば、国家公共による年金制度は1889年にドイツ帝国の宰相ビスマルクが始めた仕掛けです。ドイツの場合は後進資本主義国として、官民一体で急激かつ乱暴な経済成長をはかって、国

＊10―年金問題
2007年2月、5000万件もの国民年金などの納付記録漏れ問題が発覚。政府は単純な入力ミスなどを繰り返した社会保険庁を批判したが、7月の参院選での与党大敗の原因となった。

民に犠牲を強いた。労働災害も多い時代ですから、ケアの制度がお金の面も医療の面も不十分なのに、死傷者が増えれば、国民は資本主義の矛盾を感じざるを得ない。必然的に社会主義に靡《なび》く人が増える。

当時のイギリスやフランスはというと国の保険制度はなく、民間に任せていた。資本主義の発達が自国のペースで行われていたから、必要に応じて民間の保険業も発達するし、国家が福祉国家化しなくても間に合っていた。ところが「追いつき追い越せ」と国家が成長の旗を振るドイツ帝国ではそうはいかない。

社会主義革命勢力を抑制しながら高度成長を目指すには公共による福祉が不可欠になる。そうしないと民心は離反して「殖産興業」は成り立たない。こうしてドイツ帝国は元祖福祉国家になりました。

そのドイツ・モデルが資本主義国に広く一般化したのは第二次世界大戦前後からでしょう。日本を含めた多くの資本主義国家が国民年金や国民保険を政策の柱にして福祉国家化の道を歩んだ。その選択に誘導されていったのは、内因もですが外因が大きい。共産主義や社会主義の脅威があったからでしょう。

ストレートに言えばソ連の脅威ですね。東西冷戦に耐えるには西

平成を数字で読む ⑦ 人生100年時代は夢ではない?

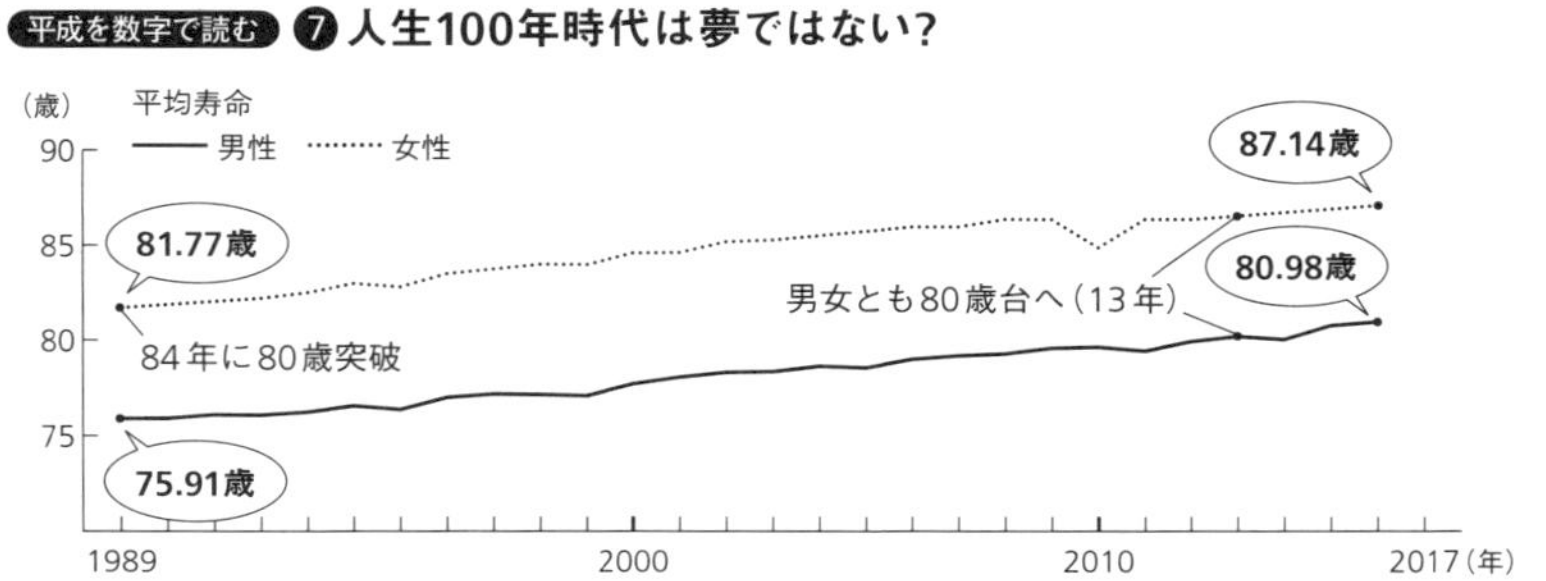

出典：厚労省

側は福祉国家化し、東側も西に負けない成長のために資本主義的な仕掛けを取り込まざるを得ない。冷戦を保ち絶対の対立を持続するためにお互いがお互いの、いわゆる「いいとこどり」をしようとして似てくる（笑）。西側は福祉が弱くなれば、戦わずして社会主義、共産主義に乗っ取られる不安を抱えていました。

佐藤　しかしもはや社会主義、共産主義は脅威ではない。しいて言えば、脅威を与えているのはイスラム世界だけになった。

片山　とすると、資本主義国家では年金などの社会保障は、あくまで社会主義への対抗手段だったのだから、その脅威が認められなくなれば切り捨てていいことになりますよね。

佐藤　片山さんが言うように脅威が取りのぞかれれば、資本主義国家は福祉や社会保障に力を割かず、資本の自己増殖にエネルギーを費やすようになります。

マルクスは、資本は無限に自己増殖する運動体だと定義しました。いまはすべてが貨幣に換算される世の中です。さらに新自由主義が進み続けている。マルクス経済学のベーシックな知識が非常に重要な時代と言えます。資本がなぜ自己増殖するのか。貨幣はなぜ生まれたのか。そうした視点があるかどうかで世の中の見方がまったく

平成19年（2007年）

流行語
・〈どげんかせんといかん〉
・〈ハニカミ王子〉
・〈そんなの関係ねぇ〉

流行歌
・「蕾」（コブクロ）
・「時の描片～トキノカケラ～」（EXILE）

映画
・『それでもボクはやってない』（周防正行）
・『HERO』（鈴木雅之）

本
・『女性の品格』（坂東眞理子・PHP研究所）
・『ホームレス中学生』（田村裕・ワニブックス）

違う。

では、共産主義、社会主義の脅威が失われた状況で、資本主義国家は年金制度を維持していけるのか。根本を考えていく必要がある。

片山 やはりここでもソ連崩壊が大きな影を落としている。大学でマルクス経済を教えなくなってもう20年以上が過ぎました。「死んだ思想」と呼ぶ人もいるそうですが、マルクスを知らなければ社会の根本が分からず、その場その場で状況判断するしかなくなる。ソ連崩壊後、系統立った経済学を軽視してきたツケが露わになってきていますね。

佐藤 そう思います。アカデミズムの世界では経済学の系統が断たれて、社会もアトム化している。この状況は反知性主義と非常に親和性が高い。

片山 アトム化した社会では誰がどう行動するか読めない。中間団体が票をまとめられないから、何かをきっかけに歴史的圧勝と歴史的惨敗が繰り返される。不祥事やスキャンダルがストレートに選挙の結果にあらわれる。

佐藤 それが証明されたのが、07年の参議院選でした。いま触れた年金問題に加えて、政治とカネの問題で第一次安倍政権は逆風にさらされた。農水相の松岡利勝が自殺し、後任の赤城徳彦も絆創膏《ばんそうこう》を貼って釈明会見をした。久間章生防衛相の「原爆しょうがない」という発言もあった。

片山　何かをきっかけに、歴史的な圧勝と惨敗が繰り返される。先ほども言ったように、それも中間団体消失の弊害です。

ノンフィクションが揺らぐ

佐藤　そんな政治状況で、また劇場型の政治家が登場します。橋下徹が08年2月に大阪府知事に就任した。

橋下の登場で大きかったのは、近畿圏だけで放送されている『**そこまで言って委員会**』（*11）の影響力と**やしきたかじん**（*12）の政治性が高まったことだと見ているんです。政治でもメディアでも情報は皇居を中心にして半径5キロ以内に集中している。『そこまで言って委員会』はそこから外れて独立している面白い存在です。

出演者の一人が東京から大阪に通って『そこまで言って委員会』に出るのは商業講演の回数が増えるからだと話していました。この番組に出ることで収入が大幅に増えるのです。それだけ影響力を持

＊11―『たかじんのそこまで言って委員会』
2003年から読売テレビで放送された政治などをテーマにした討論バラエティ番組。著名な保守論客が出演。安倍首相も出演経験がある。司会を務めていたやしきたかじんの死後の2015年、タイトルを『そこまで言って委員会NP』に変更し現在も放映は続いている。

＊12―やしきたかじん
1949-2014。歌手、タレント。「やっぱ好きやねん」「なめとんか」「あんた」などのヒット曲を送り出す。とくに関西圏では、テレビのパーソナリティーとして歯に衣着せぬ発言で絶大な人気を博した。また、政界に強い関心を示し、橋下徹の府知事出馬選も後押しした。14年に食道がんで死去。

ち、人を動員できる番組なんです。

片山 確かに東京から離れたテレビ番組が日本全国で影響力、支配力を持つのは珍しい。関西発だと漫才や花登筐脚本の喜劇などは放送の世界で昭和30年代から特権的な地歩があったと思いますが、シリアスなところにかぶってくるというのはなかなかなかったように思うのです。文化芸術だと、演出家の**鈴木忠志**（*13）が70年代に東京から富山県利賀村に演劇活動の拠点を移した。以来、地方のあちこちを主たる活動地にして東京を意識的に外して、かえって権威を保ち増大化させる戦略をとって成功したことも思い出します。

佐藤 ポイントは東京では見られないにもかかわらず、東京にとっても無視できない影響力を持ったことです。

当初、永田町は橋下たちを一種のお笑いの延長に過ぎないと相手にしていなかったはずです。しかしいつの間にか彼らは無視できない政治力を持った。

『そこまで言って委員会』やその出演者たちの政治性が高まれば高まるほど東京のエスタブリッシュメントとぶつかるのは目に見えている。だから彼らは自分たちの姿を東京には極力見せないよう意図的に隠して地方を活動の拠点にした。やがて知名度が全国区になっ

平成20年（2008年）

流行語
・〈あなたとは違うんです〉
・〈アラフォー〉
・〈グ〜！〉

流行歌
・「キセキ」（GReeeen）
・「Ti Amo」（EXILE）
・「One Love」（嵐）

映画
・『おくりびと』（滝田洋二郎）
・『ぐるりのこと。』（橋口亮輔）
・『崖の上のポニョ』（宮崎駿）

本
・『夢をかなえるゾウ』（水野敬也・飛鳥新社）

***13——鈴木忠志**
1939年生まれ。早稲田大学卒業後、劇団「早稲田小劇場」を結成。60年代、唐十郎、寺山修司らとともに演劇運動を担った。76年に富山県利賀村に移り、合掌造りの家屋を劇場に作り直して作品を発表している。

た。毛沢東の「農村から都市を包囲せよ」と同じ手法です。

片山　いつの間にか首都を取り囲む。非常に有効な戦略ですね。でも私は橋下が主張する**大阪都構想**（＊14）や**道州制**（＊15）には否定的なんです。道州制は国家の生き残り戦略としてはリアリティがある。しかし北海道や東北などの田舎は見捨てられてしまうでしょう。

そもそも道州制も都構想も地方分権もただ票を集める話題作りにしか思えない。相続税１００％という主張とか、橋下はいろんな斬新な意見にすぐ飛びついてあとがどうなるんだろうと思うと、いつの間にか言っていた話が無くなっているということがどうも多い気がして。

佐藤　おっしゃる通り彼は明確な目的を持って政治をやっていません。その証拠が15年に行った大阪都構想の是非を問う住民投票です。敗れたもののその差はわずか1万票だった。もしも本気なら市長の椅子にしがみついて、実現の道を探るべきです。でも彼はすぐに市長の座から降りて、都構想も投げ出した。それは本当にやりたい政策ではなかったからです。

かつてドイツの**エドゥアルト・ベルンシュタイン**（＊16）は「究

＊14―大阪都構想
２０１０年、大阪府知事の橋下徹が発表した大阪府、政令指定都市の大阪市と堺市を解体し、特別区からなる大阪都を新設するという構想。２０１５年、賛否を問う住民投票が行われたが、反対多数で否決。廃案となった。

＊15―道州制
地方自治体の行政的、財政的ゆきづまりの打開案として提唱されている。２０１２年、自民党が都道府県を廃止して「道」や「州」に再編する道州制の構想を具体化する道州制基本法案を公表した。

＊16―エドゥアルト・ベルンシュタイン
１８５０－１９３２。ドイツの社会主義者。ドイツ社会民主党と第2インターナショナル右派を理論的指導者として牽引した。

極目標はない。運動がすべてである」と語りました。それは、目的論を否定するポストモダン思想を先取りしている。その意味では橋下の政治はポストモダン的です。

片山 勢いだけで登場したから常に動き続けて勢いを維持しなければならない。勢いが失われたら引っ込んで、時機をうかがう。その繰り返しで、結局何がしたいのか分からない。

それに大衆のウケを狙って発言するから、内容がころころ変わるわけですね。トランプ現象にも似ています。

政治学者の**シャットシュナイダー**（＊17）が、政治には常にフロントがあって、対立のラインをどこに作って耳目を集めるかが民主主義下で支持を得るための最大の工夫になると述べていたと思いますが、そうすると維新みたいな何をしたいのか名称だけでは不明な政党を作ってイデオロギーを超えて、いつもいちばん受けるフロントに立っていれば支持を集めるにはいちばんいい。

自由民主党や民主党や共産党だと、いちおう少しは名前の示唆するところに縛られますから。しかし縛られないで政党として規模の大きいかたちで持続可能かというと、これは指導者のカリスマが輝くか翳《かげ》るかだけの問題になるので、別次元の話になる。佐藤さんが

＊17―シャットシュナイダー
1892-1971。アメリカの政治学者。アメリカの政党制や圧力団体の研究を行った。ウェスリアン大学教授、アメリカ政治学会会長などを歴任。代表作に『政党政治論』『半主権人民』など。

言われるように、いくら橋下でも、成し遂げたいことが明らかでないと厳しいということになる。

佐藤　彼の名言は「俺は酉《とり》年だから3歩歩いたら忘れる」。橋下は良くも悪くも徒手空拳で成り上がった人間ならではの開き直りや強さがある。なかでも「週刊朝日」に対する抗議はすごい迫力だった。

片山　ノンフィクション作家の佐野眞一さんが2012年10月に書いた、**橋下の父親の出自を巡る記事**（＊18）に対する抗議でしたね。

佐藤　朝日新聞出版だけでなく、親会社の朝日新聞社に対しても使用者責任を問うた。糾弾とはこうするのか、と思って見ていました。

　ここで大きかったのは事件の余波で、ノンフィクションというジャンルの信頼性が大きく揺らいだこと。さらに翌13年、都知事の猪瀬直樹が**徳洲会グループから5000万円を受け取った事件**（＊19）でノンフィクション作家の信頼性が完全に失われた。

片山　ノンフィクションとは、一人のジャーナリストやノンフィクションライターが公平な視野、多数に支持された価値観をもとに書く物だとされてきました。しかし些細なことで揚げ足を取り、ああ言えばこう言うという社会では、ノンフィクション作品の正当性が維持できなくなった。佐野の作品も過去に遡ってあら探しをされた

＊18――橋下徹に関する週刊朝日記事　2012年10月、ノンフィクション作家の佐野眞一が「週刊朝日」に寄稿した橋下徹大阪市長の記事（連載名「ハシシタ・奴の本性」）を巡る問題。父親に関する記述に対し橋下が「遺伝子で人格が決まる恐ろしい内容の記事」と批判。「週刊朝日」は謝罪し、連載を中止した。

＊19――徳洲会グループから5000万円を受け取った事件　2012年の都知事選前、猪瀬直樹が医療法人徳洲会から5000万円を受け取った事件。都知事となっていた猪瀬は借入金だったと釈明したが、公職選挙法違反に問われて、2013年12月に辞職する。

でしょう。佐野も猪瀬もあっさりと倒されてしまった。あれは少し意外でした。

佐藤　史上最多得票で都知事に就任した猪瀬の崩れ方は象徴的でしたね。思ったよりも線が細かった。それはノンフィクション作家だけでなく、政治家にも言えます。安倍首相を含めて現代の政治家の線が異常に細い。

片山　佐藤さんは鈴木宗男のような政治家らしい政治家の側にいたから、今の政治家はなおさら線が細く見えるんでしょうね。

佐藤　鈴木さんが特に図太いわけじゃないと思うけど、彼を標準として考えると他の政治家が守りに弱く見えるのは確かです。

片山　第一次安倍政権も不祥事に耐えきれずに突然投げ出して終わった。ただそれは日本人的な弱さといえるかもしれません。実は、戦時中の日本主義者もやるだけやってダメだったら諦めると語る人は多かったんです。中には総力戦体制に反対する日本主義者もいました。ここまでやってダメなのに、もっとやれと言われても耐えられませんと。持久戦ができなかった。日本人は意外にそういうメンタリティを持っているようです。相撲でも勝負時間が短い。長くなるとどうでもよくなってしまう。すぐ忘れる。それが体力不足の日

徳洲会事件によって辞職が決まり、都庁を後にする猪瀬直樹氏。

本精神ということでしょうか。

佐藤　ところで、さきほどノンフィクションというジャンルが崩壊したという話が出ましたけど、入れ代わるように**若い社会学者や思想家、評論家たち**（＊20）が台頭してきました。

片山　たとえば11年には古市憲寿《のりとし》の『絶望の国の幸福な若者たち』が評判を呼びましたね。

佐藤　そもそも私たちの学生時代は、社会学は社会科学と呼ばれていました。その時代だと**オーギュスト・コント**（＊21）を学ぶ人しか社会学という言葉は使わなかった。しかしいつの間にか社会科学から「科」が抜け落ちていた。

片山　いまの社会学は教育社会学、家族社会学、産業社会学など無数に枝分かれしていく。私にはトランプが「俺がファクトだ」と言っているのと同じで、社会学者が適当な現象を見つけて、もっともらしい理屈を付けているだけに見えます。彼らはよく「社会学の言葉で言うと」というフレーズを使いますが、わざわざ社会学の言葉で言わなくても分かるんですから。

佐藤　私には、古市憲寿と森田健作が重なるんですよ。彼は、颯爽《さっそう》と「若者」を代表する論者の地位を得て、今ではワイドショーでコ

＊20―若手批評家たち
東京大学大学院在学中から著書を出し、若者論から社会時評まで、社会学者の枠にとらわれない活躍をみせる古市憲寿（1985-）、ポップカルチャー批評を行う宇野常寛（1978-）、AKB48と宗教の関係を論じた濱野智史（1980-）、ネットメディア「シノドス」編集長にして、ラジオMCも務める荻上チキ（1981-）、『「フクシマ」論　原子力ムラはなぜ生まれたのか』が注目を浴びた開沼博（1984-）など。

＊21―オーギュスト・コント
1798-1857。フランスの哲学者、社会学者、数学者。人間の知識の発展は、神学的、形而上学的、実証的の3段階を経てなされる、と説いた。社会学の創始者とも言われる。

メンテーターを務めている。森田健作も、千葉県知事になっても、学生服姿の印象が強い。60歳を過ぎても学生服を着て、永遠の青年を演じ続けたとしても違和感がない。そのために彼は、自分と同じタイプの若手を潰してきた。若者代表として登場した古市憲寿も、同じ道を歩むのではないかと思うんです。

ただ彼は波を読んで乗るのがとてもうまい。知的創造力とフットワークの軽さを併せ持っている。「子どもがキモい」というコメントが叩かれると『保育園義務教育化』をすぐに刊行した。内容はノーベル賞経済学者の**ジェームズ・ヘックマン**（＊22）で理論武装している。空気を読んでそつなく本として発表できる能力はすごい。

田母神論文の問題点は「反米」にあり

佐藤 時代を先に進めると08年10月には田母神《たもがみ》論文が問題になった。航空幕僚長の**田母神俊雄**（＊23）が、アパグループが主催する懸賞論文の最優秀賞に選ばれた。その後、論文の内容が政府見解と異なると問題になり、田母神は更迭されて退官する。

彼の論文は日中関係の文脈で注目を集めましたが、実は別の問題

＊22―ジェームズ・ヘックマン
１９４４年生まれ。経済学者。家計や職業選択など個別データ、つまりミクロな視点から実証的に経済活動を測量。マクロ経済学と異なる独自手法は、後に社会学や犯罪行動学などに応用された。２０００年にノーベル経済学賞受賞。

＊23―田母神俊雄
１９４８年生まれ。航空幕僚長時代の08年に「日米戦争はアメリカによる謀略」などとする論文を発表。政府見解に反するとして更迭された。14年の東京都知事選に立候補したが、落選。その後、公職選挙法違反で逮捕された。

があった。反米主義者が航空自衛隊のトップでいいのか、自衛隊の教育はどうなっているのかと自衛隊のあり方を問われた。それが更迭の理由だった。

片山 彼の場合は、独学で独自の歴史観を築いたのでしょう。懸賞論文を主催したアパの元谷外志雄とはどんな人なんですか?

佐藤 面白い人ですよ。一度だけ対談したことがあります。

その後、パーティや出版記念会のときに発起人として名前を貸してほしいと言ってきたことが数回あった。断る場合は、名前を外してほしいという旨のファックスを送らなければなりません。

片山 ファックスを送らなければ発起人の一人にされてしまうわけですか。それは大変だ。まるで総会屋のやり方ですね(苦笑)。

佐藤 彼は藤誠志というペンネームで言論活動を行っています。新刊本の帯に名前を使わせてほしいと頼まれたこともあります。私は「かまいませんが一度見せてください」とお願いしました。すると〈藤誠志氏の見解に脱帽した〉とある。そこは「脱帽」じゃなくて「驚愕」に変えてもらいました。

いずれにしろすごい迫力の人です。そういう人が、田母神や**渡部昇一**(*24)と一緒に表の世界に出てきた。しかも一時、安倍首相

***24—渡部昇一**
1930-2017。専門の英語学だけでなく、文化、歴史、政治などで幅広い評論活動を行った。太平洋戦争の原因を中国、アメリカの陰謀と主張。審査委員長として田母神論文を最優秀藤誠志賞に選考した。

とも近しい仲だった。

片山　表と裏の境界が揺らいでいる平成らしい話ですね。17年に世間を騒がした森友学園や加計学園の話にも通じますが、いままで表の世界には出てこなかった人たちが権力に近い存在になった。

佐藤　それも平成の政界を形作る大きな要素ですね。制度化されたキャリアを歩んでこなかった人たちが、日本の中枢にアクセスしはじめた。個人と個人との関係だけで権力に影響を及ぼしはじめているのです。

片山　自民党の古き良き時代――いや、弊害も多かったでしょうが、中枢にアクセスするためにはいくつかの入り口と手続きがあり、案内役のような人もいた。しかし90年代以降、その秩序が壊されてしまった。

それまでの人間関係を築いていたのは高校や大学の同窓会であり、政治家なら後援会であり、血縁・地縁でした。社会には無数のグループが存在していたんです。これも中間団体と言えるでしょう。そして中間団体が関所の役割を果たしていた。

一般の社会から政治の中枢に接触するには、関所を乗り越えなければならなかった。もちろん乗り越えられずに排除される人もいた。

しかしグループが解体されて関所が取り払われた結果、中枢へ出入り自由になってしまったわけですね。政治家も政党も企業も学校すら流動化して背景が見えにくくなる。個人と個人との地下でのつながりが実は権力に影響を及ぼしている。

佐藤　表と裏の仕切りがない現状は**坂東眞砂子**（＊25）の『死国』に重なります。ある儀式を行ったために黄泉国から死者たちが蘇る。黄泉国と我々が生きる現世を隔てた仕切りが取り払われるという物語です。

リーマン・ショックを予言した男

片山　中選挙区制時代は、いまよりも地盤、看板が必要とされた。地元後援会も影響力を持っていた。それは利権にもつながるんだけど、関所の役割も果たしていた。だが96年の小選挙区比例代表制導入によって壊れていく。

前歴がよく分からない人物が政治家として表の世界に登場するようになった。そこに新規の政党の登場も絡む。地盤も看板もなく、前歴も分からない人物が突然当選して表舞台に登場する。風が吹け

＊25―坂東眞砂子
１９５８‐２０１４。１９９６年に四国88カ所を逆に巡り、死者を蘇らせる「逆打ち」という儀式をモチーフにしたホラー小説『死国』を発表。１９９９年に夏川結衣主演で映画化された。

ば、誰かよく分からない人も当選してしまう。

その後、不祥事が起きて、みんなはじめて知るのです。「そんな政治家がいたのか」と。

佐藤 座敷童みたいな感じかもしれませんね。あれ、こんな人いたっけ？ 7人のはずなのに知らない8人目がいる。でも誰が8人目なのか分からない。そういうことが現実に起きている。

片山 それは政界だけでなく、一般の職場でもありえる話ですね。いつの間にか知らない**派遣社員**（＊26）が職場にいて、いつの間にかいなくなっている。それが当たり前になった。

佐藤 派遣労働はもともと特殊な技能を持った人だけに認められていて、対象職種も決められていた。しかし小泉・竹中時代、規制緩和の考え方が雇用政策にも及んだ。派遣労働が原則自由化されたのが、04年3月。その結果、08年9月のリーマン・ショックが引き起こした不況で派遣切りが問題になった。

私はリーマン・ショックが起きたとき、**副島隆彦さん**（＊27）の時代が来たと思いました。彼は08年の春、リーマン・ブラザーズの破綻を予言していたんです。

片山さんは副島さんに会ったことはありますか？

＊26―派遣社員
1986年に施行された労働者派遣法で認められた労働形態。当初は対象職種などが制限されていたが、規制緩和の流れで条件が拡大。派遣労働者数が200万人を超えた2008年、リーマン・ショックを契機に「派遣切り」が行われて社会問題となる。

＊27―副島隆彦
1953年生まれ。副島国家戦略研究所を主宰。銀行員、代々木ゼミナール講師を経て評論家に。『人類の月面着陸は無かったろう論』で日本トンデモ本大賞受賞。佐藤とは『世界政治裏側の真実』など多数の共著を持つ。

片山　いえ、私はありません。お書きになったものや、おっしゃっていることは拝見していますが。

佐藤　彼は時代を画した人物でもあるんです。代々木ゼミナールの英語講師時代『欠陥英和辞典の研究』で、日本でもっとも売れていた研究社の英和辞典を批判した。収録された英単語を一つ一つ検証して、ネイティブが使わない例文が山ほどあると明らかにしたんです。裁判では副島さんが敗けたけれど、それから英和辞典は研究社からジーニアスの時代になった。

対談の誘いを受けたので08年春、彼が主に仕事をしている日本文芸社に足を運びました。副島さんが編集長とライターと待っていました。彼らの論戦がとても興味深かった。３人とも陰謀論を本気で論じているんです。

編集長とライターが、爬虫類が（人類になりすまし）世の中を支配しているか否かで意見を戦わせていると副島さんが「爬虫類が世の中を支配しているという説が広まったのは、陰謀論が荒唐無稽なものだと示そうとする**ロックフェラー財団**（＊28）の陰謀なんだ」と一喝した。しかしライターが顔を真っ赤にして反論するんです。「副島さん、お言葉をお返ししますけど、あなたは本当にウォール・

＊28―ロックフェラー財団
アメリカの実業家ロックフェラーが設立した財団。１８７０年に石油会社を設立したロックフェラーは、全米の石油を独占した。引退後に財団を組織し、教育、学術、慈善などに多額の寄付を行った。ロックフェラー家が世界の政治、経済の統合を目指しているという陰謀論がしばしば語られる。

ストリートやホワイトハウスにいる連中をほ乳類だと思っているんですか！」

　私は傍らでこのやりとりを聞いていて、これはすごいと思った。

片山　なるほど。陰謀論を用いた非常に高度なディベートが行われているというわけですね。

佐藤　そう。発話主体の誠実性には全く問題がありません。しかも発想が違うからとても勉強になる。副島さんと仕事をする前に一つ試験がありました。「人類は月面に到達したと思っていますか」と聞かれた。この問いには緊張しました。副島さんは『人類の月面着陸は無かったろう論』で第14回日本トンデモ本大賞を受賞しているんです。私はこう応えました。

「そう思っています。なぜなら私はキリスト教徒でキリストが死後3日後に復活したと信じているからです」

　私の応えに副島さんは「実証できるかどうかの問題ではなく、信仰の問題ですね。それならいいでしょう」と一緒に仕事をすることになった。

片山　副島さんもすごいですが、そう応えた佐藤さんもすごい。リーマン・ブラザーズの倒産は誰も予測できなかったはずです。副島さんのリーマン・ブラザーズ倒産も陰謀論を元にした予言だったのですか？

佐藤　彼はCIAに繋がりのある最悪情勢分析を行うシンクタンクとルートを持っているのだと思います。世界情勢などを鑑みて最悪の場合、何が起きるかを想定するのが最悪情勢分析です。彼はそのレポートを非常によく読み込んでいる。だから16年のトランプ大統領の当選も当てている。

　彼は自分で予言だと言っているけれど、根拠のあるデータや分析が元になっている。

片山　副島さんの予言が的中するということは、世の中の状況が最悪だということですよね。副島さんのような人こそ、政治家の顧問にした方がいい。副島さんに話を聞いている政治家はいないんですか？

佐藤　残念ながら今の政治家の度量では難しいでしょうね。

「みんな一度不幸になればいいのに」

片山　リーマン・ショック前夜とも言える08年6月に起きた**秋葉原**

＊29——秋葉原無差別殺傷事件　２００８年６月、元派遣社員の加藤智大が２ｔトラックで秋葉原の歩行者天国に突っ込み、17人を殺傷した無差別通り魔事件。事件当日、加藤は携帯サイトに犯行を予告したが「色々書いているのに誰も見てくれない」「現実の世界でもネットの世界でも孤独になった」と犯行に及ぶ。ネット上の掲示板に犯行を賞賛するコメントが多数寄せられた。佐藤は「加藤の思いをうまく代弁している」として中島岳志著『秋葉原事件』をあげる。

の無差別殺傷事件（＊29）は、小泉時代に行った派遣労働自由化がもたらした最悪の結果の一つだと言えるのではないでしょうか。

戦前なら社会に対する不満があれば、権力を持つ特定の誰かを狙った。原敬や浜口雄幸や犬養毅らがそうでした。しかし現在は特定の個人に収斂《しゅうれん》しない。権力のシンボルも存在しない。だから豊かに暮らしていそうな人、楽しく生きていそうな人に憎しみが向かった。そしてその象徴である秋葉原にトラックで突っ込んでいった。

個人ではなく、秋葉原というエリアがターゲットになった。秋葉原事件は、パリのシャンゼリゼ通りやマンチェスターのコンサート会場が狙われるヨーロッパのテロとも共通点がある。

佐藤　秋葉原事件を起こした加藤智大は、人生の幸、不幸に顔や学歴は関係ない。すべては運だと考えた。運が悪ければどうなるか証明しようと凶行に走った。彼がイスラム過激派の指導者に出会っていたら、大義名分を見つけてテロリストになったでしょうね。

実は、加藤の考え方は前述の『東京タラレバ娘』ともつながります。バレンタインデーの雰囲気で賑わう街を歩く吉高由里子演じる鎌田倫子は「みんな一度不幸になればいいのに」と思う。秋葉原事件の動機は、あの雰囲気でしょう。

現場付近に乗り付け、通行人をはねたトラック（秋葉原事件）。

片山　みんな一度不幸になればいいのに――その感覚が可視化されたのが3年後の東北です。3・11で災害ユートピアと呼ばれる空間が生まれた。ある意味ではタラレバ娘や加藤が望んだ不幸が平常化した場だったと言えます。

　秋葉原事件の3カ月後の9月に福田首相が辞任を表明して麻生内閣が誕生する。佐藤さんは福田、麻生の両首相をどう見られますか？

佐藤　鈴木宗男事件の国策捜査を仕掛けたのが、当時官房長官だった福田だったんだと、鈴木さんは考えています。あの人がいなければ、私も逮捕されていなかったかもしれません。

　個人的にいろいろな思いがありますが、あえていえば、暗い感じの人だった。福田政権下ではイランとの関係を深めた。それは彼が丸善石油出身だからです。でもテロに対する危機感がまったくない首相でしたね。

片山　辞任会見で福田は「私は自分自身を客観的に見ることができる。あなたとは違うんです」と記者の質問に怒って、辞めていったでしょう。あのメンタリティはどのように作られたのでしょうね。

佐藤　鈴木宗男さんによれば、父親の**福田赳夫**（＊30）もそういう人だったそうですよ。

平成を数字で読む ⑧ 増え続ける派遣社員

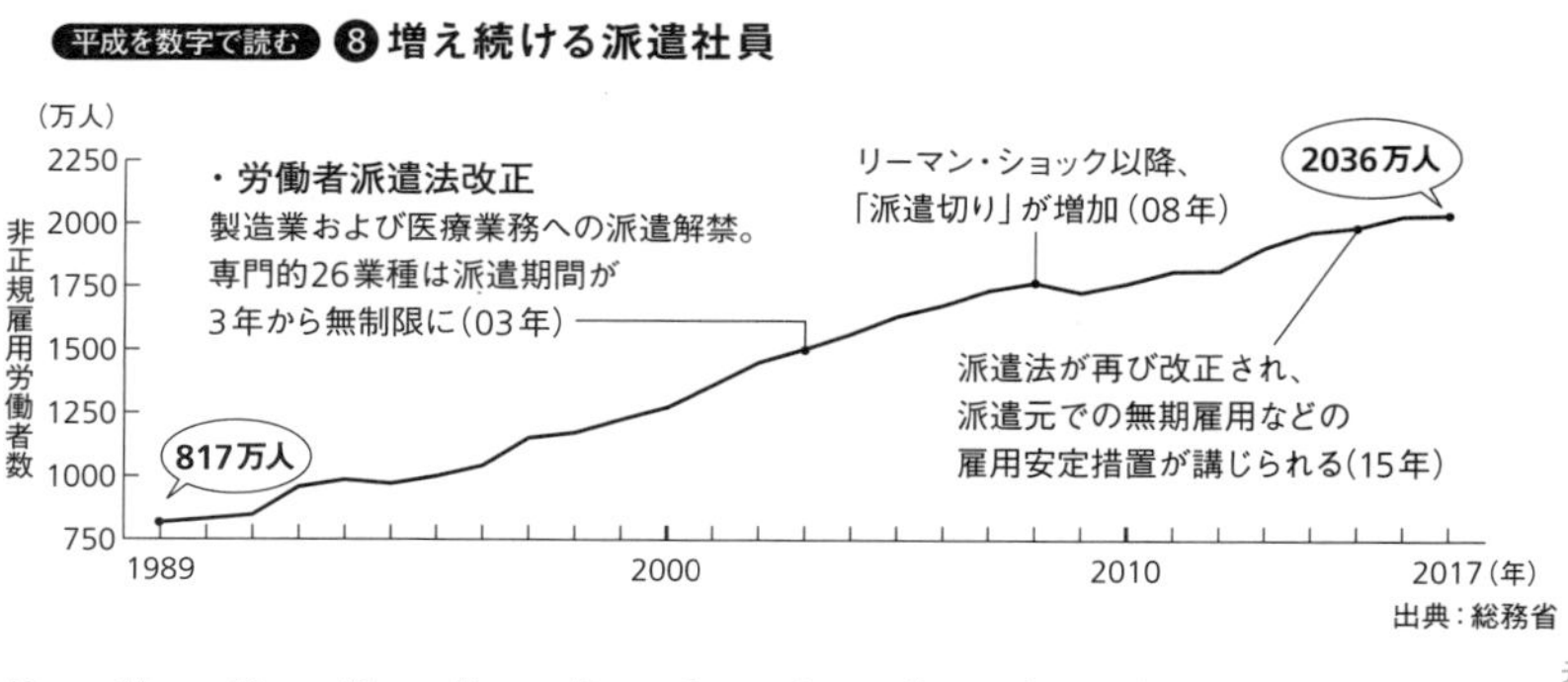

出典：総務省

片山　確かに福田赳夫も明るくはなかったでしょうね。

佐藤　福田赳夫といえば、中川一郎が亡くなったときのエピソードがあるんです。

82年、自民党総裁選に出馬した中川一郎は党員投票による予備選で惨敗する。その夜、福田赳夫邸を訪ねた中川一郎は、福田赳夫に対して「散々俺を脅しやがって」などと思いの丈をぶちまけたそうです。「脅しやがって」というのは、表沙汰にはならなかったけれども中川一郎もロッキード事件で全日空から100万円の裏献金を受け取っていた。その情報を福田に握られていて、リークされるのを恐れていたらしいのです。

朝方、中川一郎から鈴木さんに電話がきた。「酔っ払って福田赳夫をけしかけてしまった。俺は福田に潰される」と語った。それから精神状態がおかしくなり、睡眠薬を大量に服用するようになった。そして総裁選の2カ月後、中川一郎は自殺する。

片山　福田赳夫はキャラクターが陰湿なだけでなく、実際に裏の力を行使していたわけか。

佐藤　当時、ロッキード情報を握ると総理になれると言われていました。赤坂のホテルに女としけ込んだ情報をちらつかせる田中角栄

＊30—福田赳夫
1905‐1995。東大卒業後、大蔵省に入ったが、1948年に収賄容疑で起訴されて退官。1952年に政界入りし、農相、蔵相、外相などを歴任。1978年、首相として日中平和友好条約を締結。長男の康夫も2007年に首相に就任した。

と福田赳夫の陰湿さは根っこのところで違った。永田町は情報と暴力の世界ではあるのですが、福田赳夫の情報と暴力は陰湿な感じがしますね。

片山　では、福田康夫の次に総理になった麻生はどうでしょう。

佐藤　麻生は『**ゴルゴ13**』（*31）の売り上げに多大に貢献したことで偉大だった（笑）。

05年に麻生が外務大臣に就任すると外務省の連中はみんな『ゴルゴ13』を読んだ。外務官僚たちは出世が命だから必死ですよ。

片山　コミックスが180巻以上刊行されていますからね。読む方も大変だ。

佐藤　それでゴルゴ文化が外務省で一気に広がった。いまゴルゴは外務省の海外安全対策マニュアルなどに使われています。でも第一次安倍政権が倒れて、麻生が外務大臣を辞めるとみんなゴミ箱に棄てる。そして麻生政権が誕生すると外務官僚たちは再びゴルゴを買って読みはじめる。

片山　大丈夫なのだろうか、それで（苦笑）。

佐藤　先日、作者のさいとう・たかをさんにお目にかかりましたが、とても面白かった。ゴルゴで扱っていない地域は唯一、朝鮮半島。

***31—『ゴルゴ13』**
一流のスナイパー「ゴルゴ13」ことデューク東郷の活躍を描いた漫画。作者はさいとう・たかを。「ビッグコミック」1969年1月号から連載スタート。一度の休載もなく、現在も連載が続く。2018年4月に最新刊となる188巻が発売された。

北朝鮮と韓国らしいんです。タブーなんて関係なくどこにでも切り込んでいるように見えて、実は非常に慎重。そしてそれを気づかせない才能がすごかった。

片山 韓国も出てきていないのは意外です。面倒になりそうなところには触れない。それが長い間、連載を続けるコツなのでしょうね。危機管理の成功例ですね。

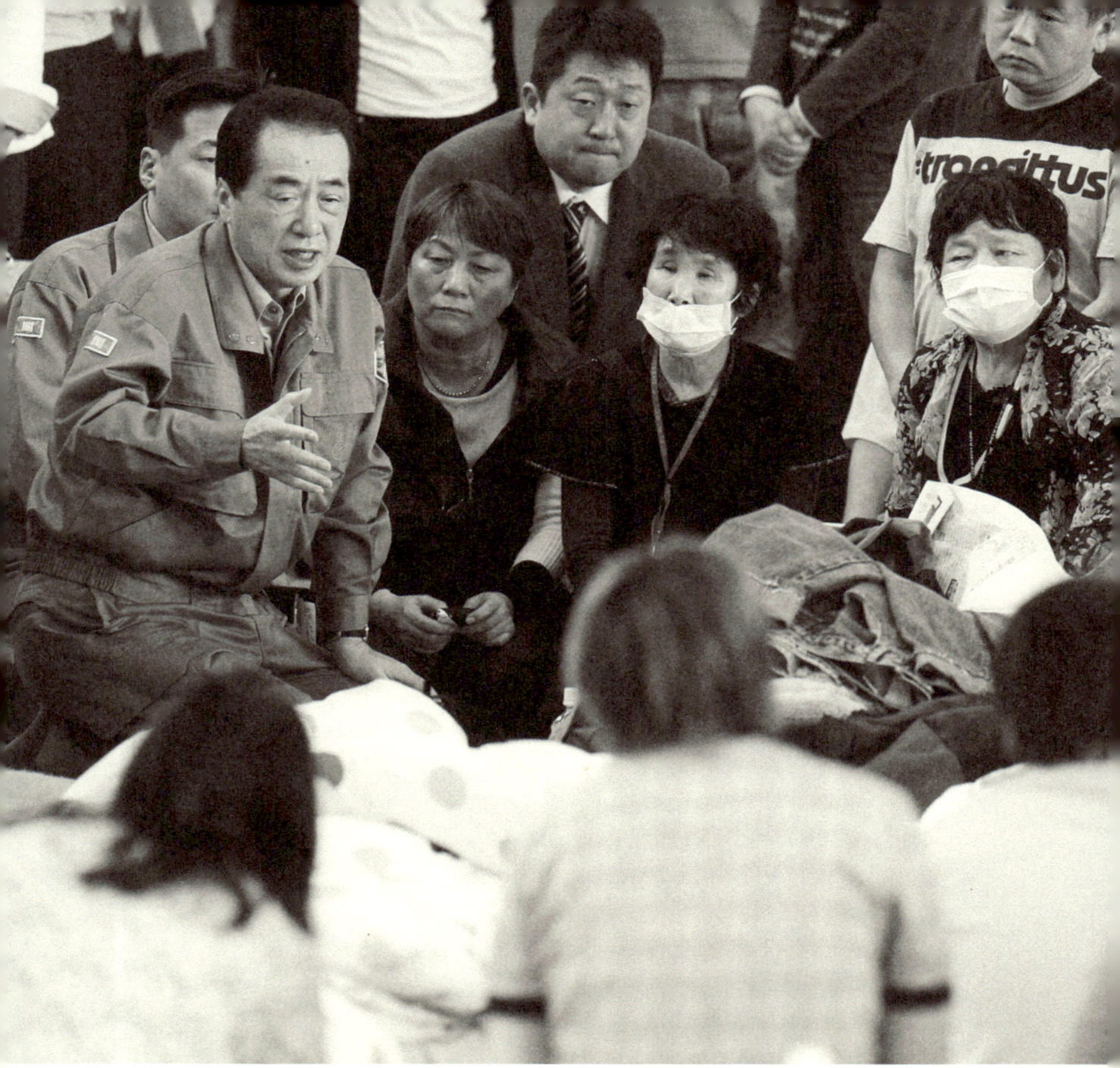

福島県双葉町住民の集団避難所を訪問する菅直人首相。

第五章

「3.11」は日本人を変えたのか

平成21年→24年（2009年—2012年）

平成21年（2009年）

1月	・株券電子化スタート。
3月	・10日、日経平均株価終値が7054円に。バブル後の最安値を更新。
4月	・オバマ大統領がプラハで「核なき世界」を目指すと演説。 ・新型インフルエンザが世界的に流行。
5月	・トヨタが71年ぶりに営業赤字転落へ。 ・北朝鮮、地下核実験の成功を発表する。
7月	・民主党の鳩山由紀夫代表、沖縄市の選挙遊説で「（普天間基地代替施設は）最低でも県外」と発言。
8月	・衆院選で民主党が大勝。政権交代へ。
9月	・鳩山内閣発足（党幹事長は小沢一郎）。 ・前原国交相が八ッ場ダム工事中止表明。 ・岡田克也外相が核持ち込み等の「日米密約」調査を指示。
11月	・行政刷新会議が「事業仕分け」開始。 ・オバマ大統領初来日。

鳩山・菅・小沢の組み合わせや総理になる順番が違ったなら民主党政権はまた違った結果を残していたかもしれない。片山

学者出身の鳩山は論理的に決断できる政治家だった。しかし本格的な学者は、理論に縛られるから政治家に向いていない場合がある。佐藤

by the way

＊八ッ場ダムのその後
1952年の計画発表以来、長く住民の反対にあってきた八ッ場ダムに対し、前原国交相は、工事中止を発表。政権交代の目玉として喝采を浴びた。しかし、地元や周辺地域の首長などから、ダムの重要性を訴えられて議論は停滞した。結局、11年末に、政府は建設を発表する。現在、19年度完成を目指し、工事が進んでいる。総額5000億円超の巨大プロジェクトとなっている。

平成22年（2010年）

1月 ・社会保険庁が廃止され、日本年金機構発足。
・日本航空が経営破綻。会社更生法適用を申請。

2月 ・米トヨタの大量リコール問題に対し、トヨタ自動車・豊田章男社長が米下院公聴会で謝罪。

3月 ・足利事件の菅家利和に再審無罪判決。

4月 ・殺人の公訴時効を廃止。

5月 ・日米政府が、普天間基地移設先を名護市辺野古とする共同声明。

6月 ・鳩山首相、普天間問題の責任をとり、退陣表明。菅直人内閣発足へ。
・小惑星探査機はやぶさが地球へ帰還。

9月 ・尖閣諸島付近で中国漁船が海上保安庁巡視船に衝突。船長逮捕で、中国国内で反日デモが起こる。
・厚労省文書偽造事件で、同省元局長・村木厚子被告に無罪判決。大阪地検特捜部が証拠を改ざんしていたことも明らかになる。

11月 ・尖閣衝突事件のビデオがYouTubeに流出。流出元は、海上保安官だった。
・北朝鮮が、韓国・延坪島を砲撃。

業績が悪化したパンナム航空を潰したアメリカとは違って、経済の合理性に反する決断だった。佐藤

3.11の対応ばかりが語られるが、実は極めて重要な決定をいくつもしている。消費税10％やTPPに踏み切る下地を作ったのは菅政権。安倍政権のアジェンダは菅政権下で作られた。佐藤

実は、日本の軍事力の高さが可視化された出来事。これで日本が大気圏外から任意の場所になんでも落とせる能力を持つことを世界中が知った。佐藤

海上保安庁は、海上自衛隊よりも旧帝国海軍の系譜を色濃く受け継いでいる。保安官たちもそれを意識しているのでは。片山

by the way

＊海老蔵事件
2010年11月、歌舞伎界のプリンス、市川海老蔵が深夜の西麻布で殴打される事件が発生する。海老蔵が、暴走族出身の愚連隊である関東連合関係者と交遊中のトラブルだったことも明らかに。芸能界と関東連合の関わりが、世間を賑わせた。この年の2月に暴行事件の責任をとる形で引退した元朝青龍のトラブル相手も、関東連合関係者だったとされる。

平成23年（2011年）

1月	・チュニジアで民主化運動（ジャスミン革命）。
2月	・八百長問題で大相撲春場所中止。
3月	・M9.0の東日本大震災発生（死者1万5000人超）。 ・福島第一原子力発電所がメルトダウン。
5月	・アルカイダの指導者・ビン・ラディン、パキスタンで米軍に殺害される。 ・菅首相が静岡・浜岡原発の停止を中部電力に要請。
8月	・タレント・島田紳助が暴力団との交際を指摘され、引退。
9月	・野田佳彦内閣発足。 ・明治公園で大規模な脱原発デモが行われる。
10月	・リビアの最高指導者・カダフィ大佐が反体制派に殺害される。 ・21日、1ドル＝75.78円の円高を記録し、戦後最高値を更新。
11月	・野田首相、TPP参加方針を発表。 ・大阪府と大阪市で同時選挙、橋下市長、松井知事誕生。
12月	・金正日総書記死去。 ・オウム真理教元幹部で特別手配犯の平田信が出頭。

きっかけは一人の青年の焼身自殺。個人で平和を作り出すことはできないが、個人が戦争を引き起こすことは十分できる。

佐藤

自主規制で夜が暗くなった。3.11の前に銀座が暗くなったのは、73年と79年のオイルショック時。オイルショックが起きたから日本中に原発が増えた。そして原発事故でまた暗くなる。業の深さを感じる。

片山

菅は「奇兵隊内閣」と名付けていた。奇兵隊が福島に乗り込んでいくのは、南北戦争で北軍が行軍曲「リパブリック賛歌」の替え歌の「おたまじゃくしは蛙の子」を歌いながらアトランタに行くようなもの。

佐藤

by the way

＊**「こだまでしょうか」**
震災後、自粛ムードが拡がるなか、テレビCMの多くがACジャパンの公共CMに差し替えられた。中でも、童謡詩人、金子みすゞの詩を使ったCMが話題になる。『遊ぼう』っていうと『遊ぼう』っていう。『ばか』っていうと『ばか』っていう。『もう遊ばない』っていうと『遊ばない』っていう。（中略）こだまでしょうか、いいえ、だれでも」。震災後2週間で約2万回流されたという。

平成24年（2012年）

2月	・復興庁が発足。 ・オリンパスの粉飾決算事件で、前社長を含む旧経営陣3人らが東京地検特捜部に逮捕される（金融商品取引法違反容疑）。
4月	・石原慎太郎都知事が尖閣諸島を都で購入するとの方針を発表。
5月	・東京スカイツリー開業。
6月	・オウム真理教で特別手配されていた女性（後に無罪判決）と高橋克也を逮捕。オウム事件の特別手配犯全員逮捕。
8月	・尖閣諸島・魚釣島に香港の活動家ら7人が上陸（沖縄県警が現行犯逮捕）。
9月	・尖閣諸島国有化を閣議決定（その後、中国で反日デモ激化）。
10月	・iPS細胞を初めて作成した山中伸弥教授（京都大学）にノーベル生理学・医学賞。
12月	・東京都知事選、猪瀬直樹が当選。 ・韓国大統領選、朴槿恵当選。 ・衆院選で自民党圧勝、政権交代へ。第二次安倍政権発足。

石原にはシナリオがあった。都の予算で買うと主張する。しかし都議会が否決して、それで終わり。だが当時副知事だった猪瀬が尖閣購入の寄付金を募った。これが問題を大きくした。 佐藤

いつか松本零士が描いた『銀河鉄道999』の世界が現実となる。金のある人は機械人間になって生き続け、貧乏人は機械人間の娯楽で殺されてしまう。 片山

一度目の登板時と何も変わっていない。変わったのは二つ。一つは野党の弱体化。もう一つが辞任の原因となった潰瘍性大腸炎の新薬の開発。 佐藤

by the way

＊尖閣諸島の値段

石垣島の北方170キロに点在する尖閣諸島。戦前はアホウドリの羽毛の採取が行われていたが、戦後は長らく無人島だった。2012年の石原都知事の購入宣言以降、日中の外交問題に発展し、野田政権は国が購入することで収束しようとした。地権者に払った額は20億5000万円。しかし、一度火がついた中国側の反発は収まることはなく反日デモが展開されるなど、現在も外交問題であり続けている。

民主党のトロイカ体制は機能しなかった
（左から鳩山由起夫氏、小沢一郎氏、菅直人氏）。

鳩山の意外な能力

佐藤 09年に話を進めましょう。4月に**新型インフルエンザ**（*1）が流行しました。私は新型インフルエンザの話題が出るたび、ロシア人と日本人の感覚のズレを感じます。ロシアではインフルエンザを中国風邪と呼びます。ロシアの軍医たちはこう言うんです。「中国風邪は毎年新型だ。我々が見るのは、自然発生したウィルスか、人為的なウィルスかだ」と。

彼らは05年に鳥インフルエンザが中国や東南アジアで発生したときも中国の生物兵器なのではないかと疑っていた。日本ではそういう議論はまったくでないでしょう。

片山 小松左京の『復活の日』は、軍事目的で開発された新型インフルエンザのウィルスが事故で広まって、人類が滅亡の危機に瀕する小説です。60年代の小説ですよ。すでにそういう物語がリアリティをもって示されて半世紀経つのに、いまだに日本人に危機感はありませんね。

佐藤 いまある世代、ある人種だけに効果があるインフルエンザウ

＊1──新型インフルエンザ
２００９年4月、豚由来の新型インフルエンザがメキシコで発生して世界的に流行した。ＷＨＯの報告によれば、２１４の国と地域で感染が確認。死者数は1万８０００人を超えた。日本でも死者が出た。

イルスが開発されていて、戦場で使用すると非常に効果があるそうです。

片山　生物兵器を使えば、ある人種だけを狙った絶滅戦争が起こせてしまう。そんな時代が現実になったわけか。

佐藤　そうです。でも片山さんがおっしゃったように日本では誰も危機感を持っていない。そのようなのんびりとした空気のなかで登場したのが、民主党政権でした。

片山　09年7月、まだ野党だった**鳩山由紀夫**（＊2）が沖縄で「最低でも県外」と基地の移転先について発言しました。その2カ月後、政権交代で鳩山内閣が誕生した。民主党政権は鳩山、小沢、菅が中心となるトロイカ体制を敷いたでしょう。私は彼らの組み合わせや総理になる順番が違ったなら民主党政権はまた違った結果を残していたかもしれないと思うのですが、いかがですか？

佐藤　私も同じ考えです。もし民主党政権スタート時に小沢首相、鳩山幹事長だったら長期政権になっていた可能性もある。秘書が政治資金規正法違反容疑で逮捕されて、09年5月に小沢一郎は代表を降りてしまう。それが大きかった。

　小沢は、政治主導で検察を改造する計画を立てていました。検事

＊2―鳩山由紀夫
1947年生まれ。東京大学工学部卒業後、スタンフォード大学に留学。大学助教授を経て、政治家に転身。2009年に誕生した民主党政権の初代首相を務める。だが、在任中は沖縄問題で迷走。09年の衆院選前、鳩山は、普天間飛行場移設問題について「最低でも県外」と発言。だが翌年に県外移設を断念。首相辞任の引き金となった。2012年に政界引退。中国が主導するアジアインフラ投資銀行の国際諮問委員会委員を務める。

総長の内閣同意制や検事正を公選制にすることで、予算や人事に手を入れようとしていたのです。それを察知した検察庁特別捜査部が小沢つぶしにかかった。

16年のアメリカ大統領選中、**FBIがヒラリー・クリントンの私用メールを再捜査**（＊3）しました。小沢つぶしと構図は同じです。検察もFBIも組織防衛の論理で動いたんです。

片山　民主党政権は発足当初、75％と歴代2位の高い支持を得ていました。佐藤さんは鳩山由紀夫という政治家をどうごらんになっていますか。宇宙人とかいろいろ言われていますが。

佐藤　鳩山の最大の問題は、危機管理の専門家だったことです。鳩山が英語で書いた学術論文を読んで驚きました。英語が見事で、内容も素晴らしい。政治家になるまでのつなぎとして腰掛けで学者をしていたのではなく、本物の学者だった。

東大工学部卒業後にスタンフォード大学に留学した彼は、電気工学とオペレーションズ・リサーチ学の二つの修士号を得て、博士号を取得した。私が読んだ論文のテーマはロシアの数学者、アンドレイ・マルコフが唱えたマルコフ連鎖確率の研究でした。

その論文では、1000人いる女性のなかから最高のパートナー

＊3―ヒラリーの私用メール問題
オバマ政権時の国務長官だった頃のヒラリーが、公務のやりとりを私用メールアカウントで行ったとされる問題。最初報じられたのは、2015年3月。騒動は鎮火したように見えたが、「重要機密情報も私用メールでやりとりされていた」として大統領選時に再燃。選挙中の足枷になった。

を見つけるにはどうすればいいか、何番目で決めるのがいいのか、かなり複雑な計算式で割り出している。1度断ったら2度目はない。まず、1番目は絶対に断らなければならない。そして368人目までを断る。そして368番目の女性を基準にして少しでもいい人を選んだ場合、最適なパートナーである可能性が高いと証明している。

片山　ものすごく面白いですね。学者としてどころか、人生相談の大家として細木数子を凌ぐ人になれた気さえしますが。

佐藤　そうなんです。政治家になるきっかけは父親の鳩山威一郎の言葉なんです。大蔵省の官僚だった威一郎は、青函トンネルの予算を担当していた。鳩山は父からこんな話を聞く。

「青函トンネルの予算を付けるとき、複線でなく単線で作っておけば、予算もかからなかったし、工期も短縮できた」

　鳩山威一郎はそう後悔していた。そこで鳩山は「数学を使えば、最適な意思決定ができたのではないか」と考え、政治家になる決意をする。そして彼は偏微分方程式やマルコフ連鎖確率理論を使った意思決定をしようとした。

片山　一般的に鳩山はふらふらして発言がぶれるというイメージがあると思うのですが、そのブレは実は計算尽くなんですね。それで

平成21年（2009年）

流行語
・〈政権交代〉
・〈草食男子〉
・〈歴女（レキジョ）〉

流行歌
・「Someday」（EXILE）
・「明日の記憶」（嵐）
・「ひまわり」（遊助）

映画
・『沈まぬ太陽』（若松節朗）
・『サマーウォーズ』（細田守）
・『ディア・ドクター』（西川美和）

本
・『1Q84（BOOK1・2）』（村上春樹・新潮社）

ああなるのか。

佐藤　そこが彼の問題なんです。たとえば、首相時代は、アメリカの国家戦略や東アジア情勢、沖縄の世論が変わっていく。それぞれを偏微分方程式に当てはめて解を出す。

でもアメリカの国家戦略も東アジア情勢も、沖縄世論も刻一刻と変わる。だからその都度、回答が変わっていく。しかも問題に輪をかけているのは、いまだに鳩山はそれで最適な意思決定ができると考えていることです。

片山　非常に面白い話ですが、彼の意思決定理論で沖縄問題は解決できなかった。なぜ解決できなかったのでしょう。政治に応用するのは無理があったのですか？

佐藤　マルコフ連鎖理論で考慮するのは直近の出来事だけで、歴史や過去の事象を考慮しない。マルコフ連鎖理論は交通渋滞の解消や天気予報などでは効果が実証されているのですが、政治に有効なのかは分かりません。

これは彼とも話したことなのですが、歴史の積み重ねで複雑になった沖縄問題は直近の変化だけでは読めない。結果を見れば、無理があったのでしょうね。

片山　裏を返せば、彼はマルコフ連鎖理論と偏微分方程式を用いた意思決定で総理にまで上り詰めたわけでしょう。彼が突発的な変化や刹那的な決断に強い政治家だとすれば、90年以降の流動化する政界だからこそ通用したとも考えられる。政界も天気予報で言えば突然の大型竜巻やゲリラ豪雨が襲ってくるような混乱状態だったでしょうから。

でもタイミングが悪かった。もしも3・11で彼が中心にいたら歴史に残るすごい仕事をした可能性がありますね。前例のないマグニチュード9と原発事故に対して、既成概念を取っ払った非常に有効な手を打ったかもしれない。

佐藤　確かに鳩山は論理的に決断できる政治家でした。しかし本格的な学者は、理論に縛られるから政治家に向いていない場合があるんです。

かといって論理を無視した現在の安倍政権のような反知性主義集団に居座ってもらっても困ります。ただある意味、安倍政権もマルコフ的ではあるんですよ。直近に起こった事態によって対応を変えているでしょう。

片山　言いかえれば、場当たり的でその場しのぎの対応、刹那的な言動を繰り返しているだけのように見えます。

佐藤　16年12月に稲田防衛大臣が廃棄したと語った南スーダンの国連平和維持活動（PKO）に派遣した**陸上自衛隊部隊の日報が、数週間で出てくる**（＊4）。これは直近の世論調査だけを見て判断している証拠です。

片山　17年9月の衆議院解散も野党議員の不倫疑惑や北朝鮮からのミサイルによる国民の不安という直近の状況で決断したわけですからね。非常時、緊急時には刹那的対応が必要になりますが、日常的にそれでは困る。9・11以降の危機の時代に何が必要とされているのか。それは、自民党と民主党、右と左という議論では絶対に見えてはきませんね。

佐藤　おっしゃるように自民、民主ではなくアジェンダで見るべきでしょう。そうすると平成という時代の分節点が見えてくるはずです。

「ねじれ国会」でよかった

佐藤　年が明けて10年1月、**JALに会社更生法**（＊5）が適用さ

＊4―南スーダンの日報問題
南スーダンでPKO活動に従事する陸上自衛隊に関する日報が組織的に隠蔽されていた問題。日報には、南スーダンの陸自が駐留するジュバで「戦闘」が起こっていたことが記されていた。後に情報公開で判明。組織的な隠蔽に稲田が関わっていたか未解明のまま、17年7月に稲田は防衛大臣を更迭された。

＊5―JALに会社更生法
2010年1月、日本航空は経営不振、債務超過を理由に東京地方裁判所に会社更生法の手続きを申請。企業再生支援機構の支援を受け、経営再建を図った。京セラ創業者の稲盛和夫が会長に就任し、再生の道筋をつけた。12年9月に東証一部に再上場。

れました。業績が悪化したパンナム航空を潰したアメリカとは違って、経済の合理性に反する決断だった。

片山　日本航空のブランドを守ろうとしたのかもしれませんね。15年には**東芝**（＊6）の不正会計と巨額損失が発覚しました。しかし半導体部門など、東芝の核を日本に囲い込んで守るという話にはならなかった。なぜJALは守って、東芝は守らなかったのか。ちぐはぐです。当面の経済上の数字だけを見て、刹那的な判断をしているだけなのでしょうか。

佐藤　そうでしょうね。半導体なき東芝が今後どうなっていくのか。厳しい道程が続くと思います。

片山　10年5月に普天間基地の移転先を名護市辺野古にするという日米両政府の共同声明が発せられました。ところが翌月には、鳩山は普天間問題失敗の責任をとって辞任する。7月の参議院選挙では自民党が勝利して、国会に「ねじれ」が生じました。

佐藤　「ねじれ国会」は小沢のやり方を自民党が真似たんです。

07年の参議院選挙では民主党が勝利して「ねじれ国会」が作られた。「ねじれ国会」では、衆議院で可決された法案が参議院で否決されるケースが多い。分かりやすく言えば、政権を倒すために参議

＊6―東芝の経営問題
日本の家電メーカーの代表格だった東芝は、2015年に不正会計が判明。その後も、米原発事業の泥沼にはまり多額の負債を抱え、経営破綻寸前に追い込まれる。17年9月、虎の子事業の東芝子会社「東芝メモリ」を、米投資ファンドを軸とする日米韓連合に約2兆円で売却。命脈は保たれたが、東芝の主力事業の大半を売却した現在、経営再建には暗雲が立ちこめている。

再建を託され、京セラ創業者の稲盛和夫氏がJAL会長に就任した。

院で意地でも法案を通さない。決められない政治と批判されて、政権はやがて息切れする。小沢はその方法で政権交代を成し遂げました。とはいえ、民主政治ではねじれが当たり前とも言えますが。

片山　そうですよ。「ねじれ国会」でいいと思います。ねじれ国会には、じっくり慎重に議論できるというメリットもある。決められない政治とは言いますが、言葉を変えれば「熟議」「熟慮」とも言えます。互いの意見を出し合えば、妥協点も見いだせるでしょう。

しかし、政治家やメディアが「決められない政治」はダメなんだというネガティブキャンペーンを行うでしょう。日本が55年体制でそれなりに安定していた時代には、法案だって一度の国会で通し切ろうという発想ではなかった。与党多数でも練り直して何度かの国会を経て決まるものが多かったでしょう。あのころは「決められない政治」なんて言っていなかったと思いますが。

「すぐ決められる政治」が有効なのは非常時であって、そうでなければ「すぐ決められる政治」は、「後悔先に立たず」で、単に怖いだけのような気がします。ところが「決められない政治」はいつも悪みたいに安易にレッテルを貼るから、みんなが思考停止して、雰囲気で「決められる政治」を待望してしまう。

平成22年(2010年)

流行語
・〈ゲゲゲの〉
・〈AKB48〉
・〈女子会〉

流行歌
・「ヘビーローテーション」(AKB48)
・「ありがとう」(いきものがかり)
・「また君に恋してる」(坂本冬美)

映画
・『借りぐらしのアリエッティ』(米林宏昌)
・『悪人』(李相日)
・『告白』(中島哲也)

本
・『もし高校野球の女子マネージャーがドラッカーの「マネジメント」を読んだら』(岩崎夏海・ダイヤモンド社)

佐藤　その弊害は大きいですね。この時期からポジションに立って議論を行うケースが増えたように感じます。17年に成立した「テロ等準備罪」の議論を見ると分かりやすい。

安倍政権は「共謀罪」を提出してもダメだったのでテロ対策を前面に出した「テロ等準備罪」にレッテルを貼り替えて法案を通そうとした。「共謀罪」と「テロ等準備罪」のどちらの言葉を使うかで、賛成か反対か、安倍支持か不支持かのポジションが明確になる。

片山　最初から立場ありきの議論は、異なる意見に耳を貸す態度とはいえませんね。「熟議」や「熟慮」はおろか、相手の意見を反映させて妥協点を見出すなんてできない。

佐藤　近年、頻発しているイスラムのテロは、共産主義過激派らとは本質的に異なる「信仰即行動」です。有効なテロ対策を行うには、人間の内心に踏み込まざるをえません。でもそれではこれまでの人権基準を踏み越えてしまう恐れがある。

それも踏まえて政治的なポジションや政党の党議拘束を外して、本音で話し合わなければならないのに、おざなりにしている。話し合いの過程を見せれば、国民も重要性を理解して必ず考え始めるはずです。

片山 「最低でも県外」と語った沖縄の基地問題を解決できず鳩山内閣は退陣し、10年6月に**菅直人政権**（＊7）が発足します。

佐藤 鳩山の「最低でも県外」は拙速でしたが、それ以上に私が問題視しているのが菅政権下の沖縄政策なんです。

11年6月の日米協議で菅はV字型の滑走路建設に同意しました。もしもあれがなければ、まだ辺野古基地建設に着工していなかった。設計図があったとしても合意さえしなければ、造れない。だから誰もそこに踏み込まなかった。現在も続いている沖縄の基地問題の原点はここにあります。

菅政権は3・11の対応ばかりが語られますが、実は極めて重要な決定をいくつもしている。消費税10％への引き上げに言及したり、TPPの協議開始を表明したりしたのは菅政権でしょう。安倍政権のアジェンダは菅政権下で作られた。だから外国人のウォッチャーは、菅政権と安倍政権は非常に似ていると見ている。

片山 なるほど。菅直人と安倍晋三は両極にいる人として見られていますが、政策はほとんど同じ。とすれば菅政権は、極端に政策を転換することで、民主党政権の長期化をはかったということでしょうか。そのためにリアリズム路線にシフトして、自民党のお株を奪

＊7—菅政権
2010年6月に民主党代表の菅直人が内閣総理大臣に任命されて発足した内閣。山口県出身の菅は「奇兵隊内閣」と命名。尖閣諸島中国漁船衝突事件や東日本大震災といった危機に直面した。

おうとした。

佐藤　菅は、３・11の原発の封じ込め、復興に専心し、ほかは官僚に丸投げした。つまり財務官僚、外務官僚、防衛官僚たちがリアリズムで動いた。

片山　行政ファッショとも言えますね。災害があり、政権が弱体化した時期に官僚が独走した。その行政の連続性のうえに、菅政権から安倍政権までが乗っている。だから似ているわけですか。

佐藤　おっしゃるように菅政権も安倍政権も官僚が作ったフレームの中で動いている。いまだにそこから抜け出せていません。

旧帝国海軍を引き継ぐ海上保安庁

片山　話がポスト３・11に飛躍してしまいましたが、改めて振り返れば菅内閣はこれまでにない日本の危機に直面した政権でしたね。

まず10年9月、尖閣諸島付近で中国漁船と海上保安庁の巡視船が衝突した。中国各地で**反日デモ**（＊8）が起こり、一方の日本でも海上保安官が11月にＹｏｕＴｕｂｅで衝突の様子を流した。デモはともかく、海上保安官からの映像流出は少し前では考えられなかっ

＊8―反日デモ
２０１０年9月、尖閣諸島付近で巡視船に衝突した中国漁船の船長を逮捕。中国への配慮で釈放したことに対する抗議デモが国内で行われた。その一方で、逮捕という日本の主権が及ぶ形での決着に反発した中国で大規模な反日デモが起こり、日系の企業やスーパーが襲われた。

た。一部ではもてはやす風潮もありましたが、海上保安庁はどうなっているのかと驚いた人も多かったはずです。

佐藤　一色正春保安官ですね。これは田母神元航空幕僚長にも通じる問題です。

　航空自衛隊はもちろん、海上保安庁も武器を所持している。武器を持っている役所の公務員はいかなる理由があっても規則、統制に従わなければなりません。防衛官僚は、第三次安倍政権の稲田防衛大臣を支えようとしなかったでしょう。辞任の要因となった日報隠蔽も防衛省からのリークと言われています。彼らが、野党議員やマスコミから追及される稲田大臣を資質がないからいい気味だと見ていたとしたらとても怖い。

片山　造反を起こされかねない人物を組織のトップに据えるのがそもそもの間違いだとも言えます。しかも武器を持つ組織ならなおさらです。

佐藤　その通りです。武器を持つ連中が自分の意思で動こうとするのだけは抑えなければいけません。日本の場合は国民皆兵じゃないから飛び道具を使える人はごく限られている。海上保安庁は機関砲を使えるんです。

漁船衝突事件を受け、北京の日本大使館前で抗議デモが行われた。

片山　海上保安庁は北朝鮮の船を沈めている。実戦を経験している。しかも海上保安庁は、海上自衛隊よりも旧帝国海軍の系譜を色濃く受け継いでいる。保安官たちもそれを意識しているのでは。

佐藤　ご指摘の通り海上保安庁の連中の意識は独立の軍隊です。彼らは自分たちをコーストガードだとは思っていない。一方の海上自衛隊はアメリカの第7艦隊の一部だと教育で叩き込まれている。海保は自衛隊とは指揮命令系統が異なります。

片山　武器を持ち、独立した指揮命令系統を持つのなら海保もクーデターを起こす能力は十分にありますね。

佐藤　海保は使えます。陸上での迎撃訓練もしているから陸戦もできる。

片山　海保クーデターか。小説にしたらベストセラーになりそうですね。映画化もいい。『**海猿**』（＊9）のような軟弱な海保ではなく、**小林久三**（＊10）が描いた『皇帝のいない八月』の海上保安庁版ですね。

佐藤　海保は飛行機も持っていますし、独自の通信系統もある。警務隊もないから動きをつかまれにくい。全国にネットワークがあるから、日本中のテレビ局や新聞社を実力で押さえることもできます。

＊9—『海猿』
作者は佐藤秀峰。海上保安官による海難救助を描いた漫画。2002年にドラマ化、2004年に伊藤英明主演で映画化されるとシリーズ化された。

＊10—小林久三
1935‐2006。小説家。自衛隊のクーデター計画をモデルに1978年に『皇帝のいない八月』を発表。同年、渡瀬恒彦、吉永小百合ら出演で映画化される。

片山　わくわくしてきました（笑）。自衛隊よりも海上保安庁のクーデターの方が、リアリティがありそうですね。自衛隊は独自に動けないだろうし、もし実行に移しても事前に察知されてアメリカ軍に止められてしまうでしょう。でも海保なら通信が別だから米軍に傍受される心配もない。

はやぶさ帰還は美談ではない

佐藤　実は、この年、日本の軍事力の高さが可視化された出来事があったんですよ。6月、小惑星イトカワを観測した**探査機はやぶさ**（＊11）が約7年ぶりに地球に戻ってきた。これで日本が大気圏外から任意の場所になんでも落とせる能力を持つことを世界中が知った。

片山　北朝鮮のミサイルなんて比べものにならない究極の兵器ですね。美談として語られましたけれど、別の側面がある。だって、宇宙開発の話は米ソ宇宙開発競争からスタートしていて、すべて軍事に結びつきますから。

80年代の石原慎太郎の長編小説『日本の突然の死』では、日本が

＊11―**探査機はやぶさ**　2003年5月に内之浦宇宙空間観測所から打ち上げた小惑星探査機。2005年に小惑星イトカワに到達、着陸を果たした。2010年6月13日に大気圏再突入して燃え尽きた。小惑星のサンプルが入ったカプセルは、オーストラリアの砂漠への軟着陸に成功した。

独自の技術に頼って自主防衛路線に走り、日米関係が脆弱化して、かえって亡国に至るストーリーが活写されていましたね。

佐藤　そうなんです。内外に日本の潜在的な軍事力の高さを見せつけた。韓国はいまだに大気圏外に人工衛星を打ち上げる能力はない。北朝鮮は17年になってようやく大陸間弾道ミサイルを大気圏に再突入させた。でもそれだけでしょう。日本は小さな惑星まで飛ばして、そこで作業して7年後に正確に戻せた。ウラン濃縮爆弾を搭載した探査機を宇宙に打ち上げて、必要なときに必要な場所に落とすことができる。さらに探査機を使って各国の衛星を落とすことも可能になる。これはすごい技術なんですよ。

片山　はやぶさが帰還した3カ月後の10年9月、**文書偽造事件**（＊12）で逮捕されていた厚労省の官僚だった村木厚子被告に無罪判決が出ていますね。ここで検察への批判が激しくなっていきます。佐藤さんも思うところがあったのでは。

佐藤　そもそも事件は04年に遡ります。当時企画課長だった村木さんが、障害者郵便割引制度適用に必要な偽の証明書を発行するよう部下に指示したとして、起訴されました。彼女は一貫して否認した。結果的に大阪地検特捜部の主任検事が証拠のフロッピーディスクを

＊12―文書偽造事件
障害者団体向けの郵便割引制度を悪用し、実体のない団体名義で企業広告が大量発送された事件。２００９年に厚労省局長の村木厚子が関与したとして逮捕、起訴されるが、無罪に。その後、検察の証拠改ざんが発覚し、担当検察官が逮捕される。

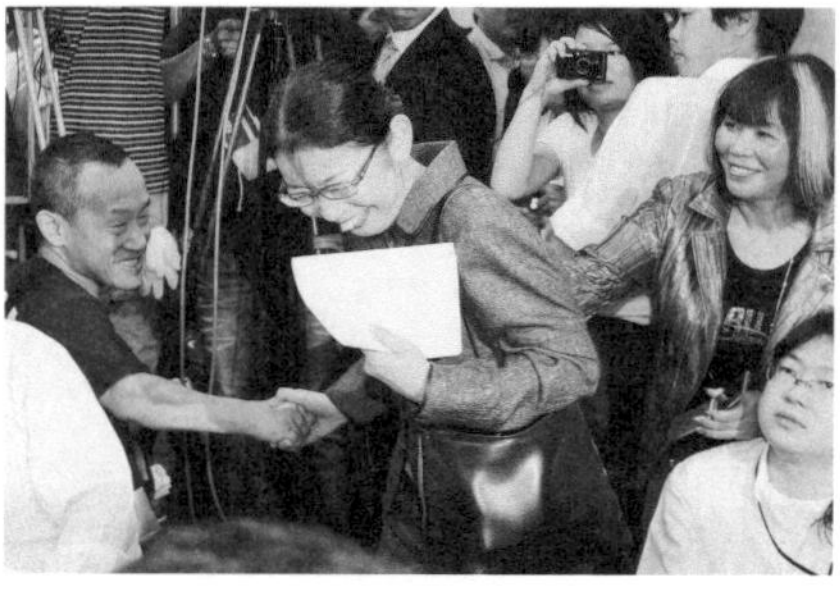

無罪判決を勝ち取った村木厚子氏はその後、厚労省の事務次官を務めた。

書きかえていたことが明らかになり、逆転無罪となった。

日本では起訴されたら99・9％が有罪になる。そんな中、検察官が起訴後に無罪かもしれないという心象を抱いたらどうか。彼らは法務官僚です。もしも有罪にできなければ、出世の道は閉ざされる。きっと証拠をいじりたくなるはずです。この証拠ねつ造事件は氷山の一角でしょう。

ただし私はそれでも特捜は必要だと思うんです。特捜をなくしても政治事件は必ず起きる。そのときに果たして警察が捜査、摘発できるのか。独立性を保つ特捜部を残しておくべきなのです。そんな話をしたらリタイアした検察官たちから「よく分かっていますね」と連絡をもらった。私は特捜に捕まったからよく分かっているんですよ。

片山 （笑）。笑いごとではありませんが、佐藤さんならではの視点ですね。

佐藤 あの事件で村木さんはジャンヌ・ダルクのようにもてはやされましたが、彼女にも責任はあった。偽の証明書に村木さんの課長印が押されていた。部下が勝手に押せるのかと疑問は残る。いずれにしろ部下に公印を使われた上司として、応分の責任を問われないといけません。

「半グレ」誕生の背景

片山　村木さんの無罪判決もニュースに盛んに取り上げられましたが、この年は市川海老蔵事件も芸能メディアを賑わせました。西麻布で**関東連合**（＊13）という半グレ集団の男に市川海老蔵が暴行を受けた。半グレという愚連隊的集団の存在が明らかになりましたね。

佐藤　半グレの台頭も先ほど話題に出た表と裏の仕切りがなくなった文脈で語れるのではないでしょうか。

片山　私も同じ印象です。かつて愚連隊はヤクザに抑えられていた。でも暴対法の施行などでヤクザの力が弱まった。それと反比例して、ヤクザの統率を受けない暴力的集団が台頭してきた。本来ならば、海老蔵と愚連隊が六本木でもめていたらヤクザが出てきて「お前らが出る幕じゃねえ」と仲裁したはずです。

ヤクザの縄張りの中で愚連隊が勝手をするわけにはいかない。その後、仲裁したヤクザが海老蔵に借りを返してもらいたいと何か要求するところまでが、かつてなら一連の筋書きというか、想定され

＊13―関東連合
半グレ集団。もともとは1973年に結成された世田谷区や杉並区などの暴走族にルーツを持つ。2003年に解散。しかし、その後も振り込め詐欺や覚醒剤売買などの違法行為を行った。ちなみに、半グレとは「グレーゾーン」や「半分グレている」に由来する。暴力団に属さずに違法行為を生業にする。片山は「戦後、愚連隊や学生ヤクザが暴力団に統合された。平成に入って暴力団の力が弱まった結果、再び愚連隊が勢力を伸ばしただけで新しい存在ではない」と解説する。

たパターンでしたでしょう。ところがヤクザの弱体化でその秩序が崩れてしまった。

半グレ集団は突然登場したかのように思う人もいるかもしれませんが、昔から暴力団に所属しない不良グループの延長線上の愚連隊は存在した。愚連隊映画というと、東映で梅宮辰夫主演の「不良番長シリーズ」というのがありました。梅宮辰夫の不良番長は「オレたちはヤクザじゃない」と語っている。現実には暴走族として認知されるような流れですね。

それから遡れば戦後初期の**安藤昇**（＊14）率いる安藤組。あの人たちは学生ヤクザと言われましたが、ヤクザと盃を交わさないとヤクザになれませんから、最初は学生の愚連隊だったわけでしょう。

この海老蔵事件で顕在化したのは、愚連隊とヤクザ、芸能人、そして一般の人の縄張りや棲み分けが、いつの間にか分からなくなっていたことですね。

佐藤　昭和まではヤクザと芸能関係者が接触する店は限られていたはずです。でも平成になるとヤクザも半グレも芸能人もアトム化された個人だから誰がどこの店にいても自由になった。カタギが行く店とヤクザが遊ぶ店の間にあった関所がなくなったと言ってもいい。

＊14—安藤昇
１９２６-２０１５。俳優にして元ヤクザ。安藤率いる愚連隊は、暴力を背景に商いを広げるうちに、ヤクザと呼ばれるようになる。だが、従来のヤクザとは異なり、大学卒、もしくは在学中の構成員もいた。自身の逮捕を機に、60年代前半に解散。自叙伝を映画化した『血と掟』に出演し、ヒット。以降、俳優に転身する。

片山　芸能界とヤクザは昔から裏でつながってはいるのだけれど、それが公で問題にならないように上手にコントロールされていた。それは単にヤクザが力尽くでしていたことではなくて、社会通念上、常識とされていた。

たとえば1959年のブルースカイ事件。美空ひばりの後ろ盾は三代目山口組組長の**田岡一雄**（*15）でした。山口組系の芸能プロダクションに美空ひばりが所属していた。美空ひばりが横浜のナイトクラブのブルースカイで田岡一雄たちと飲んでいると鶴政会、のちの稲川会系のヤクザに「一曲歌え」と強要された。

このヤクザは周囲に田岡が居るとは分かっていなかったし、山口組の方も絡んできたのが地元神奈川の巨大組織に属しているヤクザとはよく分かっていなくて、派手に脅して引き取らせた。そういう完全に美空ひばり絡みの事件で、関東と関西の抗争に発展しかけた。

かなり危うい状態で、のちには東映のヤクザ映画のネタにもなった大事件ですが、美空ひばりの芸能活動にこの事件はとりあえず何の影響も与えなかったのではないですか。つまり社会としても警察としてもメディアとしても想定内の事態だった。

ヤクザが芸能人に関与しなければ、富を生む人気芸能人はどこで

***15—田岡一雄**　1913-1981。三代目山口組組長。仁侠の顔のほかに、芸能プロダクションの神戸芸能社を運営して、美空ひばりのほか、里見浩太朗、山城新伍、橋幸夫らトップスターの興行を手がけた。映画では、高倉健や三船敏郎らが田岡を演じた。

どんな目にあわされるか分かったものではない。警察や堅気では目が届かない。ヤクザがヤクザから芸能人を守らないと芸能活動なんて危なくて成立しない。それを社会が承知している。ヤクザと芸能界と社会と公権力の関係はそういうものでした。

佐藤　もしも海老蔵事件が昭和に起きていれば、松竹が慌てて対応してマスコミ向けに別の話を作って完全に封じ込めていたはずです。平成ではそれが通用しない。

片山　でも海老蔵はその状況をうまく逆手にとりましたね。海老蔵、麻央夫妻は自らメディアの前に立ち、事件の詳細を説明しました。それから海老蔵夫妻は自分たちで直接情報を発信していくようになり、ネットを巧みに利用することで、新しいビジネス・モデルをついに確立するに至りました。

佐藤　17年6月に闘病の末に亡くなった小林麻央さんの報道で、海老蔵事件に言及するメディアは一つもなかった。昔のメディアは汚点があれば、死んでも追いかけたものでしたが、タブーになっていた。

片山　美談一色でしたね。海老蔵事件を覚えている人も小林麻央さんが海老蔵を更生させたんだなと思うような筋書きで報じられた。

暴行事件の記者会見を開いた市川海老蔵氏。傷跡が痛々しい。

麻央さんのおかげですばらしいお父さんになって親子で共演していますと。

これは、海老蔵サイドから触れないでくれと働きかけたのではなく、メディアが自主規制したのではないかという気がします。もちろん小林麻央さんの物語はあまりに涙腺を刺激するもので、私も平常心ではいられませんでしたが、かといって関東連合のことはよく覚えているわけで、そのときすぐに触ることではないにしても、夫婦の歩みを振り返るとき、欠くべからざるパーツだとは思うのです。

しかし、好感度の高い海老蔵夫妻の汚点を蒸し返すと視聴者にバッシングされてしまうのは必定。だから触らない。みんな瞬間、瞬間の視聴率や好感度で判断し、数年前大騒ぎになった事件に触れようともしない。不健全にも思えますが。ブルースカイ事件に触れないのと同じような話がシチュエーションを変えて反復されているとしか思えません。

佐藤　瞬間支持率ばかりを気にして、その場しのぎや刹那的な対応に終始する安倍政権にも通じる問題ですね。

私は平成の刹那主義を象徴するのがＬＩＮＥ文化だと感じているんです。ＰＣのメールで二日返事を出さなくても問題はありません。

しかしＬＩＮＥを既読にして一日返事しなければ、恨みを買う。殺人事件に発展する可能性は十分にある。

片山　よくも無視してくれたな、と。ありえますね。あるいはＬＩＮＥを見ていなかったら死んだのかと心配されるとか。平成は、メディアも政権も個人も刹那、瞬間の対応が求められる時代だということですね。

フランスの思想家の**ポール・ヴィリリオ**（*16）は早くから現代の政治も社会も速度の問題から、しかもあまりポジティヴではない方向で論じようとしていましたが、その辺がやはり確信的であったかと思えます。

＊16—ポール・ヴィリリオ
1932年生まれ。フランスの評論家。建築や戦争、映画など幅広い題材をもとに、テクノロジーの進化と知覚や身体の関係性などに着目し、著述活動を行う。主な作品に『速度と政治』『戦争と映画』など。

「3・11」は日本現代史の分岐点

佐藤　11年は平成史の、いえ、日本現代史の分岐点とも言える3・11が起きた年です。本題の前に3・11にいたるまでを見ていきましょう。

まず1月にチュニジアで民主化運動が起きましたね。きっかけは前年末、チュニジアの地方都市で野菜を売っていた青年が役人に賄路を要求されて野菜と秤を没収されたことです。青年は役所に3回も足を運んで秤を返してくれ、と訴えましたが、相手にされずさらに賄賂を求められた。怒った青年は、抗議のためにガソリンを被って焼身自殺します。それが**ジャスミン革命**（＊17）のスタートでした。

片山　焼身自殺の様子を撮影した動画がFacebookに投稿されて、チュニジアだけでなく、全世界に広まった。尖閣諸島での海上保安庁の巡視船と中国漁船の衝突事件と経緯が似ていますね。個人が全世界に向けて情報を発信できる時代だからこそ、騒動が広がり、革命にまでいたった。

佐藤　個人で平和を作り出すことはできませんが、個人が戦争を引き起こすことは十分できる。それを証明する事件でした。アマゾンでチョウチョが羽ばたくとアメリカで竜巻が起こるバタフライ効果のように、役人が露天商に賄賂を求めるという些細な出来事が、世界の大激震のきっかけとなった。

片山　かつて貧者の核兵器という言葉がありました。大国に張り合うために小国は核爆弾よりも安価な生物兵器や化学兵器を持とうとした。それはもう過去の話で、現代では個人がスマホなどを使って国家と戦うことができる。

＊17―ジャスミン革命
2010年12月、チュニジアの一青年の焼身自殺に端を発した民主化要求デモ。SNSを通じて一気に広がり、翌月には独裁政権を崩壊させた。さらにエジプトやリビアなどの革命につながった。ジャスミンはチュニジアを代表する花。

ジャスミン革命に触発されて、カイロでムバラク大統領を辞任に追い込むエジプト革命が起きた。カイロで殴り合いをしている様子や逃げ惑う人々の映像をネットで見ることができた。誰かがたまたまその場で発信した映像だから、国家もコントロールできない。映像は増殖して全世界に広がっていく。少し前には想像もできなかったような形で、世界各地に革命が飛び火していった。まさに想定外の出来事でしょう。

佐藤　東日本大震災でも「想定外」という言葉が繰り返されましたね。でも99年の東海村臨界事故のところでも話しましたが、原発事故は佐藤一男の『原子力安全の論理』で想定されていた。

片山　メルトダウン、メルトスルー、ベント、電源喪失などのリスクはどの順で、どういう組み合わせで問題が発生するか分からない。原発事故では想定外が必ず起きるという話でしたね。

佐藤　そうです。日本人は、3・11がカイロス（機会）になると思った。ポスト3・11はまったく違う社会になると誰もが疑わなかった。ところが、あれから7年経ちますが何も変わっていない。

片山　私も3・11がカイロスになると思っていました。しかしあの程度のインパクトではこの国は変わらないとも言えるでしょう。で

平成23年（2011年）

流行語
・〈なでしこジャパン〉
・〈スマホ〉
・〈絆〉

流行歌
・「フライングゲット」（AKB48）
・「マル・マル・モリ・モリ！」（薫と友樹、たまにムック。）
・「家族になろうよ」（福山雅治）

映画
・『八日目の蟬』（成島出）
・『GANTZ』（佐藤信介）
・『冷たい熱帯魚』（園子温）

本
・『謎解きはディナーのあとで』（東川篤哉・小学館）

は、3・11とはなんだったのか。改めて探っていきましょう。まず佐藤さんは当日何をなさっていましたか?

佐藤 私は仕事場で**ミハイル・ブルガーコフ**(*18)の『巨匠とマルガリータ』を読んでいました。1920年代のモスクワに悪魔があらわれて大混乱が起きるという長編小説です。

片山 それはまた象徴的な……。『巨匠とマルガリータ』はオペラやバレエにもなっています。名作ですね。

佐藤 仕事場は新宿区曙橋にあるマンションの14階なのですが、1回目の揺れでは本棚の本が少し落ちた程度だった。しばらくして襲ってきた2回目の揺れで、本棚自体がぶっ飛んで冷蔵庫にぶち当たった。冷蔵庫はプシューと音を立てて壊れてしまった。これは大変なことが起きたと外を見たらお台場の方から黒煙が上がっていた。

片山 東京湾の向こうの千葉県市原市の石油コンビナート火災の煙だったのですね。曙橋から見えたんだ。

佐藤 ええ、あの黒い煙が印象に残っています。30分ほど様子を見ていると靖国通りは人が一杯で渋滞し始めた。

片山 私は自宅がある茨城県から常磐線に乗って、神保町に向かっていました。出版社と打ち合わせの予定があった。千葉県の我孫子

***18—ミハイル・ブルガーコフ** 1891-1940。ウクライナ出身の小説家。ロシア革命後の現実を幻想的手法と社会風刺によって描いた。佐藤が3・11時に読んでいた『巨匠とマルガリータ』は20世紀ロシア文学を代表する作品と評価される。

駅で停車中に揺れ出しました。あれっ、と思っているうちにどんどん激しくなって。中腰になって前の座席につかまりましたよ。グリーン車に仕事をしながら乗っていたのですが、同じ車内にはほとんどほかのお客さんはいませんでした。時間帯が時間帯でしたから。揺れが落ち着くと、幸い駅に停車中でしたから缶詰になることもなくすぐに電車を降りました。

そのときの光景が忘れられません。あれだけの揺れです。もう電車が動くわけがない。でも、普通車を見ると、みんな乗ったまま降りようとしないんです。正常性バイアスってすごいな、と思った。非常時に直面すると人間は「ありえない」というバイアスが働き、早く逃げるべきなのに日常の範疇だと思い込もうとする。

我孫子駅から神保町に行くのはもう不可能だと考えた私は、すぐ自宅に戻ることにしました。真っ先に逃げて駅の外に出たので、タクシー乗り場には行列もなく、タクシーが並んでいた。「しめた、珍しく正しい行動ができているんじゃないか」と、自分で自分をほめたくなりましたね。ちなみに女子マラソンの有森裕子選手の「初めて、自分で自分をほめたいと思います」というセリフは、96年のアトランタ・オリンピックのときですから、平成なんですね。

それはともかく、タクシーをつかまえると運転手さんが「今の地震は徳島だそうですよ」と言う。後から考えれば福島か何かをラジオで聞き間違えたのでしょうが、そういえばあのときタクシーはラジオをつけていなかった。うるさいというお客さんが増えているから、昔に比べるとタクシーってラジオを切っている運転手が多いような。

それで、徳島という話を私は一瞬真に受けましたから、関東がこんなに揺れたのなら、西日本は壊滅状態じゃないかと思いました。もう沈没しているくらいではないかと。そんなときに2回目の大きな揺れがきて、タクシーは運転できなくなって停車しました。

佐藤　あの2回目の揺れは大きかった。茨城でしたら原発の不安はなかったですか？

片山　茨城は震度6でしたが、まだそこまで考えが及んでいませんでした。ウランバケツ事件のときでさえあれだけ恐怖したのに、あの大地震のときに原発を思い出さない。私も原発の安全神話に毒されていたのでしょう。

千葉県から茨城県に入り、利根川を越えたあたりから揺れの被害が目に見えて大きくなっていました。屋根の瓦があちこちに落ちているんです。自宅が倒壊していないだろうかという不安のなか、帰路を急ぎました。

家はなんとか無事でしたが、近所の電柱が倒れて、夜まで停電した。真っ暗ななか、犬を抱きしめながら一緒に余震に揺られつつ、手回しで充電するラジオで情報を集めました。備えがなさすぎましたね。情けなかったですが。手回しラジオは回し続けていないとすぐ電源が落ちて聞こえなくなってしまう。疲れました。

佐藤　書庫はどうでしたか？

片山　揺れの向きがよかったのでしょう。あと、きちんと固定しない書棚をくっ付けて並べていた出鱈目さがかえってよかったようで、互いにぶつかり合って相殺していたみたいですね。倒れた書架はゼロでした。CD棚は軽いのであっさり全部倒れて、床が見えなくなっていましたが。

夜になってやっと、停電が復旧してテレビを見ると気仙沼が燃えていた。原発のニュースも知りました。これは危ないとようやく思って、血の気が引いてきた。そんなとき固定電話が鳴って。作曲家の林光さんでした。「片山さん、生きていたのか」と、キョトンとした声でして。きっと書架の下敷きになって圧死していると想像し

経験したことのない大津波が東北地方を襲った（宮城県名取市）。

ていたに違いない（笑）。でも林さんだけでしたからね、電話をくれて心配してくれたのは。しかも林さんは合唱曲「原爆小景」や映画音楽「第五福竜丸」などで知られる「反核作曲家」なのです。それから間もなく頭を打って亡くなってしまいましたけれども、何かいま思い出しても、とても不思議な非常時下の一夜でした。

もし自民党政権だったら

佐藤　実は、菅政権に対しては、あの条件のなかでよくやったのではないかと私は思っています。

大いなる逆説でもあるのですが、もしも自民党政権だったらオールジャパンで協力していく体制は作れなかった。野党である民主党は、自民党政権が続けた原発政策の非難を行って、政争にエネルギーを割いたはずです。

ところが政権交代して攻守が逆転していた時期だった。原発政策を推し進めた自民党は民主党政権を攻撃できない。だから民主党はオールジャパンで事故対応に力を注げた。

片山　菅にしても「イラカン」なんて揶揄されましたが、もう本当

平成と大地震

1993年7月12日
北海道南西沖地震
・規模：M7・8
・死亡（不明）：202（28）人

1995年1月17日
阪神・淡路大震災
・規模：M7・3
・死亡（不明）：6434（3）人
・ボランティア：137・7万人

2004年10月23日
新潟県中越地震
・規模：M6・8
・死亡（不明）：68人
・ボランティア：9・5万人

2007年3月25日
能登半島地震
・規模：M6・9
・死亡（不明）：1人
・ボランティア：1・5万人

平成元年	2	3	4	5	6	7	8	9	10	11	12	13	14	15
1989	1990	1991	1992	1993	1994	1995	1996	1997	1998	1999	2000	2001	2002	2003

に日本はダメになるかもしれないという危機感を持っていた。非常時だからこそ、原発に足を運ぶ選択をした。やり過ぎだという批判も分かりますが、45年の8月15日以来の非常事態だと認識していたのでしょう。

佐藤 おっしゃるように東工大出身の菅は原発事故の深刻さを理解していた。立ち居振る舞いには問題があったかもしれませんが、ほかのトップだったらもっとひどい状況になっていた可能性もあったでしょう。

しかし鳩山のマルコフ連鎖理論だったらよかったのか、その後の野田だったらどうだったか。あるいは安倍や麻生だった場合は何が起きたか。菅よりもいい結果がえられたかは誰も分からない。

片山さんは仙台のご出身ですよね。3・11は東北と東京の歴史的な関係も露わにした災害でした。東北の人は東京の人とはまた違った見方をしているのではないですか?

片山 仙台は生まれただけとも言えますが、トータルでは人生の1割くらいは仙台で過ごしている計算になるので、東北は多少分かるつもりではあるのですが、3・11で、東京といいますか、中央に対する幻滅を改めて味わった東北の人は多かったでしょうね。

2007年7月16日
新潟県中越沖地震
・規模:**M6・8**
・死亡(不明):**15人**
・ボランティア:**2・9万人**

2011年3月11日
東日本大震災
・規模:**M9・0**
・死亡(不明):**1万9630(2569)人**
・ボランティア:**151・8万人**

2016年4月14日(前震)
2016年4月16日(本震)
熊本地震
・規模:**M7・3**
・死亡(不明):**259人**
・ボランティア:**12万人**

遡れば、東北は戊辰戦争で敗北した。いや古代から大和朝廷は東北に蝦夷討伐の兵を出したりして、常に外れた土地に恨みのこもるシチュエーションに置かれてきたわけです。東北の人はずっと東京に対して割り切れないものを抱いていた。仙台は少し違う意識があるのですが。そこに、東京に電力を供給する福島第一原発が爆発してしまった。結局、東北には長く人の住めない地域までできた。東北電力の女川原発がなんとかコントロールされたのは救いでしたけれども。

実は私の祖父は東北電力で昭和20年代から秘書課長を長年してお りました。**白洲次郎**（*19）の写真など見ると、福島の山奥の水力発電所建設現場で、祖父が白洲東北電力会長の真後ろで鞄を持っていたりします。

私は幼いころに、東北電力の本社ビルに祖父に連れられて行くことが何度もあったのですが、そこの一階のロビーに女川原発の完成予定のミニチュアがケースに入って置いてあるんですよ。その前で幼い私は、祖父が親しくしていた自民党の政治家だった**愛知揆一さん**（*20）に、頭を撫でられたりしましたね。田中内閣の頃でした。祖父からは東北電力も原発を造れば東北を発展させられると聞かさ

＊19—白洲次郎
1902-1985。実業家、政治家。企業役員を経て、戦後、吉田茂の右腕としてGHQとの折衝にあたる姿が有名だが、吉田退陣後は実業の世界に戻り、東北電力の会長などを務めた。

＊20—愛知揆一
1907-1973。大蔵省に入り、大蔵省官房長や銀行局長などを歴任。50年に参議院議員となり、5年後に衆議院議員に転じた。吉田、岸、池田、佐藤、田中ら歴代内閣で、通産相、法相、文相、外相、蔵相などをつとめた。宮城県で育ったこともあり、東北電力に勤務した片山の祖父とも面識があった。

れました。３・11からはしばらく、そのことを思い出して、空を見上げてはセンチメンタルに涙を流していましたね。祖父母は岩手県出身で東北の発展に夢をかけていたし、東京中心に考えない、という態度を祖父からはずいぶん学びました。

あの頃の夢の結果がよくない形で出てしまった。祖父が生きていればどう思ったろうかと考えたものです。悔やんだろうか、悔やまなかったろうか、唇を嚙みしめたろうか。そんなことばかりしばらく考えていました。

とにかく壊れた原発を始末する技術もまだない。復興も原状復帰のような話が中心で、東北に新たな生きる喜びを与える話はあまり聞かない。東京と東北のいびつな関係が可視化されて、東北の人たちに突き付けられた。しかも復興が東京オリンピックとかの話にいつの間にかすり替わっている。

佐藤　菅は奇兵隊内閣と名付けていました。奇兵隊が福島に乗り込んでいくのは、アメリカの南北戦争で北軍が行軍曲「リパブリック賛歌」の替え歌の「おたまじゃくしは蛙の子」を歌いながらアトランタに行くようなものですからね。

片山　奇兵隊が福島で何かをやろうとしてうまくいくわけがない。

会津は、いまだに薩長の話はしてくれるなという地域ですからね。

佐藤　でもいまだに官邸では長州人脈が幅を利かせている。長州出身の官僚は重用されるんですよ。政治家ってはじめて会った官僚になんて聞くと思います？　「君、出身はどこだ？」ですよ。官僚になると旧藩がどこかはとても重要なんですよ。

片山　安倍首相がまさに長州だし、安倍政権を支える**日本会議**（＊21）の小田村寅二郎、小田村四郎も長州。小田村兄弟は吉田松陰の縁戚ですからね。東北復興をどこまでリアリティを持って考えているのか疑問です。

佐藤　3・11でも東日本と西日本の温度差は確実にあった。私は同志社大学で教えているでしょう。関西の子たちは3・11と言ってもぴんときていない。

片山　当然ながら実際に揺れを体験したかしていないかは非常に大きい。3・11のあと大正時代の関東大震災について改めて調べました。保険会社には火災保険の支払いを求める人が連日殺到して大騒ぎになる。でも西日本に本社のある保険会社はドライな対応で、東京に本社のある保険会社とまるで違う。他人事なんです。関西が非協力的なので業界の足並みが揃わず、東京から損保業界の大物の各務《かがみ》

＊21―日本会議
1997年、憲法改正を訴えてきた「日本を守る国民会議」「日本を守る会」が合併して発足した組織。全都道府県に地方本部を置き「誇りある国づくり」を目指して憲法改正の運動を展開する。会員は約4万人。国会議員懇談会には約290人が名を連ね、安倍首相や麻生太郎元首相が特別顧問を務める。保守系の新興宗教団体生長の家出身の元活動家たちが組織運営を担う。片山が本文中で言及した小田村寅二郎は同団体の「中核組織」とも言われる日本青年団協議会の思想的支柱、その弟・四郎は元拓殖大総長で日本会議副会長を務めた。ともに故人。

鎌吉《けんきち》(東京海上火災保険社長や同会長を歴任)が調整のために関西に出かけると、保険契約者が、「各務が関西に逃げたぞ」と追いかけて行ってしまう。東日本は熱くなり、西日本は冷たい。歴史は繰り返しますね。

東と西の温度差が露わになった一方、被災地や被災者とのつながりを強調する「絆」といううさん臭い言葉が流行しました。

佐藤 でもすぐに廃れてしまいましたね。メディアは「自主規制」や「不謹慎」という言葉もひんぱんに使いました。

片山 バカバカしいことに公共の場では、不謹慎だから、とサザンオールスターズの「TSUNAMI」など津波を想起する歌も流さなくなった。一方ではインターネット空間では津波の映像も見放題だし、ちぐはぐです。

佐藤 テレビが自主規制すると、山口組礼賛のVシネマばかり見られるようになるのと同じ構図ですね。

片山 自主規制で銀座や新宿の夜が暗くなったなんて話もありましたね。改めて振り返ると、3・11の前に銀座が暗くなったのは、73年と79年のオイルショックでした。オイルショックが起きたから日本中に原発が増えた。そして原発事故でまた暗くなる。業の深さを感じますね。

佐藤　でも夜が暗くなったのは一時的で3・11の結果、日本の夜は明るくなった。どういうことかと言えば、LEDが普及したでしょう。電力消費も少ないから街のイルミネーションも増えた。それに3・11をきっかけに充電池が普及した。

東京拘置所にいた02年から03年はマンガン電池しか買えなかったけど、今はどこでも充電式の電池が買える。

片山　震災をきっかけに備蓄の意識が高まったのでしょう。計画停電もありましたから。

佐藤　震災後の計画停電は、日本の中心とそれ以外に露骨に線引きされた境界を浮かび上がらせた。千代田区、港区、中央区、新宿区などの日本の中心は計画停電が行われなかったでしょう。地域には優先順位があると明らかになった。

片山　その上、六本木ヒルズなどの富裕層が住むゲーティッドシティには自家発電能力がある。格差が顕在化、可視化されたとも言えますね。

それでも東日本にいた人は富裕層も貧しい人も一様にシビアな現実に直面しました。私は茨城県民ですから原発事故の広がり次第では強制退去になるかもしれないとしばらくずっと真面目に考えていました。

ボランティアブームを斬る

佐藤 シビアな状況には置かれましたが、都市パニックは起きなかった。**枝野幸男**（＊22）官房長官のもと情報の一元管理もできていた。またマスメディアも都市パニックが起こらないように自己検閲をかけた。震災直後、下りの新幹線は席が取れないような状況だったのに報道しなかったでしょう。これは極めて大きかった。

名前を出すと差し障りがあるから伏せるけど、大手メディア幹部は家族を九州や沖縄に避難させていましたからね。彼は原発事故の深刻さを知っていたんです。原発事故後の報道統制を見ていると、私はこの国は非常時に翼賛体制がとれるのだと思いました。

片山 メディアが繰り返した「絆」や「自己規制」「不謹慎」がそうです。みんなが逃げ出したり、見捨てたりしないように翼賛的な情報で操作したわけでしょう。それもあって、パニックも起きず、ソフトランディングできたわけですが。

正しい情報を伝えるべきか否か。映画の『**日本沈没**』（＊23）で

＊22—枝野幸男
1964年生まれ。1993年、衆議院選に日本新党から立候補し、初当選。菅内閣の官房長官。3・11ではスポークスマンの役割を果たし、連日原発事故の状況を説明する様は「日本のジャック・バウアー（米ドラマ『24』の主人公）」と海外メディアに評された。2017年の衆議院選で立憲民主党を立ち上げ、党首となる。

＊23—『日本沈没』
大災害で海に沈む日本のパニックを描いたSF小説。著者は小松左京。1973年に刊行され、映画化やテレビドラマなどの原作になった。同年、筒井康隆によるパロディ『日本以外全部沈没』も発表された。

も重要な場面になっていました。原作の小説にも同様の場面はありますけれども。映画では橋本忍のシナリオがそこをつかまえて、大きなシーンに仕立てています。島田正吾演じる政界の黒幕の渡老人が、日本沈没を国民に知らせるべきかどうか、どのような危機対策を行うべきか悩む総理大臣役の丹波哲郎に「このまま何もせんほうがええ」と言う。学者に考えさせたらそういう意見が出てきたと。下手に伝えて国民を組織的に海外に逃がそうとするとパニックが起こるだけだから、と。気づいて逃げられる人だけ逃げればいい。そのとき丹波哲郎が「何もせんほうがええ?」と身を乗り出し、苦渋に顔をゆがめる。

3・11で私はそのシーンが蘇りました。あのとき菅が抱いたような危機認識をストレートに報道していたとしたら、みんな我先に逃げようとしてパニックになっていたでしょうね。

佐藤　何もしないという決断は確かにあります。逆に「絆」という言葉に触発されて、3・11でもたくさんの**ボランティア**(*24)が被災地に入っていった。ボランティアは、現代における翼賛と言えます。誰も強制していないのに自発的に国に奉仕する。報道統制だけでなく、ボランティアの動きを見ても翼賛体制を作れる社会であ

***24―ボランティア**
無報酬で、自発的に社会活動に参加したり、技術や知識を提供したりする人。日本では1960年代から活動が始まり、阪神・淡路大震災が起きた95年に一般化した。

ることが分かります。

とはいえ、ボランティア元年と言われた阪神・淡路大震災とは違って、3・11は自衛隊が礼賛された災害でもありました。

片山 3・11では原発事故もあり、簡単に市民が被災地に入れなかった。阪神・淡路大震災は一つの経験として役立ったけれど、大規模な被害が青森県から茨城県までの海岸部を中心に、あまりに広域に及んだのですから、個人レベルのボランティアでは限界がありましたね。国家レベルの対応が前面に出て、そして被災地で活動する国家の実体的組織としては自衛隊が圧倒的に目立った。

佐藤 3・11で日本人ははじめて命よりも職務遂行を優先しなければならない無限責任を問われました。戦後の価値観は個人主義に、生命至上主義、それに合理主義です。その価値観に従えば、東電職員も自衛官も職業選択の自由があるから「私は今日でやめさせていただきます」と言える。その上、東電も自衛隊も「命を捨ててこの仕事をしろ」と命じることはできない。

片山 原発事故は人の命は地球よりも重いという戦後に根付いた考え方が通用しないシチュエーションでした。平和国家だろうがなんだろうが、原発が存在すれば、誰かが命を賭すシステムを組み込まなければならない現実を突き付けた。

佐藤　しかも命を賭ける人間には一定の技術と知識、道徳性(moral)と士気（morale）が求められた。そう語ると戦中の特攻隊と結びつけて考える人もいるかもしれません。しかし特攻とは違って、モデルとしては**三浦綾子**（＊25）の『塩狩峠』だと思います。

片山　『塩狩峠』は実話がもとになった小説でしたね。明治末期、北海道の塩狩峠を走る汽車の車両が外れて暴走しかけた。鉄道員の主人公が線路に飛び込んで命と引き替えに乗客を救う。三浦綾子がクリスチャンだったため、キリスト教小説として読まれてきた。映画化もされましたが、いまも見ることはできますか？

佐藤　ＤＶＤが出ていますね。ただしキリスト教小説と読むと本質が分からなくなってしまうんです。

　主人公は鉄道員であり、車掌だった。汽車のブレーキ操作を知っている。主人公は車両のブレーキをかけてスピードを落とすんだけど、完全には止まらない。最終的に自分が飛び込むことでほかの人を助ける決断をする。彼は信仰としての自己犠牲ではなく、テクノクラート（技術技官）としての責務を果たした。職業的な良心を問うた小説だった。

＊25—三浦綾子
1922‐1999。小説家。肺結核で闘病中にキリスト教の洗礼を受ける。1968年、北海道の塩狩峠で発生した鉄道事故の実話をもとに『塩狩峠』を発表。1973年に中野誠也主演で映画化された。

＊26—震災文学
3・11後、震災を主題とする作品が多数刊行された。対談に取り上げた作品以外にも、福島在住の詩人が被災直後からツイッターで発表を続けた詩を編んだ『詩の礫』（和合亮一）。死者が死んだことを理解しきれていないというテーマの『想像ラジオ』（いとうせいこう）。津波に襲われた架空の町の歴史を描く仙河海サーガシリーズ（熊谷達也）。ダイバーが海に沈んだ行方不明者の遺品を探す『ムーンナイト・ダイバー』（天童荒太）。原発事

平成元年	2	3	4	5	6	7	8	9	10	11	12	13	14	15
1989	1990	1991	1992	1993	1994	1995	1996	1997	1998	1999	2000	2001	2002	2003

片山　原発事故では作業員はまさにテクノクラートの責務に直面した。だとするとやはり原発で働く人たちの地位や名誉や報酬がもっと高くないと。戦争以上に命を賭けなければならない局面がありうる産業ということですから。そうすると、靖国神社で死んだら神様にします、という話と変わらなくなってくるところもありますが。

震災文学の勃興

佐藤　『塩狩峠』は66年の小説でしたが、3・11後には自然災害や原発をテーマにした数多くの小説が書かれて**「震災文学」**（＊26）と呼ばれました。

片山　確かに文学は3・11に素直に反応しましたね。久しぶりに日本人が素直に実感を打ち出せる状況だったのは確かでしょう。なかでも**津島佑子**（＊27）は16年に亡くなるまで、ある種の母性を通して3・11後の危機感を描きました。

佐藤　私がもっとも印象に残ったのは**川上弘美**（＊28）の『神様　2011』です。

片山　女性がとても反応した小説でしたね。

故から避難する母子の葛藤を描いた『持たざる者』（金原ひとみ）。震災後の社会の右傾化をモチーフにした『ボラード病』（吉村萬壱）などがある。

＊27――津島佑子　1947-2016。太宰治と津島美知子の次女。2013年発刊の『ヤマネコ・ドーム』で孤児らの半生を通じて日本の戦後や震災、そして放射能被害に向き合った。

＊28――川上弘美　1958年生まれ。芥川賞受賞。1994年に『神様』でデビュー。96年、『蛇を踏む』で芥川賞受賞。『神様　2011』は、『神様』に登場する「くま」と「私」が、人が防護服を着て、子どもが消えた河原を散歩する童話風の短編小説。

佐藤　もう一つは**姜尚中**（＊29）の『心』。彼自身の息子の自死と結びつけた小説ですが、遺体引き揚げのボランティアをテーマに3・11の死と真面目に向き合った作品でした。

片山　私は3・11で、**丸山眞男**（＊30）がマルクス主義の哲学者の梅本克己らと鼎談した『現代日本の革新思想』という本を思い出しました。

佐藤さんは3・11こそ、日本社会が変わるカイロスになる可能性があったと指摘されていましたが、私も第二の敗戦と呼べる大きな転機だと思いました。しかし日本は何も変わらなかった。それはなぜか。電気があったからではないでしょうか。

丸山眞男は、**マックス・ウェーバー**（＊31）のロシア革命論に言及しながら、ロシア革命はモスクワやペテルブルクに電気や水道、ガスなどの社会インフラがなかったから遂行できたと語っている。まだランプや水汲みで生活していた。近代生活は、電気やガス、水道が1日でも止まったら成り立たない。近代社会の都市生活者は、電気、ガス、水道が止まることをいちばん恐れる。インフラの維持にもっとも関心を持つと言うのです。

インフラが止まるような騒乱状況は民衆の支持を得られない。高

＊29―姜尚中
1950年生まれ。政治学者。『在日』『悩む力』などベストセラー多数。『心』では、夏目漱石の『こころ』をモチーフに、先生と青年の交流を通して、東日本大震災の死と姜自身の長男の自死とを見つめる。

＊30―丸山眞男
1914－1996。政治思想史家。『超国家主義の論理と心理』で、日本の軍国主義時代の無責任構造を指摘し、論壇に衝撃を与えた。以降、日本型のファシズムと天皇制国家などを論じて、戦後の民主主義思想を主導した。

＊31―マックス・ウェーバー
1864－1920。ドイツの社会科学者、経済史家。合理主義が西洋文化と近代社会を貫く

度資本主義国の市民は電気やガスや水道を自分の肉体の血流と同様に考えているから、止まるとなったら、対応だけで頭がいっぱいになって、政治や経済や社会の大きな話はそっちのけになってしまう。したがって丸山は高度資本主義国では暴力革命を起こしても失敗すると言う。

これに梅本克己は反論しますが、3・11を見ると、丸山の正しさが証明されたように感じました。原発が爆発するかもしれない状況だというのに、冷蔵庫が使えなくなったらどうしようと計画停電の心配が先に立ったでしょう。停電したらパソコンがどうなるかとか、原稿仕事も電気に依存しているからできなくなるのではないかとか、私もそんなことで頭がいっぱいになってしまいました。

福島の一部が住めなくなるという大事が起きたにもかかわらず、それでも価値観は変わらなかった。生活を保守することが何事にも優る。文明生活がたどり着いたところです。

脱原発はなぜ挫折したのか

佐藤　民主党政権は3・11を受けて2030年までの脱原発を打ち

原理だと捉え、その本質を究明した。フライブルク大学、ハイデルベルク大学で教授を務めたが、1903年に退職してからは在野の立場で、経済学、社会学、政治学、宗教史など広範な分野で活躍。主著に『プロテスタンティズムの倫理と資本主義の精神』。

出しましたが、挫折してしまった。そこには三つの要因があるんです。

一つは中東情勢の不安定化で化石燃料が安定的に入らなくなってしまったこと。

二つ目が米露関係の悪化。政治的な要因でロシアからの化石燃料輸入ができなくなってしまった。

三つ目が日本の構造的な問題です。もしも原発をやめたら原子力関係の仕事は廃炉しかなくなる。東大や京大、東工大の原子物理学に優秀な学生が集まらなくなる。

そうなると何が問題か。いざというときに核兵器をつくる能力が失われてしまうんです。現在の日本に核兵器をつくる意思はない。しかし意思と能力で、他国に脅威を与えることができる。ところが脱原発は、その能力を手放すことを意味する。エリート層が共有するその恐れが、原発維持の原動力になっている。

片山　三つ目の要因は誰も公然とは話しませんが、もっとも重要なポイントですね。3・11は、原発維持と引き替えに誰かが命を賭けなければならない仕組みと核武装（能力の保持）という二つの戦後日本のタブーを露わにした。しかも日本は、探査機はやぶさを持っているから、世界中に脅威を与えられる。

核武装せねば国家に非ず——。80年代に**清水幾太郎《いくたろう》**（＊32）はそう言い放ち、強いバッシングを受けましたが、『日本よ国家たれ』という問題はなくなったわけではありません。日米安保がなくなるとしたら、その後の日本の安全保障はどうなるか。日本国憲法の前文がうたうように「平和を愛する諸国民の公正と信義」に期待すれば平穏無事に暮らせるか。リアリストの清水幾太郎はそんな幻想を持っていなかった。国際社会の鉄則は強き国が弱き国を挫く。きれいごとの通る余地はない。日本は「経済大国」に相応しい規模の軍備を持たねば枕を高くして眠れないと考えました。

それが今まさに問われているのです。アメリカが日米安保を切ろうとしたら「俺たちは核武装するぞ」という脅しのカードは持っていなければならないのです。

佐藤　核拡散防止条約が崩れた場合、ニジェールからウランが買えるようになる。あるいはそのころ友好国となっていれば北朝鮮からも入ってくるかもしれない。

片山　日本が北朝鮮と軍事同盟を組み、アメリカと戦う。実は、私はそんなSF的な空想をすることがあるんですよ。

＊32―清水幾太郎
1907-1988。社会学者。1950年代に基地反対闘争、六〇年安保闘争の理論的指導者として先頭に立つ。六〇年安保後は、マルクス主義を批判し、さらに80年に『日本よ国家たれ』で核武装論を展開し、戦後民主主義そのものに疑問を呈した。

戦争の記憶も生々しいなか、核武装論を唱えた清水幾太郎氏。

佐藤　現在の東アジア情勢次第では北朝鮮からのウラン輸入は必ずしも夢物語ではありません。そう考えれば、脱原発も核廃絶もユートピア的な夢想といえるでしょうね。結局、脱原発デモに40万人が集まろうが、何も変えられないのですから。

片山　ジャスミン革命のチュニジアやカイロくらいの盛り上がりがなければ、社会は変わらないでしょうね。70年代には国鉄の労働組合が主導したストライキで列車が運休になった。東京でも当時のようにみんなゼネスト的な原発抗議運動を展開するくらいじゃないと。でも、労働組合の力が弱まっている現代では難しい。それこそ夢物語でしょう。

佐藤　おっしゃるようにゼネストのようなボイコットなら、資本主義社会にダメージを与えられる。でも、今のデモはスポーツフェスティバルの延長線上の意識で参加しているからそこまではいかない。

もう一つ、保守派からの反原発運動もありましたが、不思議と盛り上がらなかった。

片山　私もそれは気になっていました。**農本主義的**（＊33）なイデオロギーがもっと強ければ、反原発の動きが盛んになっていたはずです。

＊33―農本主義　農業や、農村社会を国の基礎とする考え方。資本主義の対極にあり、戦中の日本では、軍国主義と結びついた。

＊34―首相官邸ドローン事件　２０１５年4月、首相官邸の屋上にドローンが落下した事件。逮捕された男は「反原発を訴えるために福島の土を容器に入れた」と供述した。

＊35―小林よしのり　１９５３年生まれ。『東大一直線』『おぼっちゃまくん』などギャグ漫画が人気を博す。１９９２年から政治思想漫画『ゴーマニズム宣言』を連載し、社会評論活動をはじめる。現在、国際情報誌「ＳＡＰＩＯ」で、頭山満の評伝漫画（大東亜論シリーズ）を連載中。

佐藤　瑞穂《みずほ》の国を放射能で汚すのはけしからん、と。

片山　そうです。１９４５年までの日本右翼には農本主義的なイデオロギーがしっかりと根付いていた。国土の喪失や農産物の汚染は右翼としては絶対に許せない。しかし現在は農業人口が減りすぎて、農協も弱くなっている。やはり中間団体の解体、弱体化に問題がつながってくるんですね。

佐藤　ここで興味深いのは、15年の**首相官邸ドローン事件**（＊34）です。元自衛官の男が放射能に汚染された土を積んだドローンを首相官邸に飛ばした。彼は農本主義的な考えで反原発を訴えていた。しかし政府は精神に変調をきたした人物の仕業だったと情報を囲い込んだ。

片山　賛同する人間が出てくるのを恐れたのでしょう。政府の囲い込みもあり、農本主義的な反原発運動には誰も反応しなかった。国土喪失の危機なのに農本主義のエートスが消滅しかかっているんですね。

佐藤　いま**小林よしのり**（＊35）が**頭山満**《とうやまみつる》（＊36）を描いていますが、現代の保守層に訴えるなら**権藤成卿**《ごんどうせいきょう》（＊37）ではないかと思うのです。権藤成卿でなら農本主義的な思想で日本人の底流を流れる本質を摑

＊36―頭山満
１８５５－１９４４。筑前国（福岡県）出身。思想家。アジア主義者。自由民権運動に参加後、玄洋社を創立。強硬外交と大陸進出を唱えた。政界の黒幕と呼ばれた。

＊37―権藤成卿
１８６８－１９３７。筑後国（福岡県）出身。社会思想家。農本主義に基づく天皇制を説いた。血盟団事件、５・15事件の黒幕思想家と呼ばれ、著書は青年将校の教科書と呼ばれた。片山は「同じ福岡の出ですが、明治の延長線上にいた頭山に対して、権藤の思想は大正、昭和、そして戦後にも影響を及ぼした」と指摘する。

める可能性がある。

片山　権藤成卿と言えば「社稷《しゃしょく》」ですね。権藤は、明治の国家主義や官僚制度、資本主義などを批判して、古代中国に存在した「社稷」という独自自治を行う原始社会の実現を訴えた人物です。端的に言えば、権藤はアナーキストで、村が寄り集まってあとは天皇だけがいればいい、と考えていた。彼の思想は血盟団や5・15事件、農村救済運動に大きな影響を与える。

佐藤　戦後、権藤成卿の著作は黒色戦線社という出版社から刊行されています。70年代に三菱重工爆破事件などの連続企業爆破事件を起こした**東アジア反日武装戦線**（＊38）も権藤成卿の思想の流れを汲んでいる。この人たちの一部は明らかに農本主義的なイデオロギーで動いていた。

片山　黒色戦線社から出た黒い本は私も集めました。本当に表紙も裏表紙も真っ黒なんですよね。早稲田の古本屋でよく売っていました。新左翼の活動家たちに読まれていたのでしょう。農本主義から天皇を切り離すと、エコロジカルな新左翼と折り合いが良くなる。

血盟団のメンバーだった、当時は東京帝国大学の学生の**四元義隆《よつもとよしたか》**（＊39）は、後年細川護熙のブレーンとなり、陰の指南役と呼ばれ

＊38―**東アジア反日武装戦線**
1970年代に活動した武闘派左翼グループ。8人が犠牲になった三菱重工ビル爆破をはじめ、アジア侵略に加担していると見なした企業に対して連続爆破事件を起こした。

＊39―**四元義隆**
1908‐2004。安岡正篤や井上日召に師事する。1932年の血盟団事件で内大臣の牧野伸顕暗殺未遂で逮捕。戦後は建設会社を経営し、中曽根康弘ら歴代首相と親交を持ち、陰の指南役とよばれた。

＊40―**荒井聰**
1946年生まれ。立憲民主党の衆議院議員。農水官僚を経て、93年に日本新党から出馬して初当選。菅内閣で内閣府特命担当大臣に就任した。

ました。彼は権藤成卿に心酔していた。晩年のインタビューでも「権藤イズムが自分の中心にある」と語っていた。

佐藤 北海道の立憲民主党所属（元・民進党）の衆院議員で農水省出身の**荒井聰**《さとし》（＊40）は、四元義隆の娘婿ですよね。彼の発想の根っこにも農本主義がある。

最後は保守の力に頼った民主党

片山 3・11を経験した菅内閣は、佐藤さんがご指摘のように官僚主導で**TPP**（＊41）や消費増税を決めて、沖縄の辺野古V字滑走路の建設に合意します。そして9月に退陣して**野田内閣**（＊42）が誕生しました。

佐藤 これは自民党政権の準備とも言える首班指名だった。野田は民主党の中でも自他共に認める保守派です。かつて野田は、靖国に祀られているA級戦犯は日本の国内法的には犯罪者でないという意見書を国会に提出した。櫻井よしこも絶賛していました。つまり民主党は党内にある最後の保守の力を使わざるをえなかった。

片山 私は野田内閣になってからそれまでの非常時体制的な雰囲気

＊41―**TPP**
日本やアメリカ、オーストラリアなど環太平洋の12カ国が締結を目指して交渉を行う経済連携協定。原則として、全品目の関税を撤廃する。2015年に大筋合意したが、2017年1月、アメリカがトランプ政権誕生と同時に離脱。アメリカをのぞく11カ国での締結に向け、協議を続けている。

＊42―**野田内閣**
2011年9月、民主党代表の野田佳彦が内閣総理大臣に任命されて発足した内閣。野田は「ドジョウ内閣」と名付けた。相田みつをの詩の一節に由来。佐藤は「野田は気配りの人と言われますが、トイレの相田みつをの日めくりカレンダーから人間関係を学ぶタイプ」と評する。

がらりと変わったように感じました。最優先課題であったはずの原発問題が置き去りにされて、TPP参加が話題の中心になった。野田政権の政策は自民党政権と差異がない。そうなると選択は単なる気分や人気の問題になってくる。冷戦構造崩壊後の保守二大政党論が果たして有効だったのか、疑問が深まる時代でした。

さて野田政権、つまりは民主党末期というのは、東アジアの激動期でもありました。このあたりも見ていきましょう。

まず、2011年12月に北朝鮮の金正日が亡くなった。跡を継いだ**金正恩**（＊43）が東アジアに混乱をもたらしています。この指導者の交代で北朝鮮の中で何が変わったのでしょうか。

佐藤　金正恩登場は遺訓政治の終了を意味しました。北朝鮮は、金正日時代まではミイラが国を動かしていた。つまり死後も刊行が続く金日成全集をもとに政治が行われていたんです。けれど金正恩は12年に102巻で金日成全集の刊行を止めた。

また金日成時代は、年頭に金日成自身がメッセージを発表した。金正日時代になると遺訓政治に徹するとして、なんのコメントも出さなかった。金正恩は自らテレビに出て話をするでしょう。遺訓を守らずに自分で判断するようになったんです。

＊43―金正恩
1983年生まれ。北朝鮮の第2代最高指導者金正日総書記の三男で後継者。スイス留学を経験。2011年12月、金正日の死去にともない最高指導者となる。就任後、核実験とミサイル発射実験を繰り返す。

片山　それが現在の北朝鮮の危うさの原因なんですね。

佐藤　そうです。北朝鮮政権は間違いなく、いずれかのタイミングで崩壊する。金正恩は、リビアは核兵器を手放したから倒れた、と勘違いしているんです。核兵器を手放したからリビアが倒れたわけではありません。政権をもっとも揺るがしたのは大量消費文明です。国民も要人も欲望に勝てなくなる。

もしも米朝関係が正常化され、日朝の国交が回復したら何が起きるか。日米の企業は、北朝鮮の一日100〜200円程度の労働力に目を付けるでしょう。安価な労働力を目的に北朝鮮にどんどん企業が進出する。同時に大量消費文明が入り込み、北朝鮮の内側から崩れて政権は持たなくなる。

片山　中国では、**胡錦濤―習近平の体制委譲期**（＊44）ともあって、日中関係も大きく変わっています。まず12年9月に尖閣諸島が国有化されて、中国で激しい反日デモが行われた。きっかけは4月の石原慎太郎の講演でした。彼は、アメリカのワシントンで尖閣諸島を買い取る計画を明らかにした。

佐藤　石原にはシナリオがあったと思うのです。都の予算で買うと主張する。しかし都議会が否決して、それで終わり。幕引きをはか

＊44―胡錦濤―習近平の体制委譲期
2007年、中国共産党中央委員会全体会議で政治局常務委員に選出された習近平が、中央書記処書記に就任。ライバルと目されていた李克強を押さえて、ポスト胡錦濤の最有力候補となる。有力な後見役がいなかったため、権力を掌握するまで数多の権力闘争を繰り広げた。

る。でも当時副知事だった猪瀬が尖閣購入の寄付金を募った。これが問題を大きくした。

片山　ずいぶん集まりましたよね。

佐藤　14億円です。簿外で14億円も集める行政機関なんてありえません。しかも匿名でも受け入れている。誰の金かも内訳も分からないんです。

片山　それはひどいですね。しかも国有化されたわけだから使われなかった。返すに返せない。その14億円はどうなっているんですか？

佐藤　事務経費で用いた８０００万円を引いた13億円強が東京都の基金となりました。尖閣諸島の船着き場などの施設整備に使うそうです。国は尖閣諸島に施設を造る気はないから莫大な金が眠っているんです。

ただし、沖縄問題で、私は尖閣基金にとても助けられた。沖縄で翁長知事が辺野古基地建設反対を訴えると何が起きるか。沖縄は国からの公金を受け取っている。国民の税金を使っているのに国策の基地移転に反対してもいいのかという議論に必ずなる。それなら基金を作れば問題ないのではないか、と翁長知事に話したんです。

東京都が沖縄の尖閣諸島を所有するために寄付金を募った。だっ

平成24年（２０１２年）

流行語
・〈ワイルドだろぉ〉
・〈ＬＣＣ〉
・〈終活〉

流行歌
・「真夏のＳｏｕｎｄｓ　ｇｏｏｄ！」（ＡＫＢ48）
・「チャンカパーナ」（ＮＥＷＳ）
・「おいでシャンプー」（乃木坂46）

映画
・『桐島、部活やめるってよ』（吉田大八）
・『テルマエ・ロマエ』（武内英樹）
・『踊る大捜査線　ＴＨＥ　ＦＩＮＡＬ　新たなる希望』（本広克行）

本
・『聞く力』（阿川佐和子・文藝春秋）
・『置かれた場所で咲きなさい』（渡辺和子・幻冬舎）

たら沖縄が沖縄のために金を集めて何が悪い。否定される筋合いはないと。それで私も辺野古基金の共同代表として名前を連ねることになったんです。

片山 都の尖閣基金が前例にされたわけですね。自治体が何かしでかすための戦略論と戦術論を石原・猪瀬コンビは提供した。そこは大したものです。

信頼を失った政権の末路

佐藤 2012年10月、京大の山中伸弥教授がノーベル生理学・医学賞を受賞しました。

私にはとても不思議なんですよ。日本人は、山中教授のiPS細胞（＊45）を歓迎するにもかかわらず、なぜ遺伝子組み換えの食物を恐れるのか。iPS細胞も細胞の遺伝子を組み換える話ですよね。なぜ片方だけが絶賛されて、もう一方は嫌悪されるのか。これは、どのような論理、理屈なのか。

私にとって理解できない大きな謎なんです。

片山 論理ではなく、感覚なのでしょうね。新左翼、農本主義的な

＊45―iPS細胞
再生医療への利用が期待される万能細胞。皮膚などの細胞から作ることができ、体の様々な組織や臓器の細胞に変化する。京都大学教授の山中伸弥が2006年にマウスで、翌年にはヒトで、iPS細胞の作製に成功。2012年に山中はノーベル生理学・医学賞を受賞した。

思考で遺伝子組み換え食物を怖がるけれど、**石ノ森章太郎**（＊46）の世界観で育った世代は、感覚的にiPS細胞を歓迎する。この流れが続けば、石ノ森章太郎的な改造人間を受け入れていくのでしょう。

でも実際にそうなったらどうなのか。突き詰めて考えるのも怖いから思考停止して感覚で判断している。本当はきちんと議論しなければならない問題のはずです。

佐藤　おっしゃる通りで、この再生医療は格差とも直結する問題として考える必要がある。金にものをいわせて最先端の再生医療を施される富裕層は、１００年も１２０年も生き続ける。その半面、お金がない人たちはまともな医療を受けられずに40代、50代で死んでいく。

これはＳＦや、架空の話ではありません。そんな時代がすぐそこに来ているんです。

片山　**松本零士**（＊47）が描いた『銀河鉄道９９９』の世界が現実となるわけですね。金のある人は機械人間になってずっと生き続ける。貧乏人は機械人間の娯楽で殺されてしまう。その意味では平成以後の社会を予見した作品といえます。

＊46―石ノ森章太郎
１９３８‐１９９８。漫画家。１９５６年に上京してトキワ荘に入居、活動を開始する。１９６４年には代表作となる『サイボーグ００９』を発表。１９７０年代には『仮面ライダー』などテレビの特撮番組と連携した作品を手がけた。

＊47―松本零士
１９３８年生まれ。漫画家。『銀河鉄道９９９』で描かれるのは、金持ちが機械の身体を持ち永遠の命を手に入れ、貧乏人が迫害される世界。主人公の少年が無料で機械の身体をくれる星を目指し、銀河超特急９９９で旅をする。デザインなどに関わった『宇宙戦艦ヤマト』は70年代半ばからテレビ放映され、さらに映画化された。アニメブームの先駆けとなった。

そしてiPS細胞が実用化されれば、究極の格差社会が完成する。『仮面ライダー』や『銀河鉄道999』が作られた70年代には、まさかそんな社会が到来するとは誰も本気にしていなかったでしょうが。

平成以降の日本人及び日本出身のノーベル賞受賞者

94・大江健三郎（文学）
00・白川英樹（化学）
01・野依良治（化学）
02・小柴昌俊（物理学）
・田中耕一（化学）
08・小林誠（物理学）
・益川敏英（物理学）
・南部陽一郎（物理学）
・下村脩（化学）
10・根岸英一（化学）
・鈴木章（化学）
12・山中伸弥（生理学・医学）
14・赤崎勇（物理学）
・天野浩（物理学）
・中村修二（物理学）
15・梶田隆章（物理学）
・大村智（生理学・医学）
16・大隅良典（生理学・医学）

12年末、衆院選で再び政権に返り咲く。

第六章

帰ってきた安倍晋三、そして戦後70年

平成25年→27年（2013年—2015年）

平成25年(2013年)

1月 ・復興特別税が導入される。
・アルジェリアの天然ガス施設がイスラム系武装組織に占拠され、日本人技術者に多数の死傷者が出る。

3月 ・日銀総裁に黒田東彦が就任。
・習近平が中国第7代国家主席に就任。

4月 ・黒田日銀総裁が大規模な金融緩和を発表。
・選挙運動へのインターネットの活用が解禁される。

6月 ・米国家安全保障局(NSA)の元職員スノーデンが個人情報収集の手口を告発。
・富士山が世界文化遺産に登録される。

7月 ・ソフトバンク、米通信大手スプリント買収。
・参院選で自民圧勝、民主大敗。ねじれ解消で「安倍一強」体制が確立される。

9月 ・2020年の夏季五輪開催地が東京に決定。

12月 ・特定秘密保護法が成立。
・猪瀬直樹都知事が医療法人「徳洲会」から5000万円を借り入れていた問題を理由に、辞意を表明。

政権の対応は機動的だった。政務官の城内実がたまたまクロアチアにいて、すぐにアルジェリアに駆けつけることができたことが大きい。佐藤

政権の思惑は明白。オリンピックという大きなネタを投下して、3.11を忘れさせようとした。片山

政府と反対派の議論がかみ合っていない。戦争を知らない反対派の弱さが浮き彫りになった。片山

by the way

＊じぇじぇじぇ
13年のNHKの連続テレビ小説『あまちゃん』のヒロインが使った言葉。岩手県三陸地方の方言。驚きを意味する「じぇ」が、連続して使われることで更なる驚きを表す。脚本の宮藤官九郎が、作品の題材選びのために、三陸地方を旅していた際に偶然、耳にした言葉だという。「東京一極化」が進む一方、平成では時折、このような方言&地方ブームが起きている。近年はアニメにも郷土色が取り込まれる。2016年に公開されたアニメ『君の名は。』(新海誠監督)や『この世界の片隅で』(片渕須直監督)でも独特のイントネーションが話題になった。

平成26年(2014年)

1月 ・「日本版NSC」こと国家安全保障会議の事務局である国家安全保障局が発足。初代局長は元外務省事務次官の谷内正太郎。
・理化学研究所がSTAP細胞発表。その後、捏造騒動へ。

2月 ・作曲家・佐村河内守のゴーストライター事件が報道される(自らの曲を現代音楽家に代作させていた)。
・都知事選に舛添要一が当選。

3月 ・ウクライナに属していたクリミアをロシアが編入。

4月 ・消費税8%に引き上げ。
・韓国でセウォル号沈没。

6月 ・アルカイダ系過激派組織が「イスラム国」樹立を宣言。

7月 ・集団的自衛権の行使容認、閣議決定。

9月 ・朝日新聞社が、「吉田証言」報道(慰安婦問題)並びに「吉田調書」報道(原発)について訂正、謝罪。

11月 ・沖縄県知事選、翁長雄志当選。

学者や研究者がポストを得る、もしくは研究費を確保するのが大変な時代。働き方のモデルが崩壊したという視点で見れば、彼女が錬金術を使わざるをえない状況が分かる気もする。片山

日本のクラシック業界は、信用を失ってしまった。しかし平成の時代に日本人にもっとも影響を与えた交響曲だった事実は変わらない。きちんと総括して日本音楽史に残すべきだ。片山

朝日新聞は、騒動後、販売店に謝罪してタオルを配った。都内からタオルがなくなったと言われるほど、販売店への謝罪回りを徹底的に行った。危機管理は評価したい。佐藤

by the way

＊『**笑っていいとも!**』
82年以来、お茶の間で愛されてきたバラエティ『笑っていいとも!』が14年3月31日に幕を下ろした。番組終了が発表されてから、黒柳徹子や和田アキ子ら毎回豪華ゲストが人気コーナー「テレフォンショッキング」に出演し、現首相として初めて安倍晋三も登場した。最終回のゲストはビートたけし。最終放映日も司会のタモリは恒例のひと言を残して番組を去った。「明日も、見てくれるかな?」。放送は8054回を数えた。

平成27年(2015年)

1月	・「イスラム国」によって日本人2人が拘束されたことが明らかになる。日本政府に身代金要求、その後殺害される。
3月	・北陸新幹線開業。 ・チュニジアの博物館で襲撃事件。日本人3人死亡。
4月	・安倍首相、日本の首相として初の米議会上下両院合同会議で演説。
5月	・大阪都構想が大阪市住民投票で却下。橋下市長が政界引退を発表。
7月	・東芝の巨額不正会計が表面化。
8月	・安倍首相が戦後70年談話(安倍談話)を発表。 ・山口組が「六代目山口組」と「神戸山口組」に分裂。
9月	・安保関連法案成立。国会前で大規模な安保反対集会が起こる。
11月	・日本郵政グループ3社が株式上場を果たす。
12月	・新国立競技場デザインがザハ・ハディド案頓挫の後、隈研吾案に決定。 ・慰安婦問題に関して日韓合意。

この事件を理解する上でとても重要なのは、湯川遥さんを助けに中東入りした後藤健二さんがキリスト教徒だったこと。私には宗教人としての内在的論理が理解できる。佐藤

橋下徹が進めていた都構想にしても、相続税100%徴収発言にしても、ただ票を集める話題作りにしか思えなかった。いろんな斬新な意見にすぐ飛びついて、いつの間にか話が無くなっている。片山

愛国者が喜ぶフレーズがあれば、リベラルが喜ぶフレーズもある。整合性はないのだが、誰も本気で怒らないようにはなっている。片山

社会がヤクザ化していくのと同時にヤクザ組織も融解してしまった。佐藤

by the way

＊爆買い
銀座でスーツケースをガラガラと引きながら、ブランド品や家電を買い漁る。そんな訪日中国人の姿が、盛んにメディアに取りあげられた。15年の訪日中国人の消費額は、1兆4174億円。もはや日本の小売業界は彼らなしでは成り立たない。都内の大型家電量販店や百貨店はどこも中国語通訳者を雇用している。近年の訪日中国人の関心は、餅つきや雪遊び、祭り行事への参加などの「コト消費」にシフトしつつあるという。

安倍一強を支えるニヒリズム

佐藤　２０１２年12月の衆院選で自民党が大勝し、第二次安倍政権が発足しました。これまで話してきた格差社会も新自由主義も第二次安倍政権になってから加速しました。

第二次安倍政権とは何なのか。まずは誕生の経緯から追っていきましょう。

鳩山政権が倒れたあと、菅内閣も野田内閣も当初は50％を超える支持率はありました。しかし野田首相は「解散の約束を破って嘘つきと言われたくない」と自爆的に負ける選挙に突っ込みました。潔いとか正直だとかいうよりも、野田も橋下徹と同じで本当にやりたいことがない政治家だったといえます。

実現したいことがあれば、**黒いピーナッツ**（＊1）と呼ばれようが、闇将軍と言われようが、権力の座にしがみつき、影響力を及ぼせる地位を確保しようとする。それが私が考える本来の政治家の姿です。でも野田には、政治家としてもっとも必要な資質が欠けていた。

片山　民主党から自民党への政権交代は、90年代から続いた二大政

＊1―黒いピーナッツ
アメリカのロッキード社が航空機の売り込みで日本の政界に多額の賄賂を送ったロッキード事件で使われた隠語。ロッキード社に渡された領収書にピーナッツ１００個などの暗号が記されていた。ピーナッツ１個が１００万円だったという。

党制が幻影に終わった現実を突き付けてきました。二大政党制なんて絵に描いた餅だったことが明らかになった。だから誰も野党を信じられなくなったわけでしょう。

問題なのは、その不信感を払拭できず、立ち直れないまま現在にいたっていること。結局保守二大政党論がもたらしたものは、安倍一強というソフトファシズムだけだった。

佐藤　この状況を分析しているのが、**ニクラス・ルーマン**（＊2）です。

複雑系の社会を成り立たせるためには何が必要なのか。ルーマンは著書『信頼』で、社会の複雑性を縮減しなければならないと指摘して、そこでもっとも有効なのは信頼だと結論付けています。

要するに私たちは、こちら側が青信号のときはクルマが突っ込んでこないと信頼しているから道路を渡る。そしていったん信頼が確立すると、多少裏切られても信頼は維持される。とはいっても、信頼の持続にも限界がある。何度も事故が起きる交差点は青信号でも用心する。あまりに事故が多ければ、その交差点を使わなくなるかもしれない。それと同じで限度を超えて裏切り続ければ、今度は何をやっても信頼は取り戻せない。

＊2—ニクラス・ルーマン
1927－1998。第二次大戦後の社会学をリードしたドイツの社会学者。社会を、一つのシステムとして捉えた社会システム論の提唱者の一人。ルーマンの社会システムは、権力、信頼など幅広い要素によって成り立っている。

これまで見てきたように沖縄問題や尖閣諸島漁船衝突事件、そして東日本大震災の対応を見た国民のガマンが限界に達した。失われた3年で民主党は、国民の信頼を完全に失ってしまったのだと思うのです。

片山 当初は民主党政権に対する期待が大きかった。その反動で、期待が幻滅に変わってしまった。幻滅は何を生みだしたのか――それがニヒリズムです。

何をやっても意味がない。何が起きても何も変わらない。現在の安倍一強を支えているのは、民主党政権以後に社会に広まったニヒリズムの空気でしょう。それだけ政治に対する幻滅が大きかったといえるのではないでしょうか。

佐藤 その見方に賛成します。

一度政権を投げ出した安倍が再びトップに立ち、しかも長期政権を運営している。改めて考えてみると、その要因は二つだけです。一つは野党の弱体化。もう一つが辞任の原因となった潰瘍性大腸炎の新薬の開発。政治手法が変わったとか、過去を反省したとかもっともらしく擁護する人がいますが、まったく関係ないと思います。

片山 （苦笑）。弱い野党と新薬のおかげの長期政権というのは、とてもシンプルで分かりやすい。安倍内閣の本質を端的に表現しています。

政治家として変貌を遂げたか

佐藤　インテリジェンスの世界で人物を調べるときには20歳前後を徹底的に調べます。この時期に人格が完成する。20歳で女ったらしは50歳になっても女好き。20歳でウソつきは50歳になってもウソをつく……。死ぬような大病をしたり、投獄されたりしない限り、人格は変わらない。ちなみに、彼の20歳前後は、成蹊大学でお友達に囲まれながら、恵まれた学生生活を送っていた。だから安倍が50歳を超えて変わるということはない。人間としては、第一次政権時から何も変わっていないんですよ。

片山さんは安倍首相をどのように見ていますか？

片山　私には無思想なオポチュニスト（日和見主義者）に見えてしまうのですが。彼の発言に哲学やイデオロギーは感じられない。部分部分には思想も歴史観もあるのですが、そして支持する人も反対する人もその部分部分に反応して、すばらしいとかけしからんとか言

平成25年（2013年）

流行語
・〈今でしょ！〉
・〈お・も・て・な・し〉
・〈倍返し〉

流行歌
・「恋するフォーチュンクッキー」（AKB48）
・「EXILE PRIDE〜こんな世界を愛するため〜」（EXILE）
・「潮騒のメモリー」（天野春子［小泉今日子］）

映画
・『風立ちぬ』（宮崎駿）
・『そして父になる』（是枝裕和）
・『凶悪』（白石和彌）
・『舟を編む』（石井裕也）

本
・『医者に殺されない47の心得』（近藤誠・アスコム）
・『色彩を持たない多崎つくると、彼の巡礼の年』（村上春樹・文藝春秋）

い合うのですが、全体を見ると辻褄が合わないことばかりで。外交なら日本独自路線と対米従属路線と多極化路線が混在しているし、経済でもケインズ主義なのかハイエク主義なのかマネタリズムなのか、やはり混在しているし、文化的にも都合次第で開国的だったり鎖国的だったりする。

憲法改正でも何を変えたいのか、こだわりに乏しいし、教育や医療や高齢化社会対策でも、民間任せ・自己責任路線と福祉国家の継続路線とが適度にないまぜになっていて、支持勢力みんなの要求をいびつにブレンドして矛盾にも無頓着なように思われるのです。

アベノミクスの三本の矢（＊3）にしても、結局どれがどうなっているのか、評価が定まらないうちに、「一億総活躍」とか次の話をはじめるでしょう。

経済成長に行き詰まった今の先進資本主義国家に特効薬となる経済政策なんてないんですから、三本の矢という話自体がどこまで本気だったのか、私にはよくわからないのですが、それでもあれだけ掲げていたからには、納得のいく評価をして、それについての論戦がないといけない。それが政策というものでしょうが、「道半ば」という決まり文句と、複雑化する経済現象をますます複雑にして煙《けむ》

＊3―アベノミクスの三本の矢
2012年に誕生した第二次安倍内閣の経済政策。安倍とエコノミクスをかけ合わせた造語。日本銀行による大規模な金融緩和、政府による機動的な財政出動、規制緩和などを通じた成長戦略の3本の矢で、デフレからの脱却を目指す。

に巻くような数字を並べて、アベノミクスが成功しているのか失敗しているのかについてのかみ合った議論が展開されない具合になっている。

逆説的にいえば、ある程度の思想性と一貫性があって結果に対する評価も容易な経済政策に取り組んでも現今の資本主義の状況では失敗率が高く、責任を取ると明言していたらたちまち政権は終わってしまう。そこで安倍政権ははなから一貫性を放棄している。それが長期政権に結びついているのではないでしょうか。曖昧性と刹那性の組み合わせでできていて、批判者が政権に思想的実体があると思って拳を振り上げても、霧みたいなもので叩けない。

佐藤　一方で、状況の変化には非常に強いともいえますね。よく言えば柔軟に、悪く言えば場当たり的に対応をしてきて変化を乗り切ってきた。片山さんが指摘するように、そこに一貫性や思想はない。強いて言うならばポストモダニズムを体現した政治家です。

片山　それも平成的だと言えるでしょうね。よく言えば、臨機応変だから誰も安倍政権を倒せない。言葉に中身がない上、発言がころころ変わるから追及もできない。

佐藤さんの安倍晋三評はいかがですか。

佐藤 基本的にいい人なのではないですか。京都的に言うと「ええ人、ええ人、どうでもええ人」ということになる。いい人で情に篤いからお友達を大切にして意見に耳を傾ける。あとは裏表がない。発言に対する誠実性も基本的にはある。

けれども、安倍首相は実証性と客観性を無視して、自分が欲するように世界を理解する反知性主義者です。だから政治家は知識を蓄えれば蓄えるほど悪人になるわけですが、彼はいい人のままでいられるのでしょう。彼に国家戦略や安全保障、経済政策を求めるのは、魚屋にアスパラガスを買いに行くのと一緒のように思えます。

片山 「デフレからの脱却」「富の拡大」を声高に繰り返し続けるアベノミクスがまさにそう。**トリクルダウン**（＊4）がないという結果は出ていると思うのですが、いまだに撤回しない。しかも安倍を含めた閣僚の誰もが後始末のことを考えていない。それなのにまともな抵抗勢力もない。本当にひどい話です。

とはいえアベノミクスは、12年の第二次安倍政権発足から5年間もごまかしがきいているのですから、ある意味ではすごいスローガンではありますが。

佐藤 成果がほとんど出ていないにもかかわらず、いまだに連呼し

＊4―トリクルダウン
富裕層が富めば、貧困層にも自然に富が行き渡るという考え方。安倍政権は、大企業を優遇する経済政策を行って経済が活性化すれば、低所得者層も潤うと訴える。

ていますからね。アベノミクスが何をもたらすのか。確かに富裕層は一層豊かになっています。しかし、圧倒的多数の国民にとって、どのような経済政策なのか、伝わっていません。安倍自身も理解していないのかもしれません。

とんでもないのが、アベノミクスから派生した労働政策です。安倍政権になってから**官製春闘**（＊5）が行われるようになったでしょう。

片山　官製春闘の話を聞いたとき、私も本当に信じられない世の中になったと思いました。法的な根拠もなく国家が企業に給料を上げろというわけですからね。訳が分からない。狂っていると言ってもいいほどです。この国家体制はなんなのか。頭を抱えてしまいました。

明らかに異常事態のはずですが、メディアはアベノミクスに対して無批判でしょう。いえ、無批判ならまだしも好意的に報じている。これも大きな問題です。

佐藤　安倍首相が**マルクス経済学**（＊6）も**近代経済学**（＊7）も学んでこなかった強みですよね。マルクス経済学では賃金論は生産論に属し、分配論ではありません。ところが彼は分配論だと思って

＊5―官製春闘
2013年、安倍政権が政労使会議を開き、経済界に賃金の引き上げを要請。これを受けて中小企業を含めた多くの企業が賃上げを行った。以来、メディアで使われるようになった言葉。

＊6―マルクス経済学
マルクスが『資本論』によって確立した経済学体系。資本主義社会の矛盾を分析し、労働者階級の手による社会主義社会の実現を主張する。ロシア革命、労働運動、民族解放運動などを主導する理論となった。佐藤は、著書『はじめてのマルクス』において「マルクスの『資本論』の方法に基づいた社会分析は、われわれが置かれている社会を客観的に見るためにとても重要だ」と語る。

いる。分配は資本家間、もしくは資本家と地方の間で行われる。賃金は労働力を再生産するために必要な物やサービスを購入する対価によって構成されるので、労働者と資本家の交渉で決められるというのが資本主義の基本だったはずです。しかし国家の介入により、労働者の賃金を変えられると信じている。これはファシズムの賃金論です。

首相自らメーデーに参加したり、企業の内部留保をはき出すように要請したりする。これはイタリアファシズムを主導したムッソリーニを想起するやり方です。

昔マルクス経済学者の**宇野弘蔵**《こうぞう》（＊8）は、ファシズムの特徴は無理論だと語っていました。つまり理論がないから、理論に拘束されない。

片山　安倍政権を保守、右と解釈するから実態が見えてこないんでしょうね。安倍政権には理論も筋もない。やはりここに尽きるでしょう。だって、日本会議の支援を受けて、公明党と連立を組むなんてありえません。どう考えても筋が通らない。国民も理解できていないはずです。それでもある種のリアリズムによって、その構図が成立している。

＊7―近代経済学
１８７０年代以降の非マルクス経済学のほぼすべてを指す言葉。日本ではマルクス経済学に対する語として用いられるケースが多い。ケインズ学派、オーストリア学派、スウェーデン学派など。マル経に対して、近経と呼ばれる。

＊8―宇野弘蔵
１８９７－１９７７。日本のマルクス経済学者。経済学を原理論・段階論・現状分析の３構造で読み解く手法は、国内外に大きな影響を与え、後に「宇野学派」を形成した。

日本会議の納得することと、公明党の納得することの両方を適度に実行する。矛盾は矛盾として赤裸々になっても気にしないで放置するので、そんなものかと思ってしまっているうちに、また違うことを言い出すので、びっくりして、前の矛盾を忘れてしまう。これは「無の政治」かもしれない。やはりすごい政権ともいえます。

治安維持法より国防保安法に近い

佐藤　ただし先ほど話した通り、安倍政権はイデオロギーや思想がない分、突発的な出来事には強い。

一つ例をあげるとすれば13年1月に起きて、日本人10人を含めた約40人が犠牲になった**アルジェリアのテロ**（＊9）でしょう。この事件で安倍政権は非常に機動的だった。

政務官の城内実がたまたまクロアチアにいて、すぐにアルジェリアに駆けつけることができたことも大きいですが。彼は非常に優秀な外交官である上、父親が警察庁長官だった。警備公安的な視点も持つ希有な外交官だったんです。現場では真偽不明の怪しい情報がどんどん入ってくるのですが、彼は自分で精査して余計な情報を束

＊9―アルジェリアのテロ　２０１３年１月16日、アルジェリア南部の天然ガス採掘施設で発生した人質事件。犠牲者は日本人10人を含む約40人。約30人のイスラム過激派がプラントを襲撃し、１００人以上を人質に取って立てこもった。

京に伝えなかった。情報を扱った経験がないと怖くなって取捨選択ができなくなるんです。

片山　彼が事件直後に対応できたのは、不幸中の幸いだったわけですね。アルジェリアの事件では、普通に働く一般の日本人がテロの標的になった。ポスト9・11の国際的な非常事態社会では日本人も事件に巻き込まれるという現実を我々に突き付けてきました。そして15年には**チュニジアの博物館襲撃事件**（＊10）で3人の日本人が犠牲になり、さらに16年には**バングラデシュ・ダッカのレストランで日本人7人が殺される事件**（＊11）も起きた。戦争やテロが他人事ではないという空気が日本でも醸成されていきました。

13年の終わりに特定秘密保護法が成立したのも、醸成されたその空気と無関係ではないでしょう。成立する過程で、大規模な反対運動が行われました。反対運動に参加した人たちは、共産主義者、社会主義者だけでなく、リベラルな一般市民も弾圧の対象になるのでは、と危惧した。彼らは、治安維持法にたとえて、特定秘密保護法の危険性を訴えていましたね。

佐藤　しかし私は、反対派の議論や主張がずれていると感じていました。

＊10―チュニジアの博物館襲撃事件
2015年3月18日、チュニジアの首都チュニスで起きた博物館銃乱射事件。日本人3人を含む外国人観光客21人とチュニジア人1人が死亡。射殺された実行犯2人はイスラム過激派と見られている。

＊11―バングラデシュ・レストラン襲撃事件
2016年7月1日、バングラデシュの首都ダッカで、武装集団が外国人に人気のレストランを襲撃。JICAの関係者である日本人7人やイタリア人を含む22人を殺害。事件後、「イスラム国」が犯行声明を出した。

特定秘密保護法は、リベラル派の取り締まりではなく、他国に侵略する準備として制定されました。つまり特定秘密保護法は治安維持法よりも、1937年に抜本改正された**軍機保護法**（＊12）と41年に成立した**国防保安法**（＊13）に近いんです。

専守防衛に徹するだけなら特定秘密保護法は必要ありません。でも他国を攻撃する場合は軍事的な秘密や技術的な情報を隠す必要がある。そのための法律が、軍機保護法であり、国防保安法だった。

片山　なるほど。侵略戦争の準備が着々と進んでいるのに、反対派は広い視点で問題を捉えられなかったというわけですね。いや、まだ戦争に対する危機感を持っていないといった方がいいかもしれない。自分たちが弾圧されるかもしれないというところで想像や思考が止まってしまっていた。だから政権と反対派の議論がかみ合わなかったわけですね。

佐藤　そう思います。

もしも私が反対派だったら、1941年に起きた宮澤・レーン事件を例に出して危険性を訴えます。太平洋戦争開戦直後、当時北大生だった宮澤弘幸はアメリカ人英語教師であるハロルド・レーンに旅行中にたまたま見た根室飛行場の情報を話したとされた。宮澤と

＊12—**軍機保護法**
1899年に制定された軍事上の機密を守るための法律。1937年に改定され、適用範囲が広くなった。軍人だけでなく、軍事施設を撮影した一般人も罪に問われた。最高刑は死刑。

＊13—**国防保安法**
1941年に国家機密、とりわけ政治上の機密の保護を目的として制定された法律。戦時体制の強化を目的とする。

＊14—**自然権**
生まれながらすべての人間が持つ権利。自然権は国家以前に存在し、国家によって与えられた権利ではないとする。もちろん国家も侵害できない。

レーンはスパイの疑いで特高警察に逮捕される。（北大生の行為は日常会話だったにもかかわらず）二人は軍機保護法違反の罪に問われたのです。特定秘密保護法の脅威が一般人に及ぶとすればこういうケースでしょう。

片山 大切な指摘ですね。戦争がはじまると何が起こるのか、そこを考える必要があった。戦争を知らない反対派の弱さが浮き彫りになったともいえますね。

佐藤 そうなんです。侵略戦争を行うためには何が必要か。防衛戦争に思想的な準備は必要ありません。来る敵を追い払うしかない。それは**自然権**（＊14）で説明できる。

でも侵略戦争には思想が必要になる。田辺元や田中智學、**大川周明**（＊15）のような知性が、論理、哲学を構築しなくては侵略戦争が行えない。

片山 とはいえ、安倍政権が侵略の論理や哲学を持っているとは思えない。法的な準備はしているのでしょうが。安倍政権には大川周明どころか**安岡正篤**《まさひろ》（＊16）もいないでしょうね。戦争ができるぞというポーズを保守派向けに見せようとしているだけに見えます。

佐藤 だから逆に安心なんですよ。私も安倍政権に侵略の思想を構

＊15—大川周明
1886‐1957。国粋主義運動者。満鉄に入社し、軍部に接近。陸軍幹部がクーデターを計画した三月事件、5・15事件に関わった。A級戦犯となったが、精神異常で免訴。片山は著書『近代日本の右翼思想』で「アジアはひとつ」の岡倉天心に影響されたアジア主義者だった、と評する。

＊16—安岡正篤
1898‐1983。思想家。国家主義団体に参加後、私塾・金鶏学院を設立する。右翼革新的な官僚に強い影響を与える。終戦時の「玉音放送」の添削も任される。戦後も歴代首相の指南役となった。

築できるとは考えていません。

「血のオリンピック」がはじまる

片山　さて、ここで少し政治から離れて、13年の社会の動向を見ていきましょう。

この年は『**あまちゃん**』（＊17）ブームが巻き起こりましたね。4月にスタートしたNHKの朝ドラの『あまちゃん』が東北復興と結びつき、人気になりました。私はときおり見たという程度なのですが、アイドルを目指す主人公を通して東京と東北の関係を上手に表現したドラマだったと思います。小泉今日子や薬師丸ひろ子も絶妙な役どころに配して、幅広い世代をつかんだのが勝因だったのでしょう。

震災との繋がりでいえば、9月に2020年に東京でオリンピックが開催されることが決まりました。**滝川クリステルの「おもてなし」**（＊18）がやたらとメディアに取り上げられていましたが、政権の思惑は明白です。オリンピックという大きなネタを投下して、3・11を忘れさせようとしたわけでしょう。

＊17—『あまちゃん』　2013年のNHK朝ドラ。引っ込み思案の高校生が、三陸地方の架空の町に移住し、海女になることを決意。その後、上京しアイドルを目指すという物語。能年玲奈（現・のん）主演。宮藤官九郎が脚本を担当。小泉今日子、薬師丸ひろ子など往年のアイドルも出演し、驚いたときの方言「じぇじぇじぇ」が流行語大賞に選ばれるなど、社会現象となった。

＊18—滝川クリステルの「おもてなし」　2013年9月7日、ブエノスアイレスで開催された2020年オリンピック・パラリンピック招致を決めるIOC総会において、滝川クリステルが登壇。〈東京は皆様をユニークにお迎えします。日本語ではそれを「おもてなし」という一語で表現で

佐藤　五輪を誘致できなければ、諸外国から日本は原発事故を収束できなかったと見られます。五輪の決定により、対外的に原発事故に終止符を打つ――その論理で政治エリートは誘致に動いた。

片山　それは、五輪招致プレゼンで安倍首相が発した「アンダー・コントロール」という言葉に象徴されていましたね。コントロールとは何をどのレベルで統御しているのか。解釈を丸投げした発言でしたから、みなさん善意に解釈したようですけれども。

佐藤　原発事故を封じ込めたと明言して、不安を払拭しようとしたんだけど、果たして根拠があったのか。封じ込めが成功したなんて、日本人も外国人も誰も信じていない。日本はどれほど無責任な国かという印象を植えつけることになった。

片山　オリンピック招致は、あからさまな東北の切り捨てのように感じられました。東北は東海道エリアに比べれば、やはり二次的な地域だと思われているのでしょう。そんな場所にお金をつぎ込んで復興させるにも限界がある。東北復興を多年にわたって日本の政治社会の最前面に押し出していても利が薄い。東京五輪という明るい話題の方が国家全体の利益になる。そう判断したのでしょうね。リニア新幹線に大金が投じられるのも東海道だ。東北ゆかりの人間と

きます。それは見返りを求めないホスピタリティの精神、それは先祖代々受け継がれながら、日本の超現代的な文化にも深く根付いています〉と発言。

滝川クリステルの「お・も・て・な・し」（IOC総会プレゼン）。

しては虚無的にもなってくるのですが。

佐藤　今回のオリンピックは、トヨタをはじめとする優良企業が関わろうとしなかった。いわば筋悪案件になってしまった。慶應義塾大学商学部教授の菊澤研宗は中公文庫版『組織の不条理』のあとがきでオリンピックについてこう書いています。

〈依頼人が代理人にあいまいな予算にもとづくプランの実行を依頼したとしよう。このとき、良き代理人は予算のあいまいさに危険を感じ、依頼人に近づかない方が合理的と考える。他方、悪しき代理人は逆にあいまいな予算に付け込んで利益が得られると考えるので、依頼人に近づくことが合理的となる。

　こうして、あいまいな予算のもとでは、良き代理人が淘汰され、悪しき代理人だけが生き残るというアドバース・セレクション（逆淘汰）が発生する。このような不条理現象が日本のインパール作戦で起こったように、東京オリンピック開催予算をめぐっても起こっているように思える〉

　このように東京オリンピックを、インパール作戦と並ぶアナロジーとして逆淘汰の事例として挙げているんです。東京オリンピックが逆淘汰社会のスタートになるのではないかと私は見ているんです。

平成を数字で読む ❾「お・も・て・な・し」の実態

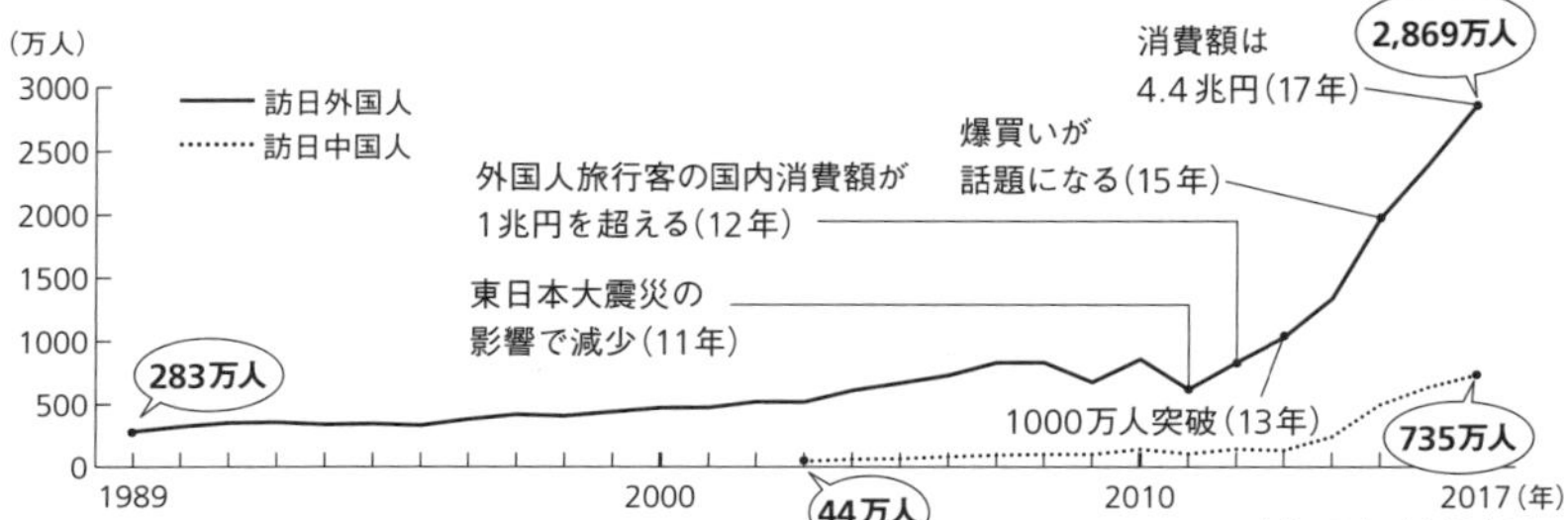

出典：日本政府観光局

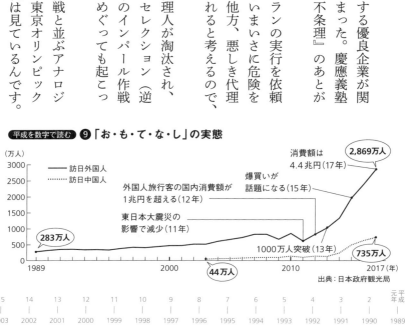

片山 政治家はオリンピックを開催すれば、景気が上向くという。でもオリンピックなんて、どう見ても不透明な未来をごまかすための刹那的なイベントに過ぎない。そう考えれば、優良な企業が手を出さないのは当たり前ですね。

でも、オリンピックに騙される人はたくさんいるわけで。いまのオリンピックは、死ぬまでの蓄えがあり、年金をもらえる人が楽しむイベントとして2020年まで間を持たせるためのもの以上の何かがあるのでしょうか。

それは白髪頭の人たちが「護憲」を叫んでいる構図と似ているところもあります。日本をリアルに考えたら、いくらでもやることがあるはずなのに、それはだいたい暗く厳しい話だし、まじめに取り組んでもよい答えが出ないかもしれないから、触れないで先送りにして、少し先に楽しい出来事を振ってごまかす。そんなインチキに群がるのは、切羽詰まった企業と、次に当選できるかわからない政治家だけ。こういう構図になっていますね。

現在、起きているのは、64年の東京オリンピックとは真逆の現象です。前回のオリンピックでは、戦後高度成長でみんな右肩上がりを信じられたから盛り上がれた。そしてその4年後の68年には、明治100年を迎えた。明治の日本人が偉かったから、いまも高度経済成長をしていると、歴史をポジティヴに連続させて、日本と日本人の存在証明が得られる時代でした。

佐藤　確かに家庭用のカラーテレビが普及して、家族で観戦した前回のオリンピックとは全く違う。

前出の漫画家の東村アキコは東京オリンピック開催が決まったとき「一人で東京オリンピックを見るなんてイヤだ」と思った。それが『東京タラレバ娘』を描くきっかけになったそうです。

オリンピックを2年後に控えたいま、私は1931年に刊行された**中山忠直**（＊19）の『日本人の偉さの研究』を思い出すんです。彼は40年に開催される予定だった東京オリンピックに浮かれる日本人をとても批判している。こんなオリンピックは実現できない。これからは、戦争という名の「血のオリンピック」がはじまるんだと予言した。

片山　いまの時代と、とてもよく重なります。

佐藤　しかも各国スポーツで競い合ってナショナリズムを昇華させようと言っても、「イスラム国」は、国家として承認されていないから出てこない。

＊19―中山忠直
1895-1957。ファンタジーやSF色の強い詩や自然主義的な歌で評価された詩人。マルキシズムから大正初期に極右思想に転じた。天皇はユダヤの血を引いているという本が発禁処分を受ける。漢方医としても著名だった。

片山 国民国家の崩壊が世界を混乱させているのに、国家で競い合うというのもバカげた話ですね。

佐藤 東京オリンピックで、もう一つ注目しなければならないのが、役所の問題です。これまでオリンピックは文部科学省の管轄でしたが、**新国立競技場の問題**（＊20）が起きて国土交通省に移った。管轄する役所が代わる——これは利権の移動を意味します。ここを批判するメディアがまったくありません。

＊20—新国立競技場問題
2020年東京オリンピックの主会場として使用するため国立霞ヶ丘陸上競技場を全面的に建て替えることになった。コンペでは、イラク出身のザハ・ハディド案が採用されたが、建築費高騰で二転三転。建築費の予算を巡っても、東京都と文部科学省が対立した。結局、ザハ案は却下され、再コンペによって大成建設と建築家・隈研吾氏案の採用が決まった。

「逃げ恥」と冬彦さん

片山 利権の移動が容易になったのも、新自由主義の影響でかつては社会に厳然と存在していた関所や境がなくなった影響でしょうね。たとえば、官邸主導になった結果、「総理の意向で」と今までありえなかったことが平気で起きている。総理やその近辺の人たちとのつながりだけで便宜をはかってもらえる森友、加計問題も同じ構図の問題でしょう。

その構図はソ連崩壊後のロシアに重なります。秩序が崩壊した直後、残った利権にたくさんの人が群がってきた。そして利権を貪るだけ貪ったらさっさと逃げて、誰もいなくなった。オリンピックに群がった悪しき代理人も稼げるだけ稼いだらみんな逃げていなくなるでしょうね。

佐藤　十分考えられるシナリオですね。ここで「逃げる」をキーワードに平成の社会を考えてみましょう。

16年に**『逃げるは恥だが役に立つ』**（＊21）がブームになりました。大学院を出て臨床心理の資格を取りながらも就職難で派遣社員になった新垣結衣演じるみくりが、京都大学出身のシステムエンジニアだけど、彼女いない歴35年の津崎平匡《ひらまさ》と契約結婚をするドラマです。

私は「逃げ恥」を92年のドラマ**『ずっとあなたが好きだった』**（＊22）」と重ね合わせて見ていました。「逃げ恥」で星野源が演じた「プロの独身」と自称する気むずかしい津崎平匡と、『ずっとあなたが好きだった』で佐野史郎が演じた冬彦さんは実は似ている。ともに高学歴でオタク的でマザコン。二十数年前、冬彦さんはキモいと嫌われましたが、平匡は収入も仕事もあり、家族思いでいいじゃないかと評価される。

片山　現代の女性は、男が多少オタクでもマザコンでも生き残れれば、逃げ切れればいいと考えるのでしょうね。二十数年前になかっ

＊21――『逃げるは恥だが役に立つ』　大学院を出ながらも派遣社員になった女性と高学歴だが気むずかしい男性の契約結婚を描いた漫画。作者は海野つなみ。２０１６年に新垣結衣と星野源主演でドラマ化されて人気となった。佐藤は「大学院を出てもまともな仕事に就けない現代社会と教育に対する痛烈な皮肉として見た」と語る。

＊22――『ずっとあなたが好きだった』　１９９２年に放送されたテレビドラマ。特殊なマザコン男との結婚生活を描く恋愛サスペンス。佐野史郎演じる東大卒の冬彦キャラクターが注目され、「冬彦さん」「マザコン」が流行語となった。妻役に賀来千香子。姑役に野際陽子。

た感覚です。

佐藤　そうなんです。引きこもり気味でもマザコンでもお金を持っていればいい。稼げればいいと考えるようになった。そう考えると「逃げ恥」は新自由主義の空気を反映したドラマともいえる。

片山　前にも触れましたが、経済が上向きの時期は生涯年収を計算し、結婚や自宅を購入する時期を逆算していく。

しかし、経済が落ち目になると「最低生活の研究」がはじまる。貧困調査で有名なイギリスの**ラウントリー**（＊23）の『最低生活研究』などがそうです。日本でも戦時期には生活を最低でも保たせるための社会調査がさかんに行われました。なぜなら自由売買から統制配給にするとなると配給量を決めねばならない。そうやって最低線に関心が集まるようになる。タラレバ娘や逃げ恥にも通じますが、これくらいの収入があれば、なんとか生き延びられると、追い詰められた人々は自ら計算しはじめる。その最低線を守る闘争が生きることになる。

佐藤　社会学者の山田昌弘が17年に刊行した『底辺への競争』がまさにそうですね。かつて山田が提唱した**パラサイト・シングル**（＊24）が、20年後に底辺への競争を繰り広げる。40代の男性の3分の

＊23—ラウントリー
1871-1954。イギリスの著名な貧困研究者。栄養学などに基づいて最低生活費を計算して、貧困世帯の数や出現率の算出などを行った。

＊24—パラサイト・シングル
社会人になっても親に依存しながら生活する独身。親に寄生（パラサイト）しているという意味。親に家事を任せ、自由に収入を使うので、経済的に豊かな生活を送る。社会学者山田昌弘の『パラサイト・シングルの時代』で話題に。

1が結婚できない。40代女性のパラサイト・シングルも深刻です。家と親の年金がなくなれば、生活保護を受けるか、ホームレスに転落するしかない。

片山 それはリアリティを感じますね。独身の自分は親が死んだら自分はどうなるのか。そう考えていけば誰でもいいからしがみつくしかなくなる。

かといって、政府の雇用拡大政策や社会保障には期待できない。1930年代に世界恐慌を乗り越えるためにアメリカで行われたニューディール政策のような大規模な公共事業もできるはずがない。打ち上げ花火のようなオリンピックがせいぜい。次は大阪万博招致ですか。かなりの数の日本人がこの世界の世知辛さを実感しはじめている。

この撤退感覚の広まりには、学歴社会の崩壊が関係していると、私は考えてしまうのですけれど。

佐藤 まさに「逃げ恥」のみくりがそうですね。大学院を出ても派遣社員としてしか働けない。あのドラマでは学歴社会の崩壊をうまく掬《すく》い上げていました。

片山 かつては学歴に見合った就職や結婚、収入があった。社会的

平成を数字で読む ⑩ **高まる「健康志向」**

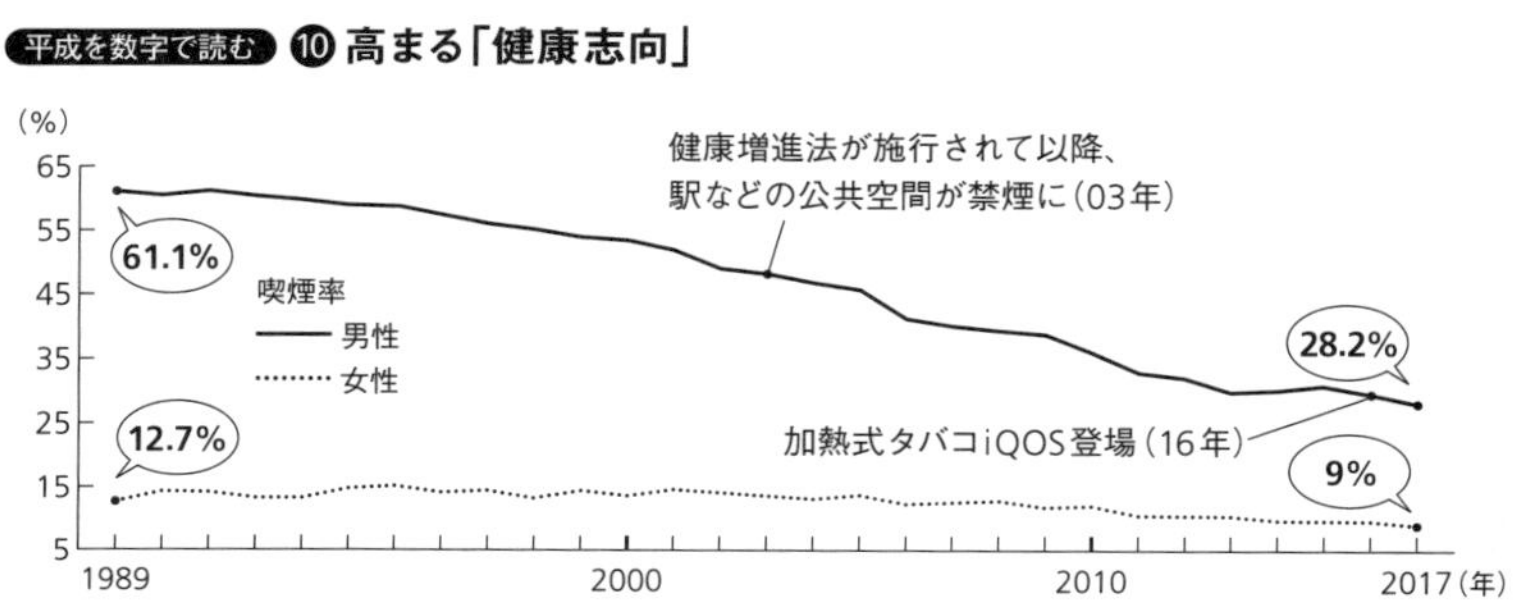

出典：「全国たばこ喫煙者率調査」(JT)

地位が保証されていました。だから教育に資本を投下すれば、分かりやすい見返りがあった。

しかしバブル崩壊後に雇用形態が変わり、モデルが崩れた。それならより高い学歴を手に入れればなんとかなるのではないかと考えた若者たちは大学院に進んだ。ただし大学院という学歴はなんの役にも立たなかった。こうして「逃げ恥」のような高学歴ワーキングプアが登場するわけです。

佐藤　いまや大学院を出ていると雇ってもらえないので、経歴を詐称してコンビニでアルバイトをする時代になっていますからね。

平成がスタートした時点で、我々は子どもたちに自分と同等かそれ以上の教育を与えられると信じていた。でも、現代では子どもに自分と同等の教育を受けさせるのは難しくなってきている。子どもに教育を与えるという昭和では当たり前だったことが、平成に入って幻想になりつつあるんです。平成を通して、教育に対する日本人の意識は大きく変わりました。

片山　学歴社会の崩壊に加えて、大学を卒業して安定して働くというモデルも壊れてしまっているのも教育に対する意識の変容に拍車をかけている。

平成を数字で読む ⑪「おひとりさま」が増えている

＊年間3万人が孤独死しているという推計も（7割が男性）

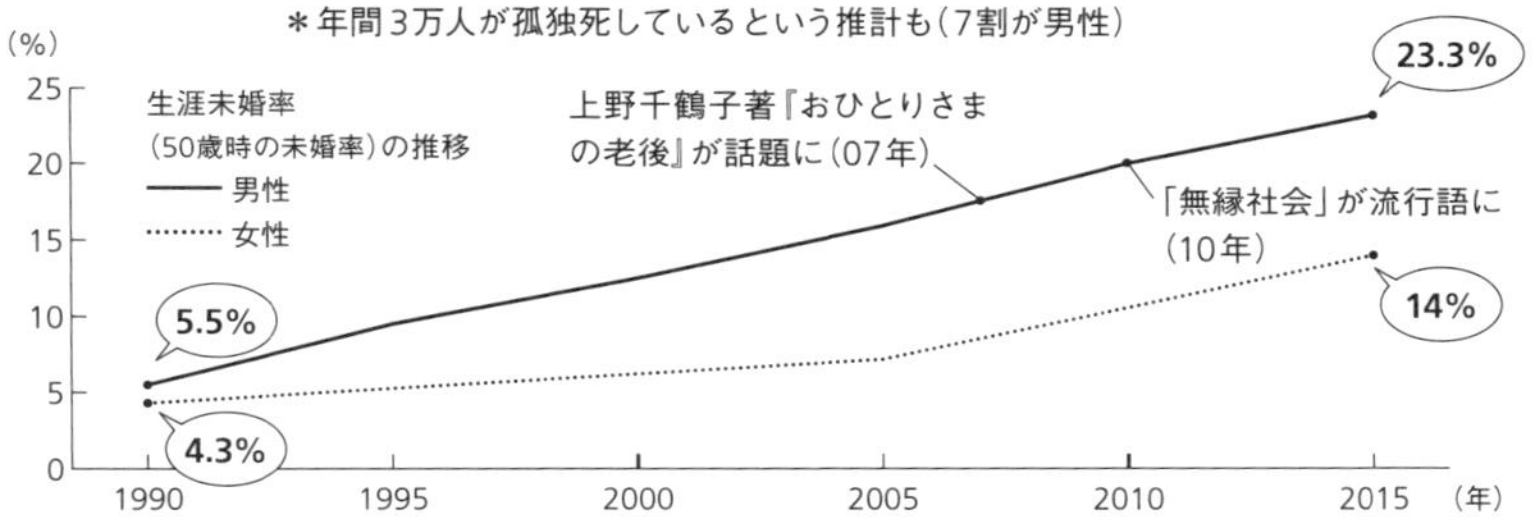

出典：「人口統計資料集」（国立社会保障・人口問題研究所）

高学歴を手に入れても定年まで働ける企業がいまの日本にどれだけあるのか。では、官庁はどうか。いまや官庁で一生懸命に働いて出世しても、天下りが禁止されている。一体なんのために苦労して勉強するのか分からなくなってしまっている。

佐藤　成功したと思われている女性たちだって、幸せかどうかは分からない。ドラマ版「逃げ恥」ではソフトに取り上げていましたが、怖くて扱えないのが石田ゆり子が演じたアラフィフの独身のキャリアウーマンです。漫画版では、一度も男を知らないまま閉経した女性として描かれている。それが、男女雇用機会均等法後に登場したやり手のキャリアウーマンや『**負け犬の遠吠え**』（＊25）で書かれた、それなりにリッチな独身女性の行き着いた先の一つの現実だった。

日本人は〝オボちゃん〟に何を見たのか

佐藤　学歴社会の破壊に貢献したのが、14年の年明けからはじまった**STAP細胞騒動**（＊26）です。小保方晴子はAO入試で早稲田大学に入学して、博士課程までを修了している。

あの騒動は小保方を非金属から金属を作り出す錬金術師と考える

＊25—『負け犬の遠吠え』
2003年に刊行された酒井順子のエッセイ。「30代以上」「未婚」「子どものいない」女性を自虐的に「負け犬」と呼んだ。女性読者の共感を集めた。

＊26—STAP細胞騒動
2014年1月に理化学研究所の小保方晴子が発表した新型万能細胞。その後、論文の無断引用や画像の使い回しなどの指摘が相次いだ。ねつ造の指摘に対して、小保方は「200回以上成功した」と会見で主張した。

と分かりやすい。錬金術では、何百回も何千回も成功したという報告があります。でもユングは『心理学と錬金術』で、錬金術研究室で、錬金術師によって、メンバーが心理的に支配されたときだけ錬金術は成功したといいうんです。

小保方は研究室内の磁場を変えて周囲の人の心理を支配する特殊な能力を持っていた。だから面接が重視されるＡＯ入試に合格でき、理化学研究所の人たちもＳＴＡＰ細胞があると信じた。学歴を失墜させる事件でもあった。

片山　働き方のモデルが崩壊したという視点で見れば、彼女が錬金術を使わざるをえない状況が分かる気もします。

小保方も契約社員的な立場で研究に携わっていたわけでしょう。研究を続けたいと思っても長期的に雇われるのは難しい。結果を出さなければ、更新はしてもらえない。となると研究室に所属し続けるためには錬金術を使ってでも結果を出して契約を更新していくしかない。自分が取り組みたい研究よりも、目標はとにかく次の１回の更新。そうして研究成果をでっち上げる。その繰り返しだったのではないかという気がします。

佐藤　きっとそうだったのでしょうね。私は彼女の両親の危機管理

割烹着の研究姿も話題を呼んだ（小保方晴子氏）。

に感心しました。ＳＴＡＰ細胞発見当初、彼女はメディアにもてはやされた。でも両親は一度も表に出てこなかったでしょう。

この種の報道の場合、親が登場して「うちの晴子は……」と自慢げに語るのが普通です。きっと両親は知っていて出てこなかったんですよ。「また晴子がしでかした。今回はスケールが大きいから大変なことになる」と。

騒動が一段落すると彼女は講談社から**『あの日』**（＊27）を刊行して、「婦人公論」で「小保方晴子日記」の連載を始めた。ということは、建前上、「婦人公論」編集部では編集長を含めて編集者たちが彼女の主張を信じていることになる。

片山　いまも周囲の人の心理を支配しているのでしょうね。その意味では大したタレントです。

クラシック史に残すべき代作騒動

佐藤　ＳＴＡＰ細胞発見の翌月には**佐村河内守《さむらごうちまもる》のゴーストライター事件**（＊28）が報道され始めました。海外の先行研究をコピー＆ペーストした論文で博士号を取得した小保方に通じる事件です。これ

＊27―『あの日』
２０１６年1月に講談社から刊行された小保方晴子の手記。ＳＴＡＰ細胞への批判に反論した。刊行後に「婦人公論」で瀬戸内寂聴と対談。２０１７年から同誌で「小保方晴子日記」の連載もスタート（18年3月、単行本化）。『あの日』を読んだ佐藤は「小保方さんは自分が現実を呑み込むか、現実に自分が呑み込まれるかという勝負に出ている」と感じたという。

＊28―佐村河内守のゴーストライター事件
２０１４年、作曲家の新垣隆が、全ろうの作曲家として現代のベートーヴェンと称される佐村河内守の曲を18年にわたって代作してきたと告白。佐村河内もゴーストライターの存在を認めた。片山は「同じような水準の交響曲が数多あるなかで、作品を売

は音楽業界の構造に問題があったのですか？

片山　前提としてクラシック音楽界には、交響曲は全人的表現であるという神話があるんです。ベートーヴェン以来の神話ですけれども。世界観のようなトータリティを芸術音楽として表現する最上の楽曲分野が交響曲であると。佐村河内も交響曲を作れば、立派な芸術家として評価されるという幻想を持ってしまったのでしょう。

しかし、交響曲は交響楽団のために、しかも自力ですべてを書くというのが筋で、演奏時間も半時間とか1時間とか欲しい。基本的な楽想を考えて、その展開・構成・組み合わせの仕方を考えて、ハーモニーとポリフォニーを考えて、オーケストラで使うあらゆる楽器に精通して、それぞれのパートを仕上げなくてはいけない。並大抵のことではない。専門的な学習と実地経験が何年も必要です。かりに才能があったとしてもですね。佐村河内にはそこまでは無理だった。そこで才能はあるが報われていなかった現代音楽作曲家をゴーストライターに立てた。

実は、ある人を通じて佐村河内のデモテープが私にも送られてきたことがありまして。まだまったく無名の頃の話です。聞いてみたのですが、これはちょっとと思って、一切手を出しませんでした。

るには全ろうの作曲家という分かりやすい物語が必要だったのではないか」と言う。

平成26年（2014年）

流行語
・〈ダメよ〜ダメダメ〉
・〈集団的自衛権〉
・〈カープ女子〉

流行歌
・「ラブラドール・レトリバー」（AKB48）
・「ゲラゲラポーのうた」（キング・クリームソーダ）
・「R.Y.U.S.E.I.」（三代目 J Soul Brothers from EXILE TRIBE）

映画
・『そこのみにて光輝く』（呉美保）
・『紙の月』（吉田大八）
・『STAND BY ME ドラえもん』（八木竜一・山崎貴）

本
・『人生はニャンとかなる！』（水野敬也／長沼直樹・文響社）

でも小保方を担当する編集者と一緒で、彼を信じて応援した人がいたわけでしょう。耳が聞こえないという障害を持っているのに頑張っている。ベートーヴェンと全く同じ境遇の現代の天才だ。そう思って長年支えていたわけです。

佐村河内が頭を壁にぶつけながら作曲する様子がテレビでよく流されていましたが、どう見ても胡散くさい。それでもみんな信じてしまう。不思議でしたねえ。

佐藤　あれはNHKのドキュメンタリーの映像でしたね。真相が分かってみれば、茶番なんだけど、みんなが信用した。

ただし佐村河内には、0から1を作る能力を持っていた。そして、その1を100に伸ばしてくれるパートナーがいた。

片山　共作として発表していればよかったのでしょうが、それでは天才神話は成立しないし、もともとクラシック音楽の世界では共作は歓迎されません。近代の小説や絵画と同じで、一人で全部作ったと信じられるところから作品の値打ちが生まれてくる。たとえば、中国の文化大革命時代に「ピアノ協奏曲黄河」が集団創作という形で発表されました。今も演奏されていますけれど、作曲家が複数だからクラシック音楽界では、どうしてもへんな曲扱いされてしまう。

佐村河内守氏を持ち上げたメディアの罪も重い。

佐村河内としては一人の仕事という前提を守り抜く必要がありました。

佐藤　さらに佐村河内の場合は、キャラクターまで作り込んだ。ただし、見せ方次第で、二人とも傷つかない方法はあった気がします。たとえば、佐村河内はハンディキャップがあって楽譜を音に変換できない。自分の境遇では音楽を専門的に学ぶ機会もなかったという物語を作る。そんな佐村河内をサポートする現代音楽家として新垣《にいがき》隆を登場させる。

騒動が起こる前、佐村河内という個人で作品を発表していたけれど、「実は共作だったんです」とカミングアウトする。そうしていれば、二人とも傷つかずにファンを裏切ることもなかったはず。

片山　その筋書きなら切り抜けられたかもしれませんね。しかしゴーストライターの新垣は告発せざるをえない状況まで追い込まれてしまった。佐村河内も錬金術をやり過ぎてしまったのではないかと。

佐藤　報道の通りだとすれば、子どもにまで錬金術を強要しようとした。

片山　事件後の佐村河内を追った森達也の『FAKE』(＊29)を見ましたが、何が真実で何がウソか見分けるのはとても難しいと感

＊29―『FAKE』ノンフィクション作家であり、ドキュメンタリーの映画監督でもある森達也が、ゴーストライター騒動後の佐村河内守を追った作品。ゴーストライターの新垣隆や「週刊文春」で告発レポートを発表したライターのこと、さらには佐村河内を題材にしたテレビ番組などを冷笑的に映し出すシーンがある。２０１６年公開。

じました。

佐村河内騒動後に残ったのは、佐村河内の交響曲がこれまで日本人にもっとも聞かれた日本人の交響曲になったという事実だけです。戦前から日本人の作曲家もたくさんの優れた交響曲を作ってきているのに、そういうものに見向きもしなかった大勢の音楽ファンが、苦難の物語と本人の強烈なキャラ演出のついた佐村河内の交響曲には飛びついて感激の涙を流している光景には、つらいものを感じましたね。

佐藤 日本のクラシック界では佐村河内の交響曲はなかったこととして扱うのではないですか？

片山 たぶんそうするでしょうね。クラシック業界はインチキを見抜けなかったと信用を失ってしまいました。とはいえ平成の時代に日本人にもっとも影響を与えた交響曲だった事実は変わらないのですから、きちんと総括して日本音楽史に残すべきなんです。新垣がかなり上手に作った受け狙いの交響曲としては、作品そのものがそれなりのものなんですから。

佐藤 日本人は、歴史の恥部から学ぼうとしない。『**国体の本義**』（*30）だってそう。いまや古本で手に入れるしかないでしょう。

＊30──『国体の本義』
天皇中心の国体護持、日本精神の指導者養成、国民教化を目的に文部省が１９３７年に編集、発行した出版物。古事記、日本書紀、神話をもとに天皇への絶対服従を説き、社会主義、共産主義、民主主義、個人主義などを否定した。

片山　『国体の本義』では神話を紐解き、天皇への絶対服従を説いた。日本の歴史は『国体の本義』を抜きには語れない。

私は学校でも教えるべきだと思っています。しかし、悪影響を恐れているのか、戦争にいたった反省からか、今はなかったことになっている。

『国体の本義』は、今の時代に何が起きているのか、なぜ今日の社会になったのか考えるヒントになる。講談社学術文庫か岩波文庫にでも収録すればいいと思うのですが。

佐藤　そうですね。たとえば『国体の本義』に加えて、オットー・ケルロイターの『**ナチス・ドイツ憲法論**』（＊31）を読めば、現行憲法に手を触れずに実質的に憲法改正をすることも可能だとわかります。ワイマール憲法に矛盾するような法律や法令をどんどん付け加えると、行き着く先が事実上のナチス憲法だと理解できるはずです。

片山　そういうものに興味を持つと右翼じゃないかと疑われる。だから本を読まず勉強もせずにナイーブに育つのでしょう。すると今度は、国家に簡単に騙されてしまう。平成に育った若い世代は、国家のあり方や社会の風潮に違和感を覚えても、批判の仕方が分から

＊31―『ナチス・ドイツ憲法論』　1939年刊行。著者であるドイツの国法学者オットー・ケルロイターは、ナチス憲法は実際には存在しないが、法律や解釈によって成文化されていなくても「ナチス憲法」は確立できると説いた。佐藤は「当時もっとも民主的だったワイマール憲法を改正せずに憲法と異なる法律や解釈を作っていたのがナチスのやり方だった」と解説する。

ない。そういう状況になっている気がしますね。

政治のVシネ化

片山 14年7月に、**集団的自衛権**（＊32）の行使容認が閣議決定されました。これも特定秘密保護法同様、安倍政権が行った戦争準備の一つといわれることがありますね。

佐藤 集団的自衛権の閣議決定と、消費税の引き上げに前後する議論で、公明党の政治的優位が確立されました。まず消費税は14年4月に8％になった。それが10％になる際には、一部の生活必需品にかかる税を減らす「軽減税率」導入が模索された。これを積極的に提言したのは公明党でした。

そこで官邸と財務省は、消費税引き上げにともなって、マイナンバーを使い、消費税の一部を還付する独自案を考えた。しかし、公明党は、消費者の負担軽減が限定的だとして反対します。すると安倍首相は、すぐにその話を引っ込めて、「公明党とよく相談して」とコメントした。官邸と財務省が決めたことを公明党がひっくり返すなんて、これまでの霞が関の常識ではありえなかった。

平成を数字で読む ⑫ **一服のお値段**

＊消費減少による税収の落ち込みを避けるため、段階的に値上げがなされてきた。

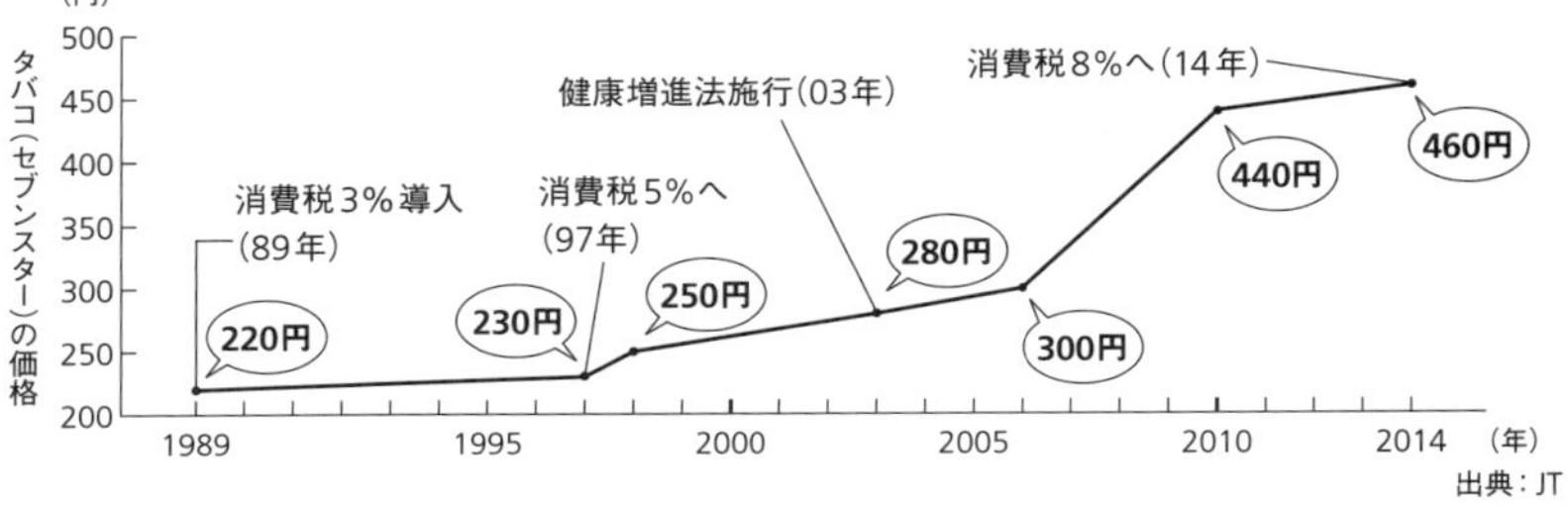

出典：JT

それから何が起きたか。官僚の公明党回りなんです。いまや自民党よりも先に公明党に法案や政策を説明する官僚も多い。政策の理解力も高いから官僚は公明党の議員を重視するようになった。

片山 そこから安倍政権は、公明党に足かせをされているような状況になってしまいましたね。

佐藤 そうなんです。安倍政権は、集団的自衛権容認でも公明党を無視できなかった。当初、官邸はかつて小沢一郎が語っていた9条を改正して自衛隊を軍にする「普通の国家」路線で行こうとしました。でも結局、公明党の理解は得られなかった。

公明新聞で報じられましたが、安倍首相は山口那津男(公明党代表)に、行使容認は限定的だと認めさせられた上に閣議決定案以上のことは憲法改正が必要という言質を取られた。公明党の存在で、集団的自衛権で自衛隊を動かせる余地は狭まってしまった。

もしもこの閣議決定がなければ、NSC(＊33)の決定だけで、アメリカ軍と一緒に日本のイージス艦を出すこともできるようになっていました。

片山 安倍政権の悲願である憲法改正を実現するには公明党と決別するしかない。でも、決別したら選挙で勝てない。平成も終わりに

＊32—集団的自衛権
同盟国や密接な関係にある国が攻撃されたとき、自国の安全が脅かされたと見做して、反撃する権利。歴代内閣は「保有しているが、憲法9条との関係で行使できない」と解釈していた。しかし２０１４年7月、安倍内閣の閣議決定で、解釈を変更。一定の条件のもとで集団的自衛権の行使を容認した。

＊33—NSC
国家安全保障会議。アメリカの組織にならい、日本版ＮＳＣと呼ばれる。国家安全保障に関する緊急事態に対する措置を検討する。首相が議長を務め、官房長官、外相、防衛相から構成される「4大臣会合」とそれに財務相、経産相などが加わる「9大臣会合」がある。同会議をサポートする国家安全保障局の初代局長は外務省ＯＢの谷内正太郎。

きて、小政党だった公明党が無視できない存在になりました。政界のカオス化の象徴ですが、呉越同舟の良さはあるでしょうね。国会の与野党対立よりも与党内調整の方が政治プロセスとしてはより重要であり劇的になっているようにも思えます。

佐藤　先日見た本宮泰風と小沢仁志が出ている『日本統一』（＊34）というVシネマが、いまの自民党と公明党の関係と重なりました。横浜の不良が、神戸に行って三宮で暴れ回る。そこの広域暴力団に拾われて神戸を拠点に日本を制覇していく。まさに小さい組織が大きい組織を飲み込んでいく物語なんです。

片山　政治のVシネマ化ですね（苦笑）。小が大を飲めるかどうか、これからの見ものですね。

佐藤　少し時間が進みますが、17年秋の衆議院選挙後の政党分布を30センチの物差しに置き換えるとこうなります。

まず右端から5センチに、自民党、日本維新の会、希望の党がある。そして右端から7センチにあるのが、立憲民主党。実は、立憲民主党はリベラルでも左派でもない。枝野幸男は憲法改正の議論に応じると言っているでしょう。改正を前提に議論するわけですから立憲民主党は改憲政党なんです。さらに沖縄の辺野古問題でも立憲

＊34—『日本統一』　2013年から発表されているVシネマシリーズ。地元ヤクザを解散に追い込んだ横浜の不良が広域暴力団のなかで出世し、日本全国の抗争に関わっていく任侠物語。本宮泰風主演。2018年3月に27巻が発売。

民主党は現状を追認している。だから公明党よりも保守的といえる。

片山　17年の選挙で立憲民主党はリベラル層の票を集めました。でも政党名に「立憲」と付いているからといって左と考えるのは大間違いです。

佐藤　そうなんです。立憲って、テロでの国家改造を行わず、憲法秩序を守るという程度の意味ですからね。

片山　それだけ左派が衰弱して、右寄りの世の中になっているといえるでしょうね。

佐藤　では、左派の地図はどうか。左端から5センチにあるのが共産党。さらに5センチ行って左端から10センチに社民党がある。立憲民主党よりも左で社民党よりも右に位置するのが、公明党。

　公明党は事実上の憲法改正反対でしょう。その上、公明党の沖縄県本部は、辺野古反対、普天間閉鎖、海兵隊撤退を要求しています。

片山　確かに立憲民主党よりも、公明党の方がはるかに左に寄っている。改めて政党の分布を見直すと恐ろしいほど右に偏重している。

佐藤　左派が衰弱した結果、政局が揺らぎやすくなっています。安倍政権に対する支持率が低いのに、自民党の議席数が多い。盤石に

17年秋・衆院選時の政界地図

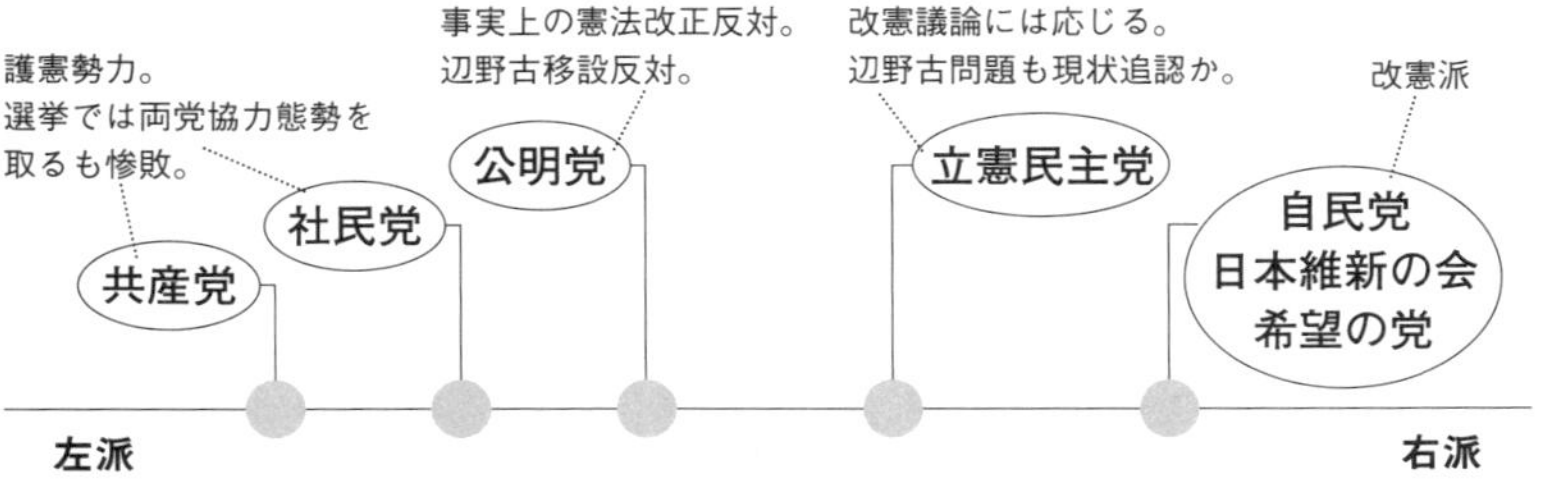

見えますが、何かあれば、党内政局に発展する可能性を常に秘めています。

朝日新聞はまるで日本陸軍

片山　14年9月、左派の衰弱に拍車をかける出来事がありました。朝日新聞社が慰安婦問題の**「吉田証言」報道**（＊35）と原発事故問題の**「吉田調書」**（＊36）の誤報問題で謝罪した。とくに「吉田証言」の問題は日本の右傾化の象徴でした。

佐藤　リベラルの朝日新聞社でも謝罪せざるをえないほど、社会のメインストリームがセンターライト方向に寄ってしまったことが可視化されましたね。

片山　しかも慰安婦問題の発端を作った記者が、自分は記事を捏造していないという手記を刊行しましたよね。まるで旧日本陸軍のように、記者が自分勝手に動き出して朝日新聞社内の統制がとれなくなってしまった。

佐藤　ご指摘の通り「吉田証言」では朝日新聞社という組織が抱える問題も露わになった。

＊35—「吉田証言」報道　1982年に朝日新聞が、戦時中に日本統治下にあった韓国の済州島で「200人の若い朝鮮人女性を『狩り出した』」という吉田清治の証言を報じた。以来、強制連行の有力証言として扱われたが、2014年に朝日が吉田証言は虚偽だったとして、一連の慰安婦報道を取り消した。

＊36—「吉田調書」問題　2014年5月、非公表となっていた福島第一原発の元所長吉田昌郎の証言記録を、朝日新聞が独自に入手。「所長命令に違反 原発撤退」という見出しで、トップの意向を無視して第一原発から現場作業員が撤退したかのように報じた。事実と異なるとして、政府が調書の全文を公開。朝日新聞社の社長木村伊量（当時）は謝罪に追い込まれた。

池上彰さんのコラム掲載問題（＊37）があったでしょう。池上さんが朝日新聞の連載コラムで慰安婦報道検証について書こうとしたら掲載を拒否されて、連載が中止になった。

実は、これは編集権を巡る単純な問題です。執筆者の池上さんが怒って、ほかの報道機関に情報をリークするのなら話は分かるし、同様のケースならいままでもあった。珍しい話じゃなかったんです。でも今回、情報を「週刊文春」に流したのが朝日新聞の記者だとされている。そして彼は社内で正義の味方のように扱われた。編集権は、新聞社や出版社にとっての命綱です。編集権に関わる秘密を外部に漏らすなんて普通は考えられない。さらにその記者が社内でもてはやされるというのも、少し前なら信じられない話だった。

片山　組織の規律が崩壊してしまっているんですね。

佐藤　でも一方で、私は朝日新聞社の危機管理を評価しているんです。朝日新聞は**西山事件**（＊38）から学び、慰安婦問題の危機管理に活かしたのだと思います。

71年に毎日新聞社の西山太吉記者が沖縄返還協定の機密情報を、不倫関係にあった外務省の女性職員から入手し、日本社会党の国会議員に漏洩しました。その西山事件を機に新聞販売店が毎日新聞か

＊37―池上彰のコラム掲載問題
ジャーナリストの池上彰が「慰安婦報道問題で朝日新聞社は謝罪すべきだ」とするコラムを同紙の連載に執筆。朝日新聞社からこのままでは掲載できないと断られた。池上は連載中止を申し出た。朝日新聞社の対応は、社外だけでなく、社内からも批判された。

＊38―西山事件
1972年の沖縄返還直前、米軍が負担すべき土地の原状回復費用などを日本側が肩代わりすると取り決めた密約を、毎日新聞記者の西山太吉がスクープ。西山は外務省の女性職員と性的関係を持ったうえ、機密電文を持ち出させていた。西山は国家公務員法違反で逮捕。毎日新聞は世論の批判を浴びた。

ら一気に離れてしまった。朝日新聞社は、西山事件の轍を踏まないように慰安婦問題後、販売店に謝罪してタオルを配った。都内からタオルがなくなったと言われるほど、販売店への謝罪回りを徹底的に行ったんです。

片山　そこが朝日の強さといえます。最盛期よりも減ったとはいえ、いまだに読者は多い。

佐藤　産経は押し紙を入れて150万部とされている。朝日は押し紙を整理してもまだ600万部はありますからね。

片山　その後、朝日は経費節減などを行って、組織をスリム化していったのでしょう。かつて記者たちには大新聞の奢りのようなものがあったけれど、今はかなり切り詰めて倹《つま》しくなっているように見えます。

佐藤　確かに記者が貧乏くさくなりましたね（苦笑）。

実際に新聞記者のライフスタイルは大きく変わっている。平成のはじめまで大新聞の記者なら持ち家を買えて、子どもの教育にもふんだんに投資できた。家と教育の両方とも選ぶことができたんです。

でも、今はどちらか一方を選ばなければならないほど賃金が下がっています。話を聞くと朝日では子どもの教育を選択する記者が増えている。あの人たちも危機感を抱いていると思いますよ。

オール沖縄はどこにいく?

片山　朝日新聞の問題が噴出した3カ月後の12月には沖縄県知事に**翁長雄志**（＊39）が当選しています。佐藤さんは個人的に翁長知事とも親しい。翁長知事の登場で基地をめぐる状況が大きく動きましたね。

佐藤　沖縄の翁長知事は、集団的自衛権を支持しているし、日米同盟は必要で、もちろん沖縄は日本に属していなければならないと考えている。ただし、辺野古への基地移転は負担が大きすぎるから反対という立場です。

　翁長知事はもともと県議時代、自民党の沖縄県連幹事長を務めていました。沖縄の問題をシンプルに語れば、自民党政権にとって、翁長県政は、敵とはいえない。ただし、現実として溝は深い。

片山　視点を変えてみると政府が辺野古を諦めれば、翁長知事と手を結んで嘉手納基地も那覇軍港も維持できるわけですね。

佐藤　その通りなのですが、安倍政権は翁長知事の代わりに基地移

＊39―**翁長雄志**
1950年生まれ。沖縄県議、那覇市長を経て、沖縄県知事選に立候補。「米軍基地の県内移設反対」などを打ち出して初当選を果たした。沖縄県の保守と革新の壁を越えた政治勢力「オール沖縄」は、翁長の当選で実現した。

転容認派を擁立することしか考えていません。政権は辺野古の海に土砂を投入すれば、沖縄は抵抗を諦めると考えている。味方として組めるはずの翁長知事を一番の敵としてしか見ていないのです。

一方の沖縄では、いまは我慢して100年後に基地を壊して原状回復してやるというくらいの気持ちで抵抗を続けている。沖縄出身の芥川賞作家・**大城立裕**（＊40）が「辺野古遠望」という小説で、抵抗することは我慢することなんだ、と書いている。そんな思いが沖縄の人たちに内在する分離独立気運につながっています。

片山　しかし安倍政権にその連鎖は見えていない。短期的な結果を求めるから中長期的な視野が持てない。

本土に暮らす一般の人々も、歴史的な出来事も負い目も忘れて沖縄を辺境として、差別の対象として見るようになった。そんな視線にさらされたら、沖縄の人は怒るに決まっています。なんで日本と一緒じゃなきゃダメなんだ、と反発するのは当然です。

佐藤　そうなんです。翁長知事は差別が行き過ぎると本土と沖縄が分離し、日米同盟が根本から潰れてしまうと危惧しています。その大枠を守ることが、翁長知事は自分の役割だと考えている。

日本本土に置かれた米軍基地という面倒な施設を沖縄にもってい

＊40—大城立裕
1925年生まれ。沖縄県中城村出身。67年に、娘を米兵にレイプされた主人公を通し、国際親善の欺瞞を暴く『カクテル・パーティー』で芥川賞を受賞。以来、沖縄が抱える矛盾を描いた小説やエッセーを発表している。

＊41—琉球処分
明治政府が沖縄を強制的に、日本国家に組み込んだ措置を指す。1872年に琉球国を廃して琉球藩とし、中央政府の管轄とした。さらに1875年には中国との関係の断絶を要求。反対運動を抑えて、1879年に沖縄県を設置。琉球王国は約500年の歴史を終え、日本の一県となった。

く。そして日本本土は平和と繁栄を維持する。こうした戦後の歩みが、沖縄と日本本土との間の「ねじれ」を生み、それが構造的な差別となってしまった。

沖縄人は、こうした中央政府のやり方を目の当たりにして、明治政府による１８７２年から１８７９年にかけて行われた一連の**琉球処分**（＊41）、あるいは１６０９年の**薩摩の琉球入り**（＊42）といった記憶と現状とを結びつけて考えています。その根本にあるのは、果たして日本人とこれから一緒に歩んでいって自分たちは生き残ることができるのかという存在論的な不安なんです。

片山　こうした流れのなかにある沖縄と中央政府の関係を可視化させたのが、翁長知事だといえますね。今後、翁長知事は沖縄問題をどのように進展させていくとお考えですか？

佐藤　翁長知事の方針を一言で説明すれば、沖縄ナショナリズムです。翁長知事をはじめとした沖縄の経済エリートは大衆動員に成功し、**オール沖縄**（＊43）を実現させた。そして中央政府に反発すればするほど、翁長知事はどんどんナショナリズムに傾倒するしかなくなっている。基地反対運動――機動隊や海上保安庁との衝突で、怪我人が出ています。すでに血は流れている。次のターニングポイ

＊42―**薩摩の琉球入り**
１６０９年、江戸幕府の許可を受けた薩摩藩は、総勢３０００人の軍勢を琉球に向けた。沖縄本島の首里城を攻めて、琉球王国の尚寧王を降伏させた。琉球王国は薩摩藩の支配下となる一方、中国との交易を続けた。

＊43―**オール沖縄**
米軍普天間飛行場へのオスプレイ配備に反対すべく、沖縄県内の保革が共闘した２０１２年頃からひんぱんに使われ出した言葉。翁長が訴える「イデオロギーよりアイデンティティ」「沖縄の心を一つに」というスローガンの下、ゆるやかな保革一体の政治勢力を目指した。

ントは死者が出るかどうか。もしも沖縄側に死者が出たとしたら県民投票で独立の機運が一気に高まるでしょう。

片山　カタルーニャ独立（＊44）と似た構図ですね。それは、大日本帝国誕生期への逆戻りともいえる。

佐藤　琉球処分以前に沖縄が戻る、と。

ただし沖縄側だけに死人が出るとは限らない。最悪のシミュレーションをいえば、本土から入った過激派らが警察官を殺してしまうこと。そんな事件が起きれば、日本国内の世論のハネ方が想像できない。安倍政権なら沖縄県による自治をやめさせて、中央政府が直接統治を行う可能性だってあるでしょう。世論も安倍政権の後押しをする。内乱が起きてもおかしくない。

片山　日本とは一緒にいられない。何かをきっかけに引き金が引かれれば、独立に向かって一気に動き出す、という沖縄全体に広がる雰囲気は、70年代に竹中労が『**琉球共和国**』（＊45）で訴えた沖縄独立論とはまた違うのでしょうか。

佐藤　私は少し違うと思う。70年代にはなかった要素として創価学会、公明党の影響力拡大がある。公明党が政権と沖縄との間の緩衝材として機能するならば、沖縄の独立ではなく多様性の一部として

＊44—カタルーニャ独立
2017年10月、スペイン北東部に位置するカタルーニャ州で独立を問う住民投票が行われた。スペイン中央政府の介入で、投票率は43％にとどまるが、賛成は90％を超えた。独自の文化や言語を持つカタルーニャは、以前から分離、独立の機運が強かった。

＊45—『琉球共和国』
ルポライター竹中労が1972年に刊行したノンフィクション。返還前の1969年から沖縄に通って島唄のミュージシャンや琉球独立党の活動家との交流を記録した。竹中は〈沖縄はニッポンではない〉と訴えた。

日本に統合されていくというシナリオだってありうる。落としどころとしての連邦制も現実味を帯びていく。

片山　先ほどのご指摘のように、公明党の姿勢は一貫して辺野古反対、普天間閉鎖。さらに海兵隊撤退にも言及しています。そう考えると基地問題において、翁長知事よりも一歩踏み込んでいるようにも見える。

佐藤　公明党は辺野古と普天間がなくなれば、海兵隊の意味がなくなるという論理で考えています。だって、辺野古と普天間がなくなれば、海兵隊の足である空港がなくなるわけですから。辺野古反対、普天間閉鎖を推し進めると必然的に海兵隊は県外に撤退せざるをえない。

片山　なるほど、シンプルな流れですね。でも、現在の沖縄県政と官邸の対立をみると、そうした意見を冷静に議論できないほど過熱している。平成という時代に入り、昭和の時代には隠されていた沖縄と本土の関係のいびつさ、沖縄のひずみが徐々に露わになってきた。そして平成の終わりに、本土の人間が考える以上に沖縄の状況はかつてないほど切迫している。沖縄独立が現実味を持って論じられるというのですから。

佐藤　いま沖縄の基地が抱えている問題を日本各地にある米軍基地と比較して考えると分かりやすい。たとえば、北朝鮮のミサイルが三沢基地や横田基地に撃ち込まれたら日本全国で日米同盟を強化して反撃しようという機運が高まるはずです。

しかし沖縄の基地が被害に遭った場合だけは違った動きが起きる。嘉手納が北朝鮮の標的になったら、確実に起きることがあります。沖縄人は日米安保条約があるから戦争に巻き込まれたと考える。そのときは沖縄から米軍基地を排除しよう、と基地反対の動きはさらに激しくなるでしょうね。

片山　それだけ本土と沖縄には温度差がある。選挙一つとっても、中央とは違った流れをみせる。

翁長が沖縄県知事に就任した4日後の14年12月14日に衆議院選挙が行われて、自民党が圧勝して安倍政権の基盤がさらに強化された。ただ沖縄では四つの小選挙区で当選したのは、すべて野党の議員でしたね。まさにオール沖縄の勝利でした。

佐藤　私は、その3年後の17年秋の衆議院選でも四つのうち、オール沖縄が三つをとったことに注目したい。

片山　選挙の2週間ほど前には米軍の輸送ヘリが墜落して炎上する

平成と沖縄

89・ひめゆり平和祈念資料館開館。
90・沖縄知事選で大田昌秀当選。
92・安室奈美恵、芸能活動を始める。
95・9月4日、米兵3人による少女暴行事件。
・10月21日、沖縄県民総決起大会が開かれる。
97・日米政府、日米防衛協力のための指針（新ガイドライン）で合意。
98・沖縄知事選で稲嶺恵一が当選。
00・沖縄サミット開催。
・那覇市長選、翁長雄志が当選。
01・中央省庁再編によって沖縄開発庁が内閣府沖縄振興局に。
・NHK連続テレビ小説『ちゅらさん』放映。
02・沖縄美ら海水族館が開館。
04・沖縄国際大学に米軍ヘリ墜落。
06・沖縄知事選で仲井眞弘多が当選。
09・民主党政権スタート。
・辺野古移設を「最低でも県外」と述べていた鳩山由紀夫が首

事故も起きています。その影響も大きかったのでは。

佐藤　もちろんヘリ墜落が大きな影響を与えたのは間違いありませんが、私が気になったのは、本土との報道のズレなんです。17年の衆議院選で四選挙区のうち一つで基地反対派の候補が落選して、代わりに自民党議員が当選した。この結果を受けて本土ではオール沖縄の一角が崩れたと報じているんですよ。

それまでは基地賛成派の自民党議員4人全員が比例で復活当選を果たしていたんです。しかし今回は小選挙区で一人が当選で、比例復活は一人。比例復活ができないほど大差で負けた。客観的な数字では、基地賛成派が二人減りました。オール沖縄がさらに強くなったと考えるのが自然です。

片山　なるほど。オール沖縄の機運が高まっているにもかかわらず、本土の報道は真っ正面から取り上げない。やはりここでも本土と沖縄の断絶が見て取れる。

佐藤　ただし、オール沖縄側も盤石ではない。２０１８年2月4日投開票の名護市長選では、辺野古移設反対の現職・稲嶺進が、安倍政権が推す渡具知《とぐち》武豊《たけとよ》に敗れました。

敗因の一つは、公明党の動向です。前回、自主投票だったのが、

相に。

10・日米両政府、辺野古移設合意（鳩山内閣総辞職へ）。

13・仲井眞知事、辺野古移設を承認。

14・沖縄知事選で翁長雄志が当選。

16・沖縄うるま市で米軍属の男が20歳女性を強姦殺人。

今回は推薦に回ったことが大きい。政権はまた公明党に借りを作った形になります。でも、私は、それだけではないと思う。オール沖縄の推す稲嶺側には「辺野古移設反対」という明確なスローガンがあった。でも、逆にいえばそれだけしかなかったんです。選挙戦における失点も多かった。稲嶺は、名護のリゾート振興のために、中国からパンダを借り受けるなどと表明し、物議をかもしました。施設代やエサ代に数億円かかるというんですから、当然でしょう。これで暮らしに切実な不安を持つ若者の支持が離れた。

いずれにせよ、沖縄と中央政府だけではなく、沖縄内の「断絶」も顕在化しつつある。18年11月の沖縄県知事選では、ここを再びまとめきれるかどうかで翁長知事が再選されるかが決まってくる。

平成のキーワードは「ホラー」

佐藤　私は14年を語る上で『**妖怪ウォッチ**』（＊46）ブームを見逃してはいけないと思うんです。

片山　あのアニメやゲームの『妖怪ウォッチ』ですか？

佐藤　そう。『妖怪ウォッチ』が、平成という時代のある側面を象

平成のヒット・ブーム史

- 89・ゲームボーイ（任天堂）
- 90・スーパーファミコン（任天堂）
- 91・ジュリアナ東京オープン／ドラマ『101回目のプロポーズ』
- 93・ポケットベル
- 94・プレイステーション（ソニー）
- 95・ウィンドウズ95
- 96・ドラマ『ロングバケーション』
- 97・たまごっち（バンダイ）／映画『もののけ姫』
- 98・65円バーガー（マクドナルド）
- 99・「iモード」サービス開始（ドコモ）／初代アイボ（ソニー）
- 01・ユニバーサル・スタジオ・ジャパン、東京ディズニーシーが開園
- 02・サッカーW杯日韓大会
- 03・六本木ヒルズ開業
- 04・「ミクシィ」サービス開始
- 05・AKB48がデビュー
- 07・東京ミッドタウン開業
- 08・iPhone3G（アップル）が日本で発売
- 09・3代目プリウス（トヨタ自動車）

平成元年	2	3	4	5	6	7	8	9	10	11	12	13	14	15
1989	1990	1991	1992	1993	1994	1995	1996	1997	1998	1999	2000	2001	2002	2003

徴しているのではないかと。ストーリーは夏休みに主人公の少年ケータが虫を取りに行って、ウィスパーという妖怪に偶然、出会うところからはじまります。

ここで重要なのは「偶然」です。『妖怪ウォッチ』はすべて偶然が支配する物語と言いかえることができる。うまくいっていなかったり、トラブルに見舞われたりする人の原因は、妖怪が取り憑いているから。トラブルに必然はなく、本人が努力しているかどうかも関係ない。

片山　なるほど。そう考えてみると一貫性のない政治家の判断も妖怪に取り憑かれていたと考えれば理解できそうですね。いい人になったり、悪人になったりするし、思想や主張、立場がころころ変わるのも、たまたま妖怪が取り憑いたり、離れたりするからだ。憑き物が落ちて、別の憑き物に憑かれたからだ、と。

佐藤　小池百合子の動きがまさにそうでしょう。

16年に都知事に立候補し、その1年後に政権交代を目指して希望の党の党首になり、さらに選挙に負けると党首を下りる。明らかに非合理的ですが、その都度、妖怪に取り憑かれていたと考えれば、納得できる（苦笑）。

10・インスタグラムがサービス開始
11・LINEがサービス開始
12・東京スカイツリー開業
13・ドラマ『半沢直樹』
14・妖怪ウォッチ(レベルファイブ)
15・ドローン
16・ポケモンGO／映画『君の名は。』
17・ニンテンドースイッチ（任天堂）

＊46―『妖怪ウォッチ』
2013年に発売されたニンテンドー3DS専用ゲームソフト。翌年からテレビアニメも放送された。作中で、世の中の困った問題はすべて妖怪のしわざとされている。妖怪を見ることのできる時計・妖怪ウォッチを持つ主人公が、町に出没する妖怪と友達になり、町の人々の悩みを解決していく。

片山　確かに妖怪の仕業だと考えないと理解できない動きではありました。しかも刹那、刹那で取り憑く妖怪が変わる超刹那主義も体現している。

佐藤　その通りです、かつてのアニメや漫画は努力が評価されたわけでしょう。たとえば『巨人の星』は子どものころからの努力と頑張りで頂点に上り詰める。刹那主義や偶然とは全く異なる物語だった。

片山　『巨人の星』や『あしたのジョー』をはじめとする梶原一騎原作のスポ根物は、ド根性を発揮しての猛烈な鍛錬の末の結果が問われ、そこに親とかの因果話が絡んでくる。極めて歴史的であり、努力主義的であり、精神性に富んでいた。努力とは違いますが、『ドラえもん』も、のび太の玄孫のセワシが未来からドラえもんを送ってくるわけでしょう。見知らぬ人がたまたまドラえもんを置いていくのではない。偶然ではなく、血縁による因果関係が強調されている。もっと遡れば、**鶴屋南北**（＊47）をはじめとする江戸時代の歌舞伎の怪談は、先祖からの因縁や恨みという因果関係で成り立っている。

　でも、平成のホラーになると、佐藤さんが『妖怪ウォッチ』から解明された通りで、偶然性がとても強いと思います。住んだ家にた

＊47——鶴屋南北
1755-1829。江戸時代の歌舞伎作者。幕末期の世相をとらえて、怪談狂言を中心として残忍、卑猥、滑稽を織り交ぜたリアリティのある作品を書いた。代表作に『東海道四谷怪談』。

＊48——マルセル・モース
1872-1950。フランスの社会学者、民族学者。フランス民族学の創始者。社会学と人類学の統合を図り、社会形態と生態環境の関係、経済、呪術、宗教論、身体論など幅広い研究を行った。代表的業績は、交換についての研究である『贈与論』。

またま霊がいたとか、偶然拾った何かに霊が取り憑いていたとか。

佐藤　私はそこが秋葉原事件を起こした加藤を生んだ社会風土だと感じます。加藤も人生の幸不幸に、顔や学歴は関係ない、すべては運だと考えたと思うんです。

片山　霊が取り憑いて操られて豹変《ひょうへん》する、すべて取り憑く霊次第というのは、**マルセル・モース**（＊48）が太平洋の島々の先住民に共通する呪術的観念として、マナという、外在する霊力を取り上げたことを思い出させもします。マナが人に憑いたり憑かなかったりすることで、その人の能力や性向が違ってしまう。

「逃げ恥」でも大学院で臨床心理士の資格を取っても派遣切りに遭う。努力すれば報われる社会ではなくなり、因果は断ち切られる。仏教的な因果律の世界観よりも、マナ的なたまたまの世界観が優越してくる。『妖怪ウォッチ』が違和感なく受け入れられる平成時代が現出することになる。

私は、平成全体のキーワードの一つに「ホラー」をあげたいですね。**鈴木光司**（＊49）のホラー小説や**中田秀夫監督**（＊50）のホラー映画、それからホラー・ゲーム。『リング』とか『呪怨』とか『サイレントヒル』とか。

＊49—鈴木光司
1957年生まれ。小説家。90年に日本ファンタジーノベル大賞優秀賞を受賞した『楽園』で作家デビュー。91年刊行の『リング』は大ヒットして映画化されて、米国でもリメイク映画が製作された。他に『リング』の続編『らせん』『ループ』や『仄暗い水の底から』など。

＊50—中田秀夫
1961年生まれ。96年の『女優霊』で映画監督としてデビュー。98年に発表した『リング』が大ヒットし、Jホラーの先駆者と呼ばれる。他の代表作に『仄暗い水の底から』『ラストシーン』など。ハリウッドでリメイクされた『ザ・リング2』で監督をつとめた。

昭和の「ゴジラ・シリーズ」は昭和の同時代には単に娯楽とみられて低く扱われがちだったけれど、今となっては戦後日本の代表的な文化形象として認知されているでしょう。平成でそれに見合ったものを探すと、やはり同時代的には軽く見られている気もしますが、ホラーではないか。その意味合いは平成という筋立てて説明しにくい時代の雰囲気に文化的に対応するものということです。

ところで**柳田国男**（＊51）がマナは日本では稜威（イツ）ではないかと言ったというのですが、稜威とは天皇の大御稜威というときの稜威で、この稜威次第で攘夷、開国、玉音放送、思いのまま、筋の通らぬことも通るのが日本だと。**折口信夫**（＊52）になると、マナこと稜威の源は外在的霊力でなければならないとすると、それは天皇霊という話になります。天皇には天皇霊が取り憑いているから天皇なんだと。とすると現代社会のみならず、日本の社会風土には、因果関係も断ち切れていて、努力する意味も必要もなく、すべては運――妖怪や霊に取り憑かれたかどうかで説明がつく。

こういう考え方にもともと馴染んでいたところに、平成はそれがストレートに出てきた。その不条理こそ日本人に一番自然にすんなり入るものだから、日本人は安倍政権が好きなんだと考えられるか

＊51―柳田国男
1875-1962。日本の民俗学者の草分け的人物。貴族院書記官長、朝日新聞社客員論説委員などを経て、日本民俗学会初代会長に。主な著作に、岩手県遠野地方に伝わる説話集『遠野物語』など。

＊52―折口信夫
1887-1953。民俗学者、国文学者、歌人。柳田国男に師事して学んだ民俗学を、文学や古典芸能など多方面の題材に導入し、研究した。主な著作に『古代研究』『死者の書』など。

もしれません。だとすると、この社会風土は超近代的でありポストモダン的でありホラーそのものですね。

佐藤　そうなんです。人生に運や偶然が大きく影響するから、他人の不幸を願うようになる。約1年後の16年1月にベッキーが**ゲス不倫**（＊53）でバッシングを受けますが、このような社会の雰囲気を象徴している。みんな他人の不幸がうれしいんですよ。その半年後、**舛添要一の政治資金に対する「公私混同」問題**（＊54）が「週刊文春」に報じられた。最終的に辞任に至るまで都民の怒りが沸騰したのも、同じ原理だと思っています。さらに舛添が憎まれた理由は「知的エリート」だったという点が大きそうですが。

片山　大衆社会の一つの特性ではありますが、それが赤裸々になっているんでしょうね。

　右肩上がりの社会なら他者を叩かなくても自分が上がっていける希望がある。いまは、希望がない。いい生活をしてチヤホヤされているタレントも偶然スカウトされただけ。自分たちと変わりがないのにと、嫉妬や妬《ねた》みの対象になる。そこに因縁や因果関係はない。

　因果が壊れた世界にアノミー（社会秩序の崩壊）が生じて、それが慢性化した。そんな社会でも自分の食い扶持だけは確保して生き残

＊53—ゲス不倫
タレントのベッキーとバンド「ゲスの極み乙女。」の川谷絵音の不倫騒動を「週刊文春」が報じた２０１６年から使われはじめた言葉。その後、芸能界や政界で発覚した不倫を報じるなかで定着していった。

＊54—舛添要一の「公私混同」問題
２０１６年３月、舛添要一東京都知事の海外出張費が高すぎるという批判をきっかけにして、公金の使途が注目された。毎週末、公用車で神奈川県湯河原町の別荘に通ったり、家族旅行のホテル代や飲食費、美術品の購入などを政治資金収支報告書（都知事時代のものではなく、新党改革代表時代のもの）に計上したりしたことが「公私混同」として問題視された。６月に都知事を辞任。

らなければならない。それが相まって、みんな不幸になればいいという破壊願望までが蔓延してしまっている。

後藤健二はなぜシリアに向かったか

片山　年が明けて15年1月。日本中、いや世界中を驚かせる事件が起きました。シリアで拘束されていたジャーナリストの後藤健二さんとその友人の湯川遥菜さんが「イスラム国」に殺害されました。04年に巻き起こった自己責任論のくだりでも後藤さんには触れましたが、改めてあの事件をどのように読み解きますか？

佐藤　後藤さんは自分が死んだら自己責任社会の日本で何が起こるのか見通していた。だからシリアに入る前、何が起きても自らの責任だとビデオメッセージを残した。この時点で、日本では自己責任社会が完成していたといえます。

　もう一つこの事件を理解する上でとても重要なのは、後藤さんがキリスト教徒だったこと。実は後藤さんは私と教派が同じプロテスタントの日本基督教団に所属しています。だから私には、後藤さんの宗教人としての内在的論理が理解できるんです。

後藤健二氏（左）と湯川遥菜氏（「YouTube」より）

生前、後藤さんは「クリスチャントゥデイ」というインターネット新聞のインタビューで、洗礼を受けた後にいろいろ不思議な体験をしたと語っています。危機的な状況を神の力によって救われた、と。

片山　後藤さんはそんなことをおっしゃっていたんですね。

佐藤　その感覚が同じキリスト教徒の私には分かる。それは私だけではなく、一神教である「イスラム国」の連中やユダヤ教の信者も理解できるはずです。

親交があった湯川遥菜さんが「イスラム国」に拘束されたとき、誰一人として彼を助けようとはしませんでした。助けるどころか、変なヤツが捕まった、とみんなで笑って、政府も手を差し伸べようとしなかった。それで後藤さんは自分が助けなければならないと考えた。

片山　それは、人の不幸を願う願望が蔓延する社会の話ともつながりますね。

佐藤　そんな社会だったからこそ、彼は命の危険をおかしてまでシリアに向かった。私は、後藤さんが神の言葉を聞いたのではないかと思うのです。99匹の羊を残しても迷える1匹を探しに行くべきだ。それが、お前の役割だ、お前がやらずに誰がやるんだと。

だから彼の行動は、全世界、とくにキリスト教世界に大きな感銘を与えたんです。

片山　海外で「I am Kenji」（*55）という紙を掲げて、後藤さんの解放を訴える動きが起きた背景にはキリスト教徒の共感があったのですね。

佐藤　しかし日本のメディアはキリスト教だけではなく、イスラム教についても知識不足だから安易な世俗の論理にすり替えました。

金のためにシリアに向かったのではないか。あるいは功名心があったのではないか。ただの「バカなヤツ」だったんじゃないか……。特にインターネット空間では、そんな単純な論理に落とし込んで考えようとした。でもそんな理由で命は賭けられない。

片山　それを「自己責任」「バカなヤツ」で片付けてしまう日本社会は大きな問題を抱えていますね。

明治時代までは日本には義のために命を張るという武士道的なエートスが旧士族には残っていたはずで、その応用拡大編として国民皆兵時代の軍人精神が行き渡った。しかし、やはり敗戦の反動なのでしょう。義に殉じる精神は軽侮の対象となり、イデオロギーや信念、価値観を信じて貫く人に対して、非常にネガティブな評価を下

＊55―「I am Kenji」
イスラム国に拘束されたジャーナリストの後藤健二の解放を求める運動。2015年1月下旬にはじまると日本だけでなく、世界中の人が「I am Kenji」というメッセージカードを掲げた写真をSNSに投稿した。

＊56―**柄谷行人**
1941生まれ。評論家。群像新人文学賞を受賞した『〈意識〉と〈自然〉―漱石試論』でデビュー。1978年の『マルクス』をきっかけに、文学に限定せず、幅広い社会批評活動をスタートさせる。

したり、無視したりするようになった。後藤さんの死もそうですが、それが一人の人間の生きざまなんだという言説を展開できる人がほとんどいない。

　武士道とリンクするかたちで明治期の日本にはキリスト教が広まりましたが、それは一神教の日本的代替物として江戸時代に創案され明治国家によって布教された「天皇教」とぶつかって、その天皇教も敗戦によって変質したので、モラーリッシュな背骨がどうにも無くなってしまった。儒教も仏教も神道も現代日本人の内面に作用して精神的基軸になっているとはいえない。脱宗教という点でも日本人は人類の先端を行っているところがあるのではないですか。その分、宗教に律されている世界のことが分からなくなっている。

　その意味では世界の先端というよりも世界の孤児と言えるかもしれない。キリスト教世界やイスラム教世界に理解がまるで及ばなくなっている。アメリカだって宗教抜きではわからないのに。

佐藤　そのへんを真面目に考えているのが、思想家の**柄谷行人**《からたにこうじん》（＊56）です。彼は17年に『坂口安吾論』を刊行しました。柄谷は無頼派だった坂口安吾が安心できた風景が、新潟の砂浜だけだったと指摘しているんです。何もない無機質な風景に安心感を覚える坂口安

平成27年（2015年）

流行語
- 〈爆買い〉
- 〈トリプルスリー〉
- 〈アベ政治を許さない〉

流行歌
- 「私以外私じゃないの」（ゲスの極み乙女。）
- 「Dragon Night」（SEKAI NO OWARI）
- 「あったかいんだからぁ♪」（クマムシ）

映画
- 『海街diary』（是枝裕和）
- 『バケモノの子』（細田守）
- 『HERO』（鈴木雅之）

本
- 『火花』（又吉直樹・文藝春秋）

吾の底流には**唯物論**（＊57）が根付いていた、と。
つまり神を徹底的に信じる道を選ばないなら唯物論に頼るしかない。自分自身も物質の一つに過ぎないのだという強靱な思考と精神を持てば、迫り来る危機に対峙して乗り越えられる可能性があるのだ、と。

片山　**和辻哲郎**《わつじてつろう》（＊58）にならえば、坂口安吾は砂漠型の人間というわけですよね。和辻は『風土』で、文化や芸術、慣習などを生み出す環境をモンスーン型、砂漠型、牧場型に分類しました。日本はモンスーン型のはずですが、いまの話を突き詰めていけば日本にも砂漠は存在するという議論につながっていきますね。

佐藤　おっしゃる通りです。現在では死語になってしまいましたが、物事の実態や本質を問う存在論的なアプローチで坂口安吾のような人物が内包する意味を確認すべきなんです。
最近、やはり一昔前に死んだ「**実存主義**」（＊59）という言葉をうまく蘇らせたのが、漫画家の**伊藤潤二**（＊60）です。太宰治の『人間失格』をホラー漫画として描き直した。

片山　昭和に死んだ実存主義は平成によみがえっているのですね。一人一人が存在の根拠も目標も失って、それでもとにかく実際的に

＊57―唯物論
世界を構成するのは物質であって、精神は物質から派生するという哲学の思考法。その逆の考えが観念論。

＊58―和辻哲郎
1889－1960。哲学者。倫理学を個人の問題ではなく、人と人の間柄の学問として捉えた。和辻倫理学を築いた。『風土』『古寺巡礼』など文化史でも業績を残す。

＊59―実存主義
人間の生（実存）を中心テーマに据える哲学の立場。哲学に始まり、第二次世界大戦後、文学、芸術など幅広く展開していく。主な提唱者にニーチェ、ハイデッガー、サルトルら。

は存在しているんだという、ただ存在していることだけなんだという、実存にまで追い込まれだしたのがバブル崩壊後の人間状況でしょうか。最低生活でも、夢も希望もなくても生き残りたいというのは、もう実存の叫びですよね。

実存主義は暗いということで駆逐されていった経過が70年代、80年代とあったのでしょうが、時代が暗くなってくると闇の中に生きるのは実存ですから、また**埴谷雄高**《はにやゆたか》（＊61）が読まれるのかもしれない。戦争経験と人間不信の時代がもたらした実存主義の時代が、右肩下がりと国家社会不信の時代に出てくるわけだ。「歴史は繰り返す、一度目は悲劇として、二度目は喜劇として」というマルクスの名言もありますから、今度の実存主義はコメディかファルス（喜劇）なのかもしれませんが。

話題に上ったホラー漫画やホラー映画に結びつけて言えば、偶然に取り憑かれた霊に殺される人もいるけれど、霊や呪いをはねのける人も登場する。ホラー映画の文脈では、人間としての実存が試された結果、生き延びる人もいるということでしょう。存在に根拠がなくてもそれでも生きているという経験が自信になって自己回復するというのが実存主義的思考のポジティヴな展開形態でしょう。そ

＊60―**伊藤潤二**
1963年生まれ。ホラー漫画家。代表作に『富江』シリーズ、『うずまき』。佐藤をモデルにした、北方領土返還に尽力しながらも国策捜査で逮捕された元外交官が主人公の『憂国のラスプーチン』も描いた。

＊61―**埴谷雄高**
1909-1997。小説家、評論家。戦前、共産党に入党し、農民運動に携わるも、検挙をきっかけに転向。戦後はスターリニズム批判を繰り広げ、六〇年安保世代に大きな影響を与える。主な作品に、『闇のなかの黒い馬』『死霊』など。

うなってくると希望の原理ですよね。哲学や思想がなくても希望はありうるというのが神なき時代の実存主義の明るさですね。

佐藤　なるほど。忘れ去られていた実存主義は、平成における希望にもなりえますね。その文脈でいえば、いまや死語になりつつある「**目的論**」（*62）も、一つの希望といえるかもしれません。実態や本質を見詰める存在論に対して、目的論は最終的にどこに向かっているかを問う。目的論にはなんでもいいから終わりが存在します。

平成というポストモダンが終わり、再びモダンの時代に回帰していくのか。あるいはまったく新しい時代が到来するのか。平成の終わりに大きな変動がある気がします。

片山　実存主義と目的論で、私が連想したのは朝鮮半島から引き揚げてきた**大藪春彦**（*63）と満州からの引き揚げ者だった**安部公房**（*64）です。難民となった彼らは大陸から生きて帰ってくるなかで、強烈な実存をつかんだ。生きるか死ぬかの体験を作品に落とし込んだわけでしょう。

14年に映画化された福澤徹三著『**東京難民**』（*65）という小説がありましたが、現代の日本人はある意味では難民となって苦しみとともに実存や自身の存在意義をつかみ直そうとしているのかもし

***62―目的論**
哲学で、すべての事象は、ある目的を達成するために生み出されるという立場を指す。歴史や人間の行動、自然現象も目的という観点から、規定できるとする。

***63―大藪春彦**
1935－1996。京城（現ソウル）生まれ。日本への引き揚げ体験が、国家権力への不信感と反発心を植えつけ、創作活動に影響を与えたと言われる。処女作の『野獣死すべし』が江戸川乱歩に絶賛されてデビュー。代表作に『蘇える金狼』など。

***64―安部公房**
1924－1993。生後間もなく満州・奉天市（現・瀋陽市）に渡る。奉天で迎えた敗戦時の混乱体験を『けものたちは故郷をめざす』で描く。1951年

れない。そこに平成という時代の希望があるのではないか、と。落ちてもなお生きているという経験から再生してくる。田辺元の「懺悔道」もそれですね。

佐藤 戦争の引き揚げ者と平成の難民的な日本人が実存主義を通すと重なるという視点は非常に興味深いですね。

安倍談話は「戦後レジーム」追認である

片山 15年には戦後70年を迎えました。8月には安倍首相が**戦後70年談話**（＊66）を発表した。この談話は、右と左によって、解釈の仕方が違うのではないでしょうか。佐藤さんはどうご覧になりました？

佐藤 95年の村山談話では「遠くない過去の一時期」に国策を誤ったとあえて歴史の分節を曖昧にした。一方の安倍談話は「満州事変」で進むべき道を誤ったと明確にした。

では、「満州経営」を主導した岸信介の責任をどう考えるのか。

ご存じの通り、安倍首相は祖父の岸信介を尊敬していると常々語っています。第一の解釈として安倍談話は、これまでの自分の考え

に『壁』で芥川賞を受賞して注目を集めた。演劇グループ「安部公房スタジオ」を結成し、演出も行った。

＊65—『東京難民』 ２０１１年に刊行された小説。著者は福澤徹三。両親が借金を抱えて失踪してしまった大学生の流転を描く。２０１４年に中村蒼主演で映画化。

＊66—戦後70年談話 ２０１５年8月14日、戦後70年の終戦記念に安倍晋三首相が発表した談話。国内外の注目を集めるなか、戦中の行いについて「反省」や「おわび」を示しながらも、「戦争には何ら関わりのない子や孫、その先の世代の子どもたちに謝罪を続ける宿命を背負わせてはならない」とした。

が間違っていたと反省した結果だったと捉えることもできる。それはそれで、政治家としての信念を問われかねない。

第二の解釈は、公明党や有識者向けに自分の考えとは別の発言を行ったとも考えられる。ただそれでは発話主体の誠実性を問われる。いずれにしても問題です。

しかも英訳では、悔い改めるという意味の〝repentance〟(*67)を使っているから、村山談話よりも踏み込んで反省を示したと受け止めることもできます。

片山　深く考えないで、もろもろの要望をパッチワークして作文してそのまま出てきた気もするのですが。

佐藤　確かにその可能性はあります。第三の解釈は、安倍が談話の内容を理解していなかったというものです。これだと発話主体の知的水準が問題になる。

片山　反省したのか、公明党などに忖度したのか、あるいは文章を理解できていなかったのか。佐藤さんはどの可能性が高いとお考えですか?

佐藤　公明党や有識者に配慮した二つ目だと思いたいところです。でも三つ目、内容を理解していなかったような気もする。

［戦後70年談話の要旨］

・終戦七十年を迎えるにあたり、歴史の教訓の中から、未来への知恵を学ばなければならない。

・十九世紀、植民地支配の波がアジアに押し寄せ、その危機感が日本の近代化の原動力になった。日露戦争は、アジアやアフリカの人々を勇気づけた。

・第一次世界大戦を経て、植民地主義にブレーキがかかり、戦争自体を違法化する潮流が生まれた。日本も足並みを揃えた。しかし、欧米諸国が、植民地経済を巻き込んだ、経済のブロック化を進めると、日本経済は打撃を受けた。

・満州事変、そして国際連盟からの脱退。日本は、国際社会が壮絶な犠牲の上に築こうとした「新しい国際秩序」への「挑戦者」となっていった。

・進むべき針路を誤り、戦争への道を進んで行った。そして七

片山　私も三つ目のような気がしています。いずれにせよ、こうした節操のなさが安倍首相の安倍首相たる所以でしょう。中曽根康弘首相は風見鶏と言われましたが、中曽根的な権謀術数を超越して、安倍首相の場合は整合性を完全に放棄しているかのようにも感じられる。不思議なのは、安倍晋三の満州事変以降を否定した発言に対して、保守派が何も言わないこと。「大東亜戦争」も否定するということなのだから。昔なら、大げさでなく、右翼に襲われてもおかしくない発言です。

佐藤　戦後レジームからの脱却を目指していたはずの安倍首相が、戦後レジームを追認したわけですからね。

片山　彼が言う戦後レジームとは何か、いま一つ判然としませんが、従来の一般的な考え方に従えば、やはりこういうことなんでしょう。戦争に負けて日本はアメリカから憲法、戦後民主主義、教育、個人主義的な価値観など、様々なものを押しつけられ、また東京裁判では、戦勝国の都合で一方的に裁かれた。それをチャラにして、戦前日本の延長線上に、いまの日本を作り替えたい。日本会議が安倍首相の心臓ならそういう筋書きになる。脱アメリカとも言いかえられる。

十年前。日本は、敗戦した。
・二度と戦争の惨禍を繰り返してはならない。
・我が国は先の大戦での行いに、痛切な反省と心からのおわびの気持ちを表明してきた。
・その思いを実際の行動で示すため、東南アジアの国々、台湾、韓国、中国など、隣人が歩んできた苦難の歴史を胸に刻み、その平和と繁栄のために力を尽くしてきた。こうした歴代内閣の立場は、今後も、揺るぎない。
・日本では、戦後生まれの世代が、人口の八割を超える。私たちの子や孫、その先の世代の子どもたちに、謝罪を続ける宿命を背負わせてはならない。
・我が国は、自由、民主主義、人権といった基本的価値を堅持し、その価値を共有する国々と手を携えて、「積極的平和主義」で世界に貢献する。

佐藤　そう定義していただくと70年談話は、ある意味では筋が通っているのかもしれない。戦後レジームを脱却することは、つまりは戦前日本と繋がること。具体的には、満州事変以前の日本に立ち戻らなければならない。そのためには、祖父の功績に泥を塗ることも辞さない、と。もっともこれは私の深読みの可能性が高く、安倍がそこまで深く考えているかどうか。

片山　そういう高度な談話だった可能性も残されている（苦笑）。ただ結局は、みんなが喜ぶフレーズを一言ずつ入れて、つなぎ合わせたパッチワーク談話だった。国際連盟やパリ不戦条約を絶対視してそこから日本がはみだしたのが間違いだとする最近の国際政治学者たちの論調の言いなりになっているところもあれば、愛国者やリベラルの喜ぶフレーズもあります。肝心の「脱アメリカ」にしても、トランプ政権との蜜月などを見るとやはり辻褄が合わない。

　整合性はないのだが、誰も本気で怒らないようにはなっている。ネットというのはみんなが自分たちの都合の良いところしか目にしないような性向をはぐくんできたでしょう。たぶんそのせいで、平成になってから、政治家に限らず、言論のパッチワーク化が顕著になっている。安倍談話はその典型ですね。

＊67―repentance
原文：先の大戦への深い悔悟の念と共に、我が国は、そう誓いました。
英訳：With deep repentance for the war, Japan made that pledge.

＊68―SEALDs
正式名称は「自由と民主主義のための学生緊急行動」。集団的自衛権を行使できるようにする安全保障関連法案に反対する学生らが２０１５年5月に設立。ラップ音楽に合わせて声を上げるデモなどを行った。作家・高橋源一郎や政治学者・山口二郎が運動に賛意を示し、かつて学生運動を経験したシニア層がデモに参加するなど、幅広い層に拡がりをもった。２０１６年8月に解散。

ＳＥＡＬＤｓ登場と山口組分裂

佐藤　安倍談話の翌月には、安保関連法が成立します。その過程で、国会前で大規模な反対集会が行われました。ここで話題になったのが、SEALDs（＊68）です。片山先生の教え子にはいませんでしたか？

片山　ＳＥＡＬＤｓはいませんでしたが、いわゆるリベラルな感じの教員や学生には彼らを過大に評価している人もいるように見受けられました。本当なら大人がやらなければならない活動に取り組むすばらしい若者たちだ、と頭を垂れる。なかには、目に星が煌めいているかのような憧れの眼差しで見詰める大人までいたのが印象的でした。

佐藤　あの時期、たくさんの有識者や政治家が、ＳＥＡＬＤｓに接触しました。大人が子どもにおもねるのは一種の禁じ手だった。でもその禁じ手を使う大人が増えた。子猿をダシに観光客からエサをもらう親ザルに見えました。

片山　佐藤さんはＳＥＡＬＤｓをどう評価されますか？

国会前で、大きなうねりを生んだ「ＳＥＡＬＤｓ」の奥田愛基氏。

佐藤　私は、彼らの活動は新しい形の進学もしくは就活程度にしか見ていなかったんですよ。

　偏差値50台の大学生が活動に参加して、メディアに取り上げられ、ふだん関われない有識者と知り合えた。本も出せるし、メディアにも取り上げられる。大学院にも入学できた。中核メンバーにとっては、社会的な地位を得るとてもいい機会だった。学生たちも進学もしくは就職活動程度にしか考えていなかったから、東大や京大、早稲田、慶應の学生は驚くほど少なかったんです。

片山　こうしたデモが就活で、「行動力のある学生」として、評価されてしまうのは、60年安保、70年安保の時代では考えられないでしょうね。

佐藤　一方、周辺にいて付和雷同した連中は、**民青**（＊69）の草刈場になってしまった。そういう意味で、彼らを持て囃《はや》した大人の責任も重いと思います。

　沖縄でＳＥＡＬＤｓの活動をしていた女子学生が、人を介して私に相談にきたことがありました。「あちこちでスローガンを叫んでいて、もうつらい」と言う。彼女も、他のメンバー同様、本土の難関大学の大学院に進学する道もあったんだけど、私にはその先が見

＊69—民青
日本民主青年同盟。日本共産党の指導下にある高校生、大学生、青年労働者など15歳から30歳までの青年が参加する全国的組織。１９４９年設立の日本民主青年団が１９５６年改称。

えなかった。奨学金などで借金を背負って、修士をとったはいいけど、就職できずに路頭に迷う若者を何人も知っています。結局、彼女の在籍する大学の関係者にも相談して、彼女は沖縄の大学院に進むことになった。

今、彼女は一生懸命、勉強しようとしていると教授たちも高く評価しています。ここで何が言いたいかといえば、大人の責任です。そのとき、所属大学に聞いてみると、彼女の活動に対して、何度も大学宛に脅迫や嫌がらせがあったらしいんですよ。でも、大学側は、県警とも相談しながら徹底して防御態勢をとったようなんです。彼女を守ることは大学の責任だと、大学関係者の方はサラッと言っていました。運動自体にお咎めはせず、放任といえばそうではなく、学生の将来につながる道を探してあげたんです。それはなかなかできないことだと思いますよ。

片山　ＳＥＡＬＤｓの学生に自分たちの満たされぬ思いを託した大人たちは多い。でも、大人たちの大半は無責任です。沖縄のケースには教育者の理想的態度が示されていますね。本当に頭が下がります。ＳＥＡＬＤｓがメディアを賑わせていた8月、中間団体が崩壊した平成を象徴するニュースがありました。それが、**山口組の分裂**

騒動（＊70）です。ヤクザがしのげる活動領域が社会の透明化の流れの中でついに無くなってきてしまったのでしょう。しかし透明化したといっても正義と公正が世に満ちているわけではない。むしろヤクザのやってきたことが社会に吸収されて、堅気がヤクザになって、社会がヤクザ化したので、堅気からはみ出す部分を担当していたヤクザの生きるスペースが消えてしまったわけでしょう。

佐藤　たぶんヤクザを取りまく現状は、宗教改革と同じなんですよ。ルターはカトリック教会の司祭階級に対抗するために万人司祭主義を唱えました。反司祭闘争を行うのではなく、全員が司祭になれば、司祭が特権階級ではなくなるという理屈です。

　前にも話した『日本統一』というVシネでも抗争の原因が、出世争いの場合が多いんですよ。サラリーマン社会と同じ構図で抗争が起きる。片山さんがおっしゃるように社会がヤクザ化していくのと同時にヤクザ組織も融解してしまった。

　面白かったのは、山口組の機関誌に掲載された川柳。〈指一本　スマホと俺を　つかう妻〉〈酒飲んで　出るのは愚痴と　腹ばかり〉などの川柳が、最近ネットで取り上げられて話題になりました。私は山口組もついにソフト路線に変更したのかと思いました。

＊70——山口組の分裂騒動
2015年8月、指定暴力団六代目山口組傘下の有力団体が、山口組から離脱し、神戸山口組を結成。しかし2017年4月に神戸山口組も分裂。任侠山口組を立ち上げて、三つどもえの対立が続く。

片山　確かに……ヤクザの川柳とは思えませんね。堅気と違う世界をわざわざ求めるからヤクザになるのでしょうが、その心情があまりに一般生活者のそれと近いというのは倒錯しています。そしてヤクザの困窮の度合いが伝わってきますね。

反日団体は日本が怖い？

片山　15年の年末には、慰安婦問題において**日韓合意**（＊71）がありました。一つの節目ではあるのでしょうが、これを合意と呼んでいいのかどうか。沖縄の基地問題と同じで、慰安婦問題も平成以降に我々が向き合わねばならない課題として突き付けられた。

佐藤　そもそも日本政府が慰安婦問題で軍の関与を認めたのは92年。翌年の河野談話で韓国に謝罪しました。現在、保守派から問題視されている河野談話ですが、実は日本政府の一貫したスタンスを示しているに過ぎません。それは、関与はしたが補償はしないというものです。

片山　その関与はしたが補償はしないという姿勢を変えたのが日韓合意です。しかも安倍政権は戦後の日韓外交の積み重ねをひっくり

＊71―日韓合意
2015年の12月末、日韓両政府が慰安婦問題を「最終的かつ不可逆的に解決させること」で合意した。韓国政府が設立する財団に日本政府の予算で10億円を一括供出することを表明。韓国政府は、ソウルの日本大使館近くの少女像を「適切に解決されるよう努力する」とした。しかし2017年に大統領に就任した文在寅は「日韓合意は内容、手続き、いずれも間違ったものだ」と発言。解決にはいたっていない。

返してしまった。日本政府が謝罪した上、慰安婦支援設立の財団に10億円拠出した。ここでも愛国者や保守派は激怒してしかるべきです。それなのに「安倍首相は慰安婦問題を前進させている」と語る人までいるのだから驚きです。こうなると何が保守で、リベラルなのか分からない。

佐藤 自社さ連立政権の村山内閣でも、アジア女性基金が集めた募金を元慰安婦に届けるという形をとった。

ご指摘のように安倍政権が日韓合意で出した10億円は税金。しかもこれは、日本の国家責任と補償を事実上認めたことを意味する。とすると次に韓国は**徴用工問題**（＊72）を出してくるでしょう。我々、外交に携わった経験のある者からすると日韓合意は信じられない政治決断でした。

片山 安倍政権の歴史観は、第一次世界大戦後の妥協的な国際協調主義と軌を一にしているようにも見えます。保守でもなんでもない。むしろリベラルで、なおかつ、国家としての自尊心、歴史に対する敬意が乏しい。何よりも問題をややこしくしたのは、日韓合意を交わした朴槿恵に代わり、17年に韓国大統領選で見直しを主張する**文在寅**（＊73）が当選したこと。これで「不可逆的に」解決したはず

＊72―**徴用工問題**
戦時中に朝鮮半島から徴用された韓国人や遺族に損害賠償を求める権利を巡る問題。約70万人の徴用工が日本企業の工場などで働かされたとされる。日韓とも徴用工問題については「解決済み」の立場だが、近年、元徴用工が、日本企業に対する個人の賠償請求を行って、日本企業に支払いを命じる判決が相次いでいる。

＊73―**文在寅**
1953年生まれ。韓国の第19代大統領。元大統領の盧武鉉とともに弁護士事務所を開業。朴槿恵の罷免に伴う2017年の大統領選で左派系の「共に民主党」から出馬。「大統領になったら、まず金正恩委員長に会いに行く」と公言するほどの親北派。佐藤は「自分は、国民の反感を買って失脚した朴槿恵前大

の問題が、平成以降の社会に先送りされてしまった。

佐藤 慰安婦というシンボルを巡る争いだから互いに妥協ができない。ただ韓国の反日団体も過激化はしているんだけど、今はまだある一線は越えていない。その理屈を私はこう考えているんですよ。

韓国の反日団体や民族系団体は植民地時代の恐ろしいことばかり調べるでしょう。だからでしょうか、日本を相当怖がっているようにも見える。過激な抗議行動をとっているように見えて、本丸には攻めてこない。結果、慰安婦像を建てるのはアメリカやオーストラリアなど関係ない場所ばかりになる。日本への抗議が目的なら本来、日本のどこかに土地を買って慰安婦像を建てればいいんです。

片山 そうなれば、外交問題に発展してしまいますね。

佐藤 もしも国内に建ったら間違いなく、韓国を嫌う排外主義者が壊しに行く。彼らは器物破損で起訴されるでしょう。それに対してこんな侮辱的な像を倒すのは当然の権利だと日本国内で右派が騒ぎ出す。でも器物破損で訴えられたら刑事事件として立件せざるをえません。もちろん韓国世論も黙っていない。日韓の対立が決定的になる。そんな騒動が日本各地で起きたら日韓関係の改善なんて望めませんよ。

統領とは違うんだぞ、と示すために慰安婦問題を過激に取り上げている」と指摘する。

片山　国際的な日本の立場もますます悪くなりますね。けれど、今はまだそんな最悪の状況にまでは陥っていない。韓国の民族系団体が躊躇する原因が、日本への恐れということですか。

佐藤　期せずしてそうなっているのでしょうね。

片山　まるで自家中毒に救われているようです。そんな微妙なバランスで一線が保たれているなんて……。

佐藤　でも、そうした恐れも、徐々に麻痺してきます。アメリカに建てても大した問題が起きていない。外交の攻勢もない。となれば……日本、恐るるに足らず、と韓国の民族系団体が動き出す。それに対して排外主義的な日本人が妨害する。器物破損で繰り返し起訴されれば、実刑判決を受けるでしょう。そんな人間が排外主義にシンパシーを感じる人々から英雄として祭り上げられる。日韓関係の悪化だけでなく、日本国内の社会分裂にもつながる危険性も秘めています。

静養先の葉山御用邸近くを散策される天皇、皇后両陛下。

第七章

天皇は何と戦っていたのか

平成28年→31年（2016年—2019年）

平成28年（2016年）

2月・元プロ野球選手、清原和博が覚せい剤取締法違反容疑で現行犯逮捕。
・経営不振のシャープ、台湾・鴻海の傘下へ。

4月・「租税回避地」（タックスヘイブン）を利用する企業や個人についての機密文書「パナマ文書」流出で、世界的騒動に。
・三菱自動車でデータ改ざん事件（その後、三菱自動車は日産・ルノーの傘下へ）。
・沖縄県うるま市で、米軍の軍属（米軍基地に勤務する民間人）が女性を殺害。

5月・伊勢志摩サミット開催。
・オバマ大統領が広島を訪問。

6月・ヘイトスピーチ対策法施行。
・英、国民投票で「EU離脱」へ。

7月・バングラデシュでイスラム過激派によるテロが起こる（日本人死者7人）。
・相模原市の障害者福祉施設で、元職員によって19人が殺害される。
・都知事選で小池百合子・元防衛相が当選。

8月・天皇が「退位」を示唆する「お気持ち」表明。

12月・SMAP解散。
・釜山の日本総領事館前に慰安婦像が設置される。

事件を受けて翁長知事が、オバマ大統領に直接抗議すると官邸に伝えても「それは国の専権事項だから」と菅官房長官が取り合わなかった。事件の本質は沖縄差別にある。佐藤

伊勢志摩を開催地にしたのは、安倍政権を支えてきた神社本庁や日本会議の長年の願望に沿ったからではないか。片山

犯人の植松が提起した優生思想的な生命観に反対する論理を我々は持ち得ているのか。この犯罪は、それを我々に突き付けてきた。佐藤

崩御と改元をセットにすると、戦後民主主義もたちまち明治や大正の終わりと同じになってしまう。それを避けることが未完の人間天皇像の完成につながる。だから「譲位」という形を選ばれたのではないか。片山

by the way

＊朝日新聞のSMAP応援広告

この年で解散したSMAPに対し、12月30日付の朝日新聞に8ページに及ぶ意見広告が掲載された。始まりは、年末に3人のファンが広告掲載をお願いするため同社を訪問したことだった。金銭面からその場では断念。だが、同社からクラウドファンディングの活用を提案された。すると、1週間で約4000万円が集まった。広告には献金した1万3000人のファンの名が記されるとともに切なるメッセージも。「この想いがどうか届きますように」。

平成29年（2017年）

2月	・米大統領にドナルド・トランプが就任。 ・金正男がクアラルンプールで暗殺される。 ・学校法人「森友学園」への国有地売却問題が報道され始める。
3月	・韓国の朴槿恵大統領が罷免される。
6月	・天皇退位特例法が成立。 ・共謀罪の構成要件を厳格化した「テロ等準備罪」が成立。 ・自動車部品製造のタカタ、エアバッグ不具合による大量リコール問題で破綻。
7月	・都議選で都民ファーストが圧勝。 ・稲田朋美防衛相、陸自「日報隠し」問題で引責辞任。
9月	・日産自動車の完成検査の偽装が判明。
10月	・神戸製鋼所のアルミニウムや銅製品の一部で、品質データの改ざんが見つかる。 ・民進党（衆議院）が希望の党と立憲民主党に分裂。衆院選で自民党圧勝。 ・神奈川県座間市で9人の切断遺体が見つかる。
11月	・トランプ大統領の初来日。 ・モンゴル人力士への暴行事件で日馬富士引退。
12月	・羽生善治が将棋界初の永世7冠を達成。

平成の安全保障は、アメリカとの同盟関係に依拠してきたので、大きな波乱要素である。佐藤

現在のアトム化した日本社会では中間団体が票をまとめられない。だから何かをきっかけに歴史的圧勝と歴史的惨敗が繰り返される。片山

問題発覚は、防衛省からのリーク。彼らが、野党議員やマスコミから追及される稲田大臣をいい気味だと見ていたとしたらとても怖い。佐藤

相撲界が抱える問題をモンゴル人だけに押しつけると大相撲自体が成り立たない。片山

芸能人の不倫事件も、ハリウッドのセクハラスキャンダルも日馬富士暴行事件も根っこの部分でつながっている。芸能界にも、ハリウッドにも、角界にもローカルルールがあった。しかし平成に入り、掟やローカルルールが許されない社会になってしまった。佐藤

by the way

＊ヒアリパニック

南米原産の猛毒アリ「ヒアリ」が6月、横浜や神戸といった港湾エリアを中心にして、次々と発見された。刺されると、激しい痛みを生じるという外敵の上陸に、列島中がパニックとなった。日本の冬を越せない、という専門家の指摘もあるが、果たして……。

平成30年（2018年）

1月 ・評論家・西部邁が多摩川に入水し、死を遂げる。
・仮想通貨「NEM」が580億円分流出。
・音楽プロデューサーの小室哲哉、週刊誌報道を契機に引退を発表。

2月 ・秋篠宮家の長女・眞子内親王の結婚延期が発表される。
・平昌五輪で日本が歴代最多メダル数の13個を獲得。

3月 ・黒田東彦、日銀総裁を続投へ。
・森友学園への国有地売却に関する「公文書の改ざん」を朝日新聞がスクープ。当時の財務省の担当局長だった佐川宣寿国税庁長官が辞任へ。

以降、予定

9月 ・自民党総裁選。

11月 ・沖縄県知事選。

メディアの美談調の取り上げ方に違和感を持った。理由のいかんを問わず自殺は人生の放棄である。命を粗末にするのはよくない。佐藤

仮想通貨は、通貨として流通はしないだろうと考えている。その答えは、マルクス経済学にある。佐藤

国有地売買を特例で処理していることを示す文言を公文書から削除した行為は極めて悪質。売買の判断にかかわる極めて重要な事実をなかったことにした。これは、国民への背信行為だ。佐藤

平成31年（2019年）

4月 ・統一地方選。
・30日、今上天皇退位。

5月 ・1日、新天皇が即位。改元（新元号）。

今上天皇は、天皇と前近代的神秘性の結びつきを拒んで、近代民主主義の合理的世界、人間的世界にかなうように天皇像を改めていった。次代の天皇はどうするか。片山

メルケルは伊勢志摩サミットが嫌だった

片山　さきほど日本の社会の分断について話をしましたが、16年5月に起きた沖縄県うるま市の米軍軍属による女性殺害事件もその象徴と言えるでしょう。

第二章の95年沖縄米兵少女暴行事件との比較で話しましたが、こうして平成を改めて振り返ってみると本土と沖縄の深い分断がどんどん露わになってきますね。

佐藤　そうですね。そしてこの事件は分断とともに沖縄への差別も明らかにした。

うるま事件の本質を差別と考えると、本土と沖縄の関係や沖縄人の心情が理解できるのではないかと思います。事件を受けて翁長知事が、オバマ大統領に直接抗議すると官邸に伝えても「それは国の専権事項だから」と菅官房長官が取り合わなかった。

でもこれを東京に置き換えて考えてください。在日米軍施設である南麻布の**ニュー山王ホテル**（＊1）に勤務する軍属が、夜8時に麻布をウォーキング中の日本人女性を強姦目的で殺害する。遺体を

＊1――ニュー山王ホテル　東京都港区南麻布にあるアメリカ軍関係者の宿泊施設。日本人はもちろんアメリカ人でも民間人は立ち入りできない。米海軍情報部やＣＩＡの拠点が置かれていて、日米のインテリジェンスの集積地ともされている。

スーツケースに入れて高尾山あたりに棄てた事件が発覚した。そのとき日本政府はどうすると思いますか?

片山 もちろん激しく抗議するでしょうね。それはうるま事件の抗議の比ではないでしょう。そうしなければ、世論が許さない。そのように考えていくとうるま事件の対応は、沖縄の人の目にとってはとても差別的に映った、と。

佐藤 そうです。沖縄では、米軍の犯罪なのにもかかわらず、反アメリカ政府ではなく、反安倍政権の機運が高まるでしょう。それは扱いが差別的だと感じているからです。もしも東京で起きていれば政府は同じような対応で済ませるのか、と。沖縄の人々には、日本政府の一つ一つの対応が差別に見えている。本土と沖縄では事件に対する認識が違うんです。

差別に気づくのは、加害者ではなく、被害者側です。加害者である本土の人間が差別に気づかないほど、沖縄差別が構造化しているとも言えます。

片山 佐藤さんが例に出したような事件が東京で起きていたら、オバマ大統領の来日はどうなっていたでしょう。**伊勢志摩サミット(*2)**が開かれたのは事件発覚の10日後です。

***2—伊勢志摩サミット**
2016年5月に三重県志摩市で開催された第42回先進国首脳会議。議題は世界経済の安定化や北朝鮮の脅威など。議長国の日本、アメリカ、フランス、ドイツ、イギリス、イタリア、カナダの7カ国の首脳のほか、EUの代表者が出席した。

佐藤　日本政府の対応は間違いなく変わっていたと思いますよ。世論の弾け方によっては来日後の予定や、来日の日程自体を変える必要に迫られていたかもしれない。

　でも結局うるま事件では、伊勢志摩サミットの首脳会談で「心からのお悔やみと深い遺憾の意」をオバマ大統領から引き出すだけに止まりました。

　私が伊勢志摩サミットで印象に残っているのが、ドイツのメルケルの表情なんです。彼女は、牧師の娘だから伊勢神宮に足を踏み入れるのに抵抗感があったんです。

　片山さんは、各国首脳の伊勢神宮詣でをどうごらんになっていましたか？

片山　伊勢志摩を開催地にしたのは、安倍政権を支えてきた神社本庁や日本会議の長年の願望でしょう。

　私が伊勢志摩サミットで思い出したのが、陸軍の中将を務めた**佐藤鋼次郎**（＊3）です。彼は晩年の1923年に『明治神宮懺悔物語』という思想小説を書いている。ロシア革命後、社会主義と資本主義の最終戦争が起きるかという時代相のもと、西洋人たちが東京に集まって侃々諤々《かんかんがくがく》の議論を行うんです。

＊3―佐藤鋼次郎
1862-1923。日清、日露戦争に出征。旅順要塞参謀長などを経て、清国駐屯軍司令官。第一次大戦にも参加した。1916年に陸軍中将。大川周明ら、右翼思想家と幅広く交際した。

しかし最後には日本人にこういう調子で論破される。利己主義や個人主義、欲望追求型の西洋の資本主義は世の中を破壊していくだけで、共同体や相互扶助、宗教的な感情がないと人間の社会は立ちゆかない。そうした近代の矛盾を解決する思想は明治天皇が示していて、明治神宮はその明治天皇をお祀りしているのだ、と。

西洋人たちは最後に明治神宮で懺悔する。しかも祀られている明治天皇こそ、これからの世界の指導原理の体現者だと認めるんですよ。天皇を中心とする日本的な価値観が世界を制する。混乱する世界に和をもたらすのは日本だけ。

現在の日本会議も伊勢神宮を訪問することで、外国の首脳が何かに目覚めるのを期待したのではないでしょうか。近代国家としてまともなやり方とはあまり思えませんし、結果はメルケルのしかめっ面で終わりましたが。

佐藤　その思惑は否定できませんね。伊勢神宮での覚醒を本気で期待していたとしてもおかしくない。

でも、おもてなしの面では各国の首脳も文句はなかったはずです。アワビとステーキをメインにした料理で、過去に日本で行ったサミットでは一番だった。京都の都ホテルでサミットの夕食と同じ料理

伊勢志摩サミットでは、メルケル独首相の表情がさえなかった。

が食べられるというので、私も行ってみたんです。ですが、3日前に予約しないと材料が揃わないと言われました。

片山　外向きには伊勢のおいしい料理でおもてなし。内向きには天《あま》照大神《てらすおおみかみ》の前に各国首脳をひざまずかせるという二枚舌外交ですね。

佐藤　そういうことになるでしょうね。

伊勢志摩サミット後、オバマ大統領が広島を訪問しました。実は、これには意味がありました。次期大統領の有力候補の一人に上がっていたトランプが、中国や北朝鮮への抑止力として、日韓の核保有を容認する発言をしていた。広島訪問には、この核容認発言をけん制する意味があったのです。

その返礼の意味もあり、半年後の12月に真珠湾でオバマ・安倍の最後の日米首脳会談が実現するんです。

片山　なるほど。広島訪問の陰の立役者が、世界を混乱させるトランプ大統領の誕生だったというのは、皮肉ですね。

元号再定義時代に加わりたい共産党

佐藤　オバマ広島訪問2カ月後の16年8月8日、今上天皇が象徴と

平成28年（2016年）

流行語
・〈神ってる〉
・〈ゲス不倫〉
・〈保育園落ちた日本死ね〉

流行歌
・「サイレントマジョリティー」（欅坂46）
・「前前前世」（RADWIMPS）
・「トリセツ」（西野カナ）

映画
・『君の名は。』（新海誠）
・『シン・ゴジラ』（庵野秀明）
・『この世界の片隅に』（片渕須直）

本
・『天才』（石原慎太郎・幻冬舎）

してのお務めについて「お言葉」（ビデオメッセージ　＊4）を発しました。「譲位」と「お言葉」。この二つが平成史の肝になると思うので、じっくり語っていきましょう。片山さんはどう受け止めましたか？

片山　私は昔風に言えば「承詔必謹《しょうしょうひっきん》」ですね。詔を承ってその通りにすべきだと感じました。といっても私は大日本国帝国憲法を信奉する者ではありませんし、詔の内容にかかわらず天皇の言葉通りにしなければならないと考えているわけではありません。何よりも内容に共感できました。

　お言葉については、いくつも話さなければならないことがありますが、まず一つ挙げるとすれば、国民の反応を見て、日本の社会がすっかり変わったと感じました。

　昭和天皇の崩御を思い出してください。言論界には天皇制の強化を訴える声が上がる半面、天皇制と日本帝国主義の負の結びつきを強調する論調もあった。天皇制を廃止して、共和制への移行を主張する人もいた。そういう意味では、昭和まで天皇が、戦後のシンボルとして機能していたんです。

　昭和天皇は、かつての現人神という強いカリスマ性を持っていた。

＊4―「象徴としてのお務めについての天皇陛下のおことば」
左記はお言葉（２０１６年８月８日）の抜粋。
・私も80を越え、体力の面などから様々な制約を覚えることもあり、ここ数年、天皇としての自らの歩みを振り返るとともに、この先の自分の在り方や務めにつき、思いを致すようになりました。
・社会の高齢化が進む中、天皇もまた高齢となった場合、どのような在り方が望ましいか、天皇という立場上、現行の皇室制度に具体的に触れることは控えながら、私が個人として、これまでに考えて来たことを話したいと思います。
・即位以来、私は国事行為を行うと共に、日本国憲法下で象徴と位置づけられた天皇の望ましい在り方を、日々模索しつつ過ごして来ました。

しかし今上天皇にはそれがない。昭和8年生まれの今上天皇は、純粋に戦後民主主義のなかで育てられました。アメリカ人の児童文学者、**ヴァイニング夫人**（＊5）が家庭教師になり、大正時代にヨーロッパに留学した親英国派で反マルクス主義の経済学者、**小泉信三**（＊6）が教育の責任者をつとめた。戦後のリベラル的な理想像のハイブリッドの教育を受けた。また本人もその自覚を持っている。だから右傾化した平成の社会で、天皇制反対と反安倍政権の動きが結びつかない。

　逆に今上天皇を立てて、平和、戦後民主主義、日本憲法を擁護していこうと考えているリベラル言論人も少なくない。今上天皇の存在や行動を、反安倍政権につなげて論じる人も増えている。議論が、天皇イコール日本帝国主義ではなくなったのです。その意味では、人間天皇と象徴天皇を結びつけて戦後民主主義と相性のいい天皇のありようを模索してきた、昭和天皇と今上天皇の父子の戦略が一つの大きな勝利を収めたといってもよいでしょう。

　そして、元号の問題がありますね。明治、大正、昭和は、天皇の崩御によって元号が変わる体験を国民にすり込んで終わりました。その国民的体験の再現を、生きているうちの「譲位」により、今上

・天皇の高齢化に伴う対処の仕方が、国事行為や、その象徴としての行為を限りなく縮小していくことには、無理があろうと思われます。

・更にこれまでの皇室のしきたりとして、天皇の終焉に当たっては、重い殯《もがり》の行事が連日ほぼ2ヶ月にわたって続き、その後葬儀に関連する行事が、1年間続きます。（略）行事に関わる人々、とりわけ残される家族は、非常に厳しい状況下に置かれざるを得ません。

・これからも皇室がどのような時にも国民と共にあり、相たずさえてこの国の未来を築いていけるよう、そして象徴天皇の務めが常に途切れることなく、安定的に続いていくことをひとえに念じ、ここに私の気持ちをお話しいたしました。

・国民の理解を得られることを、切に願っています。

天皇は自ら手放してしまった。この影響が今後どうでるのか。

佐藤　ご指摘の通り「譲位」は歴史の流れを変えるカイロス――機会になるでしょう。「譲位」で歴史の分節を変えてしまった。

片山　退位した天皇は上皇となります。元号と天皇は変わっても、前の天皇が上皇となって平成の時代の価値観を象徴する上皇として、象徴天皇という言葉に倣えば象徴上皇という言い方もできるのかもしれませんが、そういう平成をシンボライズする上皇として君臨しているとなると、二重権威というよりも二重価値になる。次の元号になっても平成的なものは終わっていないつもりになる国民はどうしたって多くなるでしょう。死による時間の切断がない分、いろいろなことがあいまいな感じになるのではないでしょうか。上皇は日本史をさかのぼればいくらでもいますが、一世一元の近代天皇制になってからは初めてですから。

佐藤　そこで、ポイントになるのが、いかに易姓革命思想を避けるか。易姓革命とは、天子の徳がなくなれば、徳を持つ人が新たな天子になるという古代中国の考え方です。

自らの判断での「譲位」が許されるようになれば、緩められた形の易姓革命を考える人間が出てきてもおかしくはありません。たと

＊5―ヴァイニング夫人
1902‐1999。アメリカの児童文学作家。1946年にGHQに皇太子明仁親王の家庭教師に選ばれ来日する。4年間、皇太子らに英語教育などを行った。著書に皇太子との交流を描いた『皇太子の窓』がある。

＊6―小泉信三
1888‐1966。元慶應義塾大学塾長。イギリス古典派経済学研究とマルクス主義批判で知られる。戦後は皇太子明仁親王の教育と皇室の近代化につくした。

えば、リーマン・ショック級の経済危機や東日本大震災級の災害が起きるたびに改元を行うこともできてしまう。

片山　幕末も安政、万延、文久、元治、慶応とひんぱんに改元しました。ペリー来航以来の国難がなかなか解決できないのですぐ改元していて、もうわけがわからない。それを天皇の生き死にと結びつけて一元化して、元号を使えば天皇とともに生きていることをいやでも意識せざるを得ず、改元によって新しい元号を使えば、先帝崩御と新天皇即位による区切りを無意識のうちにでも確認することになる。改元が必ず大喪の礼という巨大な国家宗教的儀典と結びついてきたことがやはり大きい。

そうやって近代日本人が共有し積み上げてきた時間意識が今度確実に崩れます。そのあとどうなるか。天皇制は敗戦期に匹敵するほど流動化するでしょう。なんだか自明なものではなくなって、天皇や元号が国民意識のうえで再定義される時代に入るでしょう。

佐藤　興味深かったのは、あのしんぶん赤旗が譲位や改元の議論に合わせて、元号を併記しはじめたこと。これも大きな変化ですね。

片山　共産党も天皇・元号再定義時代のために定義者として参加したいという意思表明でしょうかね。

昭和天皇「人間宣言」との比較

片山　もう一つ私が考えているのが昭和天皇の**「人間宣言」**（＊7）と今上天皇の8月8日の「お言葉」のかかわりなんです。「人間宣言」は、神道を国家宗教から切り離したいというGHQの意向を受けて行われました。それまでは、神話によって意味づけられ、国民がどう思おうと神話によって神性を保証される存在であった天皇を、神話よりも国民との相互的信頼関係を日々築いていくことで、つまり国民に信頼される素晴らしい人間として天皇の地位を国民に日々に認めさせ、天皇というものの存続をはかった。それが「人間宣言」の主旨でしょう。

　すると人間天皇とはなんなのか。「人間宣言」のあとにできた戦後憲法では、人間天皇という表現はなく、象徴天皇ということになりますね。私は子どものころ象徴天皇は空虚なものだとか、ただいるだけの存在だとかと、大人たちに教えられてきました。

　しかし象徴天皇は国民の総意に基づいて存在すると憲法で定められ、では総意はいかにして形成され持続するのかといえば、その説

＊7—人間宣言
1946年1月1日に出された詔書の通称。天皇自ら自己の神格を否定した。太平洋戦争の敗戦後、教育民主化の一環としてGHQにより、天皇が神格否定の詔書を発表する構想がたてられた。宮内省関係者や首相の幣原喜重郎などの検討を経て、天皇の発意で五箇条の御誓文が加えられ、詔書案は完成した。

明は「人間宣言」に求めるしかない。天皇が人間的にふるまって国民に信頼され続けるということです。

だから「人間宣言」をした昭和天皇はサラリーマン風の背広姿で、時には吹きさらしに立ち、髪が乱れるのもかまわずに、全国を行脚して国民に手を振り続けた。一般国民の側にまで寄っていった。そうやって等身大の人間天皇を国民の前にさらして、信頼関係を結ぼうとされました。

今上天皇は、昭和天皇が国民とふれあって信頼関係を直接に築き直すパフォーマンスに粉骨砕身した部分を、強く受け継ぎましたね。今上天皇は「人間宣言」をひたすら忠実に突き詰めようとつとめてこられた。

けれども、昭和天皇は特に崩御と「大喪の礼」という圧倒的かつ神秘的なドラマによって、しかももともと昭和20年までの現人神としてのカリスマ性が戦後になったからといって無くなるわけではないので、最後はやはり神の方に、少なくとも私個人の印象としては再び近づかれた気もします。今上天皇はそれを避けたいと思われているのでしょう。

崩御と改元をセットにすると、戦後民主主義もたちまち明治や大

昭和天皇は、全国を巡幸することで国民と同じ地平に立とうとした。

正の終わりと同じになってしまう。それを避けることが未完の人間天皇像の完成につながる。だから「譲位」という形を選ばれた。

佐藤　なるほど。分かります。

片山　今上天皇は、天皇と前近代的神秘性の結びつきを拒んで、近代民主主義の合理的世界、人間的世界にかなうように天皇像を改めていった。だから沖縄のことを思えば天皇の宮廷のみやびの伝統とは関係がないだろう琉歌に興味を寄せられ、あちこちの被災地に足を運び続けた。空虚なものやただいるだけの存在では国民との信頼は築けない。

しかし、こういう天皇像を保ち演じ続けるには体力がいる。高齢になって動きにくくなると、いわば行動主義的天皇像はリアライズしきれない。その結果が「お言葉」になった。

「お言葉」の玉音放送（ビデオメッセージ）は8月でした。父である昭和天皇が行った8月15日の**玉音放送**（＊8）を意識しているように感じました。8月15日の終戦の詔から「人間宣言」を経て「お言葉」へ。親子二代で「人間宣言」を完成させたともいえるのではないかと。

さて、親子二代の「人間宣言」によって、人間天皇になったわけ

＊8―玉音放送
昭和天皇による戦争終結宣言。ＮＨＫが１９４５年8月15日正午からラジオで、天皇自らポツダム宣言の受諾と終戦を国民に伝えた。「玉音」は天皇の肉声を意味する。天皇の声を一般国民がラジオを通して耳にしたのは、歴史上はじめてだった。

ですが、これは、いまだに「天皇」だから成立する話ともいえますね。

人間天皇の「人間」の部分だけを強調するのなら、中華人民共和国の一人民になった**愛新覚羅溥儀**《あいしんかくらふぎ》（＊9）のようになればいい。かつては天皇が一市民になるという議論もありました。

でもその道を戦後日本はとりあえずとらなかった。国民多数派の声にもならなかった。人間天皇ではあるのですが、現人神だった時代の記憶を宿しているから意味がある。どうしてもそういう体裁に人間天皇はなる。

かつては神話によって存在を保証された方が、今は人間に身をやつして被災地にやってくる。だからありがたいと思う人が出てくるのでしょう。

ただの本当の人間が、天皇という記号を付けて、被災者を慰めにいっても、ありがたいのか。一個人の人格だけでありがたみが出るのか。いくら人間天皇と言ってもそこにマジックがある。

佐藤　ご指摘の通りです。このマジックで天皇制は成り立っている。

もう一つ、小林よしのりの『天皇論』が戦後民主主義を体現したフラットな天皇のイメージを広めていく上で大きな役割を果たした。

＊9―愛新覚羅溥儀　１９０６－１９６７。清、満州国の皇帝。１９１１年に始まった辛亥革命（〜１９１２年）で退位した清朝最後の皇帝。その後、日本軍のバックアップで１９３４年に満州国皇帝となる。日本の敗戦とともに満州国は崩壊し、旧ソ連軍によって抑留された。１９４６年には東京裁判に出廷。戦犯として中国の撫順戦犯管理所に収容されたが、のちに特赦で釈放されて北京に住んだ。

ただし、私たち神学を学んだ人間からすると現人神という天皇のあり方が荒っぽく見えてしまう。神学には神人論という分野があります。キリスト教では、父である神、子であるキリスト、そして聖霊は、神が三つの姿となって現れたものだとしています。

イエス・キリストは神でもあるが、人間でもある。ただそれにもいくつかの説がある。

神格と人格が重なり合うと考えるのが正統派で、キリストは人間ではなく、神であると考える異端派は単性論と呼ばれます。またネストリウス派という教派ではキリストの神格と人格は完全に分離しているけれども、一点で接していると考える。

これを天皇に置き換えると１９３０年代から戦時中は、単性論。そして人間宣言の後は、ネストリウス派が言う離れた神格と人格が接した存在になっている。それがここ数年は正統派のように重なり合う姿を求める人々が一部で見られるように思う。これは明治維新から１９２０年代までの天皇への回帰です。

片山　天皇制をキリスト教と重ね合わせて考える視点は、非常に重要です。明治以降の天皇のあり方には『古事記』や『日本書紀』などの解釈ももちろん含まれています。しかしそれ以上に江戸時代に

天皇制を神学で読み解くと……

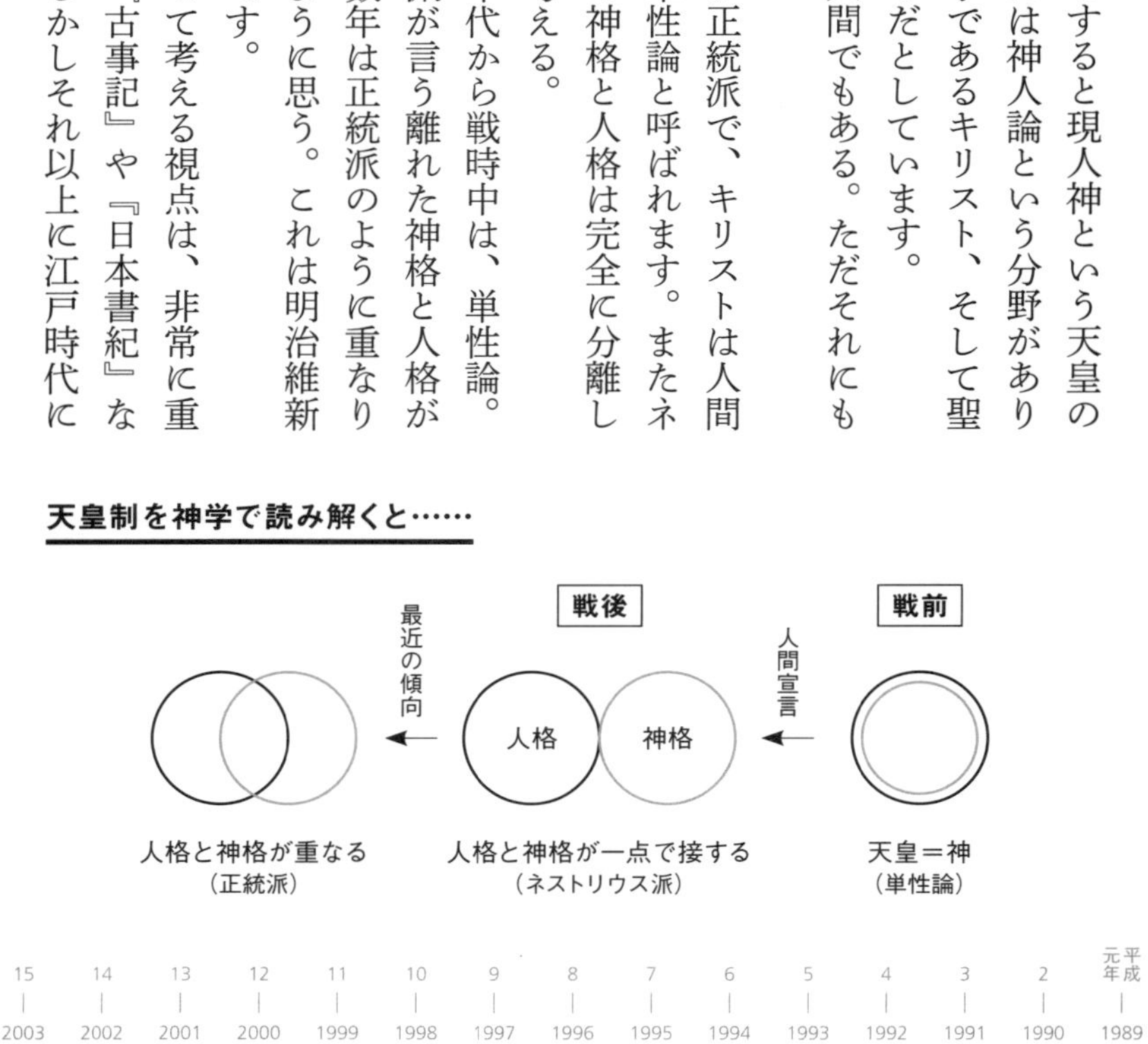

キリスト教を知る儒学者や国学者の考え方の影響が大きかった。

たとえば、本居宣長たちは、天照大神は太陽そのもので、天皇は太陽の分身であると考えていた。儒教の天とキリスト教の神。それから中国の皇帝と日本の天皇……。それぞれの特異性と共通性を照らし合わせながら、近代の天皇像を作り上げていったんです。

佐藤　おっしゃる通りです。天皇を巡る議論は日本特有と思われがちですが、それは間違いです。戦前の天皇が単性論に当てはまり、人間宣言後がネストリウス派のキリスト論に重なったように天皇をキリスト教のフレームで語ることも可能です。現人神だって日本特有の存在ではありません。クリスマスも現人神であるキリストの誕生を祝う行事でしょう。

ほかの例も挙げてみましょう。キリスト教では腐敗した神父が行った儀式が、無効なのか、有効なのか、古くから意見を戦わせてきました。無効とする見解を**人効説**といい、行為自体が重要なのだから神父が腐敗しているか否かは関係ないと考えるのが、**事効説**（＊10）。ちなみに正統派が事効説で、異端派が人効説をとる。

事効説と人効説に天皇の議論を置き換えるとどうなるのか。今上天皇の意向や人間性を活かした平和や民主主義を重視するのが人効

＊10―人効説と事効説
キリスト教で古くから議論されてきた考え方。事効説は執り行われた儀式自体に意味があると考え、人効説は儀式の有効性はそれを執行した神父の人格に左右されるとする。

説で、どんな天皇でもただ祈っていればいいと考えるのが事効説となる。

片山　人間天皇は人効説に近く、儒教的に天皇の内なる徳を問い続けて代々の天皇の値打ちを評定する立場、北畠親房（南北朝時代の武将）も前期水戸学もそうだと思いますが、これらもまた人効説でしょう。しかしおそらくキリスト教へ対抗することを意識した本居国学や後期水戸学になると事効説的方向になるでしょう。その事効説の方が明治の天皇制のデザインにより強くつながってくる。その反動としての人間天皇論は人効説的とも言えますが、象徴天皇を単なる記号としてみたい人たちは事効説的なのでしょうね。

　いずれにせよ江戸時代からの天皇の位置づけ方の議論は、キリスト教にたまたま似ているのではなく、意識的に似せられていると考えるべきですね。危機に陥ったときに超越者が介入してくるという思考も、キリスト教世界だけではなく、日本にもある。

佐藤　そうです。危機のときに神、あるいは超越者が人間世界に介入してくるのは我々人間に埋め込まれた普遍的な意識だと思います。

　そういう意味でも、私は譲位に関する「お言葉」と**「3・11のビデオメッセージ」**（*11）はセットで考えているんです。3・11の

＊11―3・11のビデオメッセージ
左記はお言葉（2011年3月16日発表）の抜粋。
・この度の東北地方太平洋沖地震は、マグニチュード9・0という例を見ない規模の巨大地震であり、被災地の悲惨な状況に深く心を痛めています。（略）一人でも多くの人の無事が確認されることを願っています。
・自衛隊、警察、消防、海上保安庁を始めとする国や地方自治体の人々、諸外国から救援のために来日した人々、国内の様々な救援組織に属する人々が、余震の続く危険な状況の中で、日夜救援活動を進めている努力に感謝し、その労を深くねぎらいたく思います。
・被災した人々が決して希望を捨てることなく、身体を大切に明日からの日々を生き抜いてくれるよう、また、国民一人びとりが、被災した各地域の上にこ

ビデオメッセージで、消防士と警察官と海上保安官、そして自衛官を激励した。現行の憲法体系を踏み越えた内容でした。

津波と原発事故で日本は、8月15日以来の非常事態に陥っていましたよね。では、「お言葉」が発せられた2016年は、何の危機かといえば、日本の「分断」でしょう。政治は右と左が対立し、そして上と下の格差も広がっていた。

私は3・11から譲位までのプロセスが、昭和20年の8月15日にあたると考えているんです。つまり日本の危機に、天皇が登場する物語だ、と。

独裁者、あるいは神を求め始めた世界

片山 危機といえば、それは日本だけの現象ではありませんよね。

佐藤 ええ、印象的だったのが、少し話は進みますが、17年11月に行われた**トランプの東アジア歴訪**（＊12）です。中国でトランプを迎えた習近平は故宮を案内した。故宮は中国共産党の高官ですら入れる場所ではない。神聖な場所です。それをわがもののように、米大統領に案内する。それは習近平が皇帝となって、天とつながった

れからも長く心を寄せ、被災者と共にそれぞれの地域の復興の道のりを見守り続けていくことを心より願っています。

＊12―トランプの東アジア歴訪 2017年11月上旬、一週間以上にわたり、アジアを歴訪。訪れた都市順に、東京、ソウル、北京、ダナン、ハノイ、マニラ。この四半世紀で、米大統領として最も長いアジア滞在となった。

と見ることもできる。皇帝とは中国における現人神です。一方のトランプも宣誓の際には必ず聖書を前に置く。これも神とつながる行為です。

片山 自信過剰なトランプも、中国を掌握したように見える習近平も、現在の世界情勢では、一寸先はどうなるか分からない。そうした不安がどこかにあるからこそ、神とつながろうとするんでしょうね。世界中をそうした不安が覆っています。そのせいで共和制に移行する議論が進まない。

共和制は、人間の理性的議論や理性的合意に頼って物事を決めたり、解決したりすることが最善にいたるし、そのようにできると信じることで成立する制度です。でも世界的に危機が深まって普通の人間に何かができるという自信が揺らいでしまい、人間の理性を超えた神の存在を無意識に求めているのではないでしょうか。

佐藤 私も同じ考えです。そして別の見方をすれば、それは左翼の敗北を意味しています。

そもそもフランス革命期の議会で人間の理性を尊重する人々が左側に座った。理性を信じているから正しい情報をもとに誠実に議論を尽くせば、結論にたどり着けると考えている。それに対して右派の立場の人たちは、王や貴族、教会、あるいは神など理性の外側にある英知を認めている。
　平成になり、全世界的に危機の時代に入り、同時に左翼の力が衰えた。独裁的な国家が増え、極右勢力が台頭しています。彼らは、理性の外側の超越的な力を求めています。

片山　安倍政権も例外ではありませんね。

佐藤　14年の衆議院選で圧勝したあと、安倍政権はどんどん独裁傾向を強めていきました。
　国外に目を向けてもロシアのプーチンも中国の習近平も独裁体制をどんどん強化している。小国でも**チェコやオーストリアの極右政党**（＊13）が勢力を伸ばしている。
　片山さんは、全世界的に独裁が進む現象をどう捉えていますか？

片山　じっくり議論して安定した社会を継続していくのが、成熟した民主主義社会です。平和な時代なら議論を尽くして様々な選択を試せたのでしょうが、世界中でテロがひんぱんに起きている上、日本では原発事故が発生し、北朝鮮も核ミサイルを手放そうとしない。
　立場の異なる国家同士、あるいは政党同士が話し合って利害を集約させていく。そのモデルにリアリティがなくなってしまって、歴

＊13―チェコとオーストリアの極右政党
チェコでは、２０１７年10月の下院選で新党ＳＰＤ（自由と直接民主主義）が第三党に大躍進。同党は日系人実業家が党首を務め、「反ＥＵ」を唱える極右政党である。オーストリアでも、同年10月に行われた下院選で元ナチ党員が設立した自由党が第三党に躍進。第一党の中道右派・国民党と連立内閣を組むことになった。

史の歯車は逆方向に回り始めた。長い時間をかけて議論しても落としどころが見つからない。議論すればするほど、分裂してしまう。近代世界の理想的目標であり続けてきた民主主義が無力なお荷物になってきた。座して死を待つ、という選択肢もあるでしょうが。

佐藤　それは、片山さんが以前おっしゃった『日本沈没』の「なにもせんほうがええ」という選択ですね。でも現実的には最初から何もしないわけにはいかない。

片山　だから議論よりも、強引に意思決定していく独裁者に惹かれていくのではないですか。本当に切羽詰まったいま、超越的な存在を必要とするようになった。それは神かもしれないし、超越的な独裁者かもしれない。

　日本でいえば、日本会議がそうでしょう。彼らは戦後民主主義を恨み、超越的な天皇主権への復帰を目指してきた。復古主義者である彼らや反知性主義の安倍政権は、いまの時代との相性が非常にいい。安倍政権や日本会議に、戦後民主主義的なフラットな立場の今上天皇を持ち出して対抗しても限界がある。

佐藤　同感です。ご指摘の通り民主主義の意思決定には時間がかかる。でも現在はその時間の経過に耐えられない。だから意思決定に

主催者側に日本会議も名を連ねる戦没者追悼集会（靖国神社）。

時間をかけない独裁体制を求めてしまう。そしてそれが世界のトレンドになりつつある。

日本でも、国民は安倍政権に独裁に近い権力を与えなければならないと考えるようになった。安倍一強時代は、国民の集合的無意識が成り立たせているのです。

片山 デモクラシーの崩壊、議会制民主主義の機能不全ですね。

日本なら1925年の普通選挙法の制定、あるいは世界的に見ればフランス革命以来と考えてもいいと思いますが、いま民主主義は崩壊の危機に瀕している。

これまでも非常時や戦間期が長く続いた時期はありました。それでも選挙を経て議論を交わして利益を分配して、とそれなりに民主主義社会を成り立たせてきた。でも現在はそういう余裕がない。しかも経済も右肩下がりの時代です。誰もが民主主義ではもううまくいかないのではないかと思いはじめている。

佐藤 世界中の国家が相互依存が強まった結果、全世界的に民主主義の限界を感じている。

片山 各国の相互依存に加えて、資本主義の成熟の度合いも似ているから、世界的に同じような問題を抱えている。その問題が同時多発的に連鎖して噴出している状況ですね。

佐藤　だとしたらそれは違う形の民主主義が登場する予兆だともいえます。日本では議員定数の削減が叫ばれてきました。

17年秋の衆議院選では、**一票の格差**（＊14）を理由に、衆議院議員を475人から465人に減らした。それに批判はなかった。いえ、国民は諸手を挙げて賛成しました。バカな議員にムダな税金を使いたくないと考えたのでしょう。その気持ちは分からないではない。でもそれなら定数が450人になったら、400人になったらどうなのか。無批判に賛成できるのか。

片山　日本では、とくにリベラル派は議員の数が多すぎると考えている。本当にそうなのか考える必要があります。

民主主義の理想は、国民全員が政治に参加すること。だとすれば、議員の数は多ければ多い方がいい。少ない方がいいという考えは危険です。とくに北海道や四国などのように地域社会が崩壊しつつあるような地域こそ、たくさんの代表が必要なはず。しかし議員を増やそうという話は一切出ず、話題に上るのは、議員定数の削減ばかり。

佐藤　そうなんです。もしも少ない方がいいというなら定数100

＊14——一票の格差
選挙時に地域によって、一票の重みが変わってしまう不均衡な状態を指す。17年1月の朝日新聞の調査によると衆議院の選挙区で人口が最も少ない鳥取1区（28万4574人）と、最も多い静岡5区（55万6405人）との格差は1・955倍。区割りの変更や議員定数の調整が求められている。

人ならどうか。50人、10人ならどうか。そう考えていくと日本は、議会制民主主義から大統領が絶対的な権力を持つ独裁的な民主主義に向かっている。独裁的民主主義を別の言い方にすると行政権の優位と言えます。議論の経過に耐えられないから立法府である国会での議論をショートカットして、行政府である内閣府ですべてを決めてしまう。

それは稲田朋美を見れば分かりやすい。行政府にいた時期は、毀誉褒貶があって防衛官僚から批判されても常に注目を集めてポスト安倍とまで言われていた。防衛大臣辞任後はもうニュースにも取り上げられない。

片山 本当に。そこで思い出すのは**天皇機関説事件**（＊15）です。天皇機関説事件と聞くとリベラル派は天皇を神格化するなんてけしからんという話になってしまう。でもあの事件の本質は立法対行政の対立でしょう。行政府の力を強めるために天皇機関説を否定した活動だったと解釈しなければならないはずです。

佐藤 これからも行政府の優位が続くようであれば、犯罪の嫌疑がなくても行政府が通信の傍受をできるか否かを判断する行政傍受という考え方が出てくるでしょう。いまは犯罪の嫌疑がある人物の身

＊15―天皇機関説事件
大日本帝国憲法上の天皇の地位に関する学説。天皇は国家の最高機関であり、統治権は国家にあるとする。内閣と議会の地位を強化しようとする美濃部達吉が主唱したが、国体に反すると非難される。１９３５年に美濃部は貴族院議員を辞職させられた。

柄を拘束したり、人の住居に立ち入ったりするには裁判所の令状が必要です。しかしテロ対策の分野では令状を発する時間に耐えられないから、と行政傍受を認めさせる。そうなったらなんでもありです。行政の命令一つで市民が拘束されてしまう。

片山　各省庁が憲兵を持つような状態になるわけですよね。戦前には実際に外務省警察が存在していました。ポスト平成には、突然、外務省警察がきて一般市民が逮捕されるような時代になるかもしれません。

佐藤　ここでもう一歩踏み込んで考えたいのが、日本で独裁的な民主主義がどこまで可能なのか。戦前も翼賛政治を目指したが、実現できなかった。

片山　日本人は首相公選や大統領制に対して、無意識の抵抗があります。我々の無意識を支配し、独裁的な民主主義を否定するくびきが天皇制でしょうね。今上天皇は戦後の民主主義、平和を尊重しているからなおさらです。

　では、「譲位」後、平成以降はどうなるのか。皇太子に神聖天皇像を担わせようというのか。そんなことが可能なのか。

天皇神話を共有していない領域

佐藤　そこは私も非常に関心があるところです。
　明治天皇と昭和天皇は重なる部分が多い。今上天皇は大正天皇と類比的に捉えることができる。とすると皇太子はどうなのか。父親の特徴を受け継ぐのか。昭和天皇に似てくるのか。

片山　答えは、間もなく出るでしょうね。また、それに伴い日本人の天皇観もおのずと変わってくるでしょう。

佐藤　国民の側も、天皇に対しての意識が変わってきているのは間違いない。いま、国民は天皇のことを強くは意識していないんじゃないかな。でも、それが、天皇観の稀薄化を意味しているとも思えない。

片山　天皇が国民の間で無意識化している。つまりは、逆に浸透してるんじゃないかということですか。たしかに天皇が当たり前だという状態になっていて、賛成するにしても反対するにしてももう熱がないですね。「お言葉」以降の譲位問題も、マスコミが議論を喚起しても、どう議論するのかという前提をクリアしてゆくエネルギーすら国民にはない気がしました。特例法を審議する場であった国会も、その種の議論にはまったく踏み込まなかった。

佐藤　タブー化されているわけじゃないんだけども関心がないってことは、それだけ日本人の心の中に入り込んでいるのだと思います。といって宗教化しているというわけでもなく、習慣や文化のなかに、深く入り込んでいるという意味です。

17年末にユーロスペースで、日大藝術学部の映画学科の学生たちが「映画と天皇」というタイトルで、**映画祭**（＊16）を企画したんです。戦後映画における、天皇の描かれ方を見るというイベントです。『明治天皇と日露大戦争』（渡辺邦男監督）や『日本敗れず』（阿部豊監督）、あるいは**『日本のいちばん長い日』**（**岡本喜八監督　＊17**）とか『孤獨の人』（西河克己監督）、『太陽』（アレクサンドル・ソクーロフ監督）、そして『ゆきゆきて、神軍』（原一男監督）なんてものも。

そのトークショーに出演したんです。私が担当したのは**『軍旗はためく下に』**（**深作欣二監督　＊18**）でした。

片山　映画の選び方がセンスいいですね。

佐藤　そうなんです。これの倍ぐらいをリストアップして、絞り込んだそうです。でも、これだけ満遍なく様々な立ち位置の映画を揃

＊16—日藝映画祭「映画と天皇」　2017年12月に渋谷のユーロスペースで行われた。朝日新聞文化部出身で、現在は同大藝術学部教授の古賀太が映画ビジネスにまつわる授業の一環として、学生たちに企画させたという。佐藤いわく、「映画を借りてきて上映するのは誰でもできる。だから企画書を作って、興行としてやれ、と古賀さんは学生たちに言ったらしい。それも利潤が出る形で。だから学生たちの私へのオファーもしっかりしていた」という。ちなみに、「学生の親が『ゆきゆきて、神軍』を見て、真っ青になっていたんです。うちの子は何を勉強しているんだ、と」と苦笑いする。

＊17—『日本のいちばん長い日』　1967年に公開された映画の題名。監督は岡本喜八。太平洋

えられたのは、学生たち自身がそこに特定の立場を感じていないからです。むしろ、学生たちは天皇に関してシンパシーを持っている。それはなぜか、ということを映画祭を通して、彼ら彼女ら自身がレビューしてみたかったようです。イベント後、学生たちと居酒屋で話す中において、「今後、どんどん天皇制って煮詰まっていくと思いますが、佐藤さんは将来的にどうなると思いますか」と問われました。私は、「確かに日本の中では煮詰まっているんだけれども、日本には外部空間がいくつかある。一つは沖縄、もう一つはアイヌ、それから創価学会。この三つは、天皇神話を共有していない領域。この領域との軋轢がどうなっていくかが天皇制の将来を左右する」と答えました。

日本人にとっての天皇観がどう変わるか。すなわち、世間外との軋轢を調整できる形になるのか、逆に、その世間外の人々を非国民化していく形になるのか。ここがやっぱり一つのポイントになると思う。

片山　三つ目の創価学会はどうかわかりませんが、一つ目と二つ目に関しては、今上天皇は意識的にアプローチされていたように思います。ただ、これまで述べてきたように、いまだに沖縄との断絶は

戦争終結の日、ポツダム宣言の受諾決定から玉音放送が流れるまでの24時間を描く。出演は三船敏郎、加山雄三ほか。原作は半藤一利のノンフィクション。2015年、原田眞人監督により、再び映画化された。

＊18──『軍旗はためく下に』　1972年に公開された日本映画。監督は深作欣二、脚本は新藤兼人が担当。主演は丹波哲郎。軍法違反者として一方的に処刑された兵士を中心に戦争の悲惨さを描く。原作は直木賞を受賞した結城昌治の小説。佐藤は「いまならタブー視されて製作するのは難しいかもしれない」と語る。

存在するし、アイヌについての理解は一向に進んでいない。こうした外部空間との付き合い方から、次代の天皇のありようが更新されていかないと。万世一系というだけでは持続性に陰りが見えてくるように思われますね。

『シン・ゴジラ』『騎士団長殺し』『コンビニ人間』

片山　映画といえば、16年に公開された**庵野秀明監督**（＊19）の『シン・ゴジラ』が印象に残っています。

この対談で、平成を時系列の積み重ねで成り立っていない雑炊のような時代、または脈絡を失って様々な問題が唐突に噴出するポストモダンの時代、パッチワークの時代とも語ってきましたが、実は庵野秀明監督の作品がその象徴の気がするのです。『エヴァンゲリオン』は因果関係も時間の感覚も脈絡もない物語でしたし、『シン・ゴジラ』も様々な映画を引用したコラージュ的な作りだった。『シン・ゴジラ』を見た人は、**市川崑監督**（＊20）の早口演出や**岡本喜八監督**（＊21）の戦争物の畳みかけてゆくリズムが思い出されるでしょうし、新旧の『日本沈没』（１９７３年、２０

＊19—庵野秀明
１９６０年生まれ。大阪芸術大学の学生時代から、自主制作アニメなどで頭角を現す。アニメーターの板野一郎や宮崎駿の元で働き、１９８８年のＳＦロボットアニメ『トップをねらえ！』で監督デビュー。代表作に１９９５年の『新世紀エヴァンゲリオン』。

＊20—市川崑
１９１５‐２００８。映画監督。初期は都会的な風俗喜劇で人気を集めたが、その後次々と文芸作品や記録映画を手がける。竹山道雄原作の『ビルマの竪琴』、三島由紀夫原作の『炎上』、大岡昇平原作の『野火』など。夫人の和田夏十が主に脚本を執筆した。

06年）も連想させられる。ラストに北の丸公園の科学技術館が出てくるシーンは原爆映画『**太陽を盗んだ男**』（＊22）を意識していると力説する方もいました。

もう言い出すとキリがないのですが、みんな、何かしら自分の知っているものとかみ合うようにネタが散らされている。54年の『ゴジラ』第1作がいちばん参照されているでしょうけれども、米ソ冷戦が絡む84年版の『ゴジラ』、あまり有名な作品ではありませんが、政府閣僚が大勢出てきて活躍する最初のゴジラ映画が84年版ですし、『シン・ゴジラ』が日米安保を一つのポイントとしているのと被っています。ゴジラが進化して変形するところは『ゴジラ対ヘドラ』で形が変わってゆくヘドラを思い出す人もいるはずです。しかも3・11と福島の原発事故をテーマにして、ゴジラに被せているので、昔の映画を知らない人でも、2011年の記憶さえあれば、カタストロフをわがことに重ねて生々しく追体験し、最後にはカタルシスを感じることができる作りになっている。尾びれから光線を出して遠方の敵を撃破するのはゴジラではなくて大映の『大怪獣決闘　ガメラ対バルゴン』から持ってきているのでしょう。そんなことを言っているとキリがないのですが。

＊21―**岡本喜八**
1924-2005。映画監督。1958年にコメディ『結婚のすべて』で監督デビュー。巧みなカットによるテンポのよい娯楽作品を多く手がけた。代表作に『独立愚連隊』『肉弾』『大誘拐 RAINBOW KIDS』など。

＊22―**『太陽を盗んだ男』**
1979年に公開された映画。長谷川和彦監督作品。東海村からプルトニウムを盗んで原爆を作って日本政府を脅す中学教師を沢田研二が、沢田を追う刑事を菅原文太が演じた。原子爆弾製造や皇居前バスジャックなど、タブーを恐れぬ内容で人気を集めた。

佐藤　私は見ていないのですが、今上天皇のような存在は登場するのですか？

片山　天皇が登場するくだりはありません。皇室も出てこない。でもトポスとしての北の丸公園を『日本のいちばん長い日』に結びつける人は大勢いましたね。

　ともかくラストは皇居のエリアを指揮所にした作戦が成功して、ゴジラの凍結に成功する。結局、ゴジラが発した放射性物質の半減期が非常に短くて、東京も大丈夫というハッピーエンドに終わる。そうすると皇居も天皇も守られた物語と見ることもできるかもしれない。ただし映画自体はリアリティ溢れる前半に比べて、後半はほとんど荒唐無稽で、夢の中の話としか私には思えない。私は前半が現実で後半が虚構と解釈しているんですが。前半は原発事故を制御できずついに破局に至った悔恨の物語で、後半はかくも完璧に制御できてよかったという夢物語。この対比になっていると思わなくては、納得のいかない映画です。

　小説でいえば、この年に流行したのは村上春樹の『騎士団長殺し』でした。ただし、平成という文脈で、彼を語るのは難しいかもしれません。

彼の作品に通底するのは、ほんの半歩の成長を、壮大な仕掛けで展開するという、ビルドゥングスロマン（教養小説）的構成です。『騎士団長殺し』も、成熟した女性を愛せない男が、ちょっとだけ愛せるようになりましたという物語ですよね。

それは平成的というよりは、昭和の終わりの、村上春樹が出てきた80年代の空気をまとった小説だと思います。

佐藤 たしかに、村上作品で平成を語るのは難しいですよね。私は、村上春樹自体が、日本を見て書かなくなっていると感じています。あの作品の構成はダンテの『**神曲**』（＊23）に似てますよね。あの人は日本よりも世界、とりわけヨーロッパを見ているんじゃないですか。

今回は、彼の作品が難しいという声も多かった。だからあの上下巻を読みきれないと。特に下巻になって、またいつもの「穴」が出てきて、読んでいられない――という意見もあった。実はあれ『神曲』を読んでいればおもしろいはずなんです。穴の中の世界がダンテが描いた煉獄のようだからです。

あるいは『**色彩を持たない多崎つくると、彼の巡礼の年**』（＊24）にしたって、あれ、新宿駅の特急が出るホームが象徴的な「点」に

＊23―『神曲』 イタリアの詩人ダンテの代表作。1307年から1321年にかけて作られた。地獄編、煉獄編、天国編の三部。ダンテ自身が主人公となり、この三界を巡る幻想譚を軸に、信仰による魂の救済と至福への道程を描く。

＊24―『色彩を持たない多崎つくると、彼の巡礼の年』 2013年に刊行された村上春樹の13作目の長編小説。多崎つくるは大学時代、4人の友人から突然絶縁を申し渡される。死を意識して生きてきた彼は、年上の恋人に促され、絶縁の原因を探る。発売後7日で100万部を突破するベストセラーとなった。

なっているから、あれは目的論（テレオロジー）的な構成になっています。ギリシア語のテロスとは、終わり、目的、完成を同時に意味します。多崎つくるの人生の目的が新宿駅に集約されている。そういう意味でキリスト教的な文学なんですよ。

片山　ほかに16年だと平成を語る上で外せない作品はありますか？

佐藤　やっぱり**村田沙耶香**（＊25）の『コンビニ人間』ですね。気持ち悪くて面白かった。同棲相手を浴槽で飼育して、洗面器で餌を与えるという。

片山　あれはよかったですね。彼女は、その前に真面目なＳＦを書いていて、優れていると思いましたが、『コンビニ人間』の方が遥かに話題になった。

佐藤　私小説的な物語でしたからね。

片山　実際に彼女は18年間もコンビニに勤務していたそうですね。小説では、コンビニにしか生きる希望を見出せないマニュアル人間を描いている。コンビニ労働以外、明るい未来がない感じで書かれているのがすごかった。

佐藤　そうでしたね。物語の最後に立ち寄ったコンビニで勝手に身体が動き出して働き出す。そして主人公は自分の手も足も、コンビ

＊25——村田沙耶香　１９７９年生まれ。２００３年に『授乳』で群像新人文学賞優秀賞を受賞。２０１６年、『コンビニ人間』で芥川賞。佐藤は「他者不在の自家中毒的な世界を描いた『コンビニ人間』に若い世代が共感を示しているのは、末恐ろしいものを感じる」と言う。

ニのために存在していると思う、と。

私が『コンビニ人間』を読んで想起したのが、監獄だったんです。導入部分で客がポケットに手を入れて小銭を出そうとする。小銭の音を聞いて、タバコか新聞を買う客だと推測するシーンがあったでしょう。そこを読んだとき、既視感を覚えた。東京拘置所で、看守が鍵束を出す音とタイミングで自分の房が開くかどうかが分かるようになるんです。

あとは主人公が同棲相手に与える餌。監獄では「配当！」という合図とともに小さい窓から食事が入れられる。コンビニと監獄の間にアナロジーがあるんだなと思った。実は、社会の監獄化を表現した小説でもあるのかな、と感じました。

片山 まるで**フーコー**（＊26）か、**ソルジェニーツィン**（＊27）の作品みたいな話ですね。

佐藤 そう思います。『コンビニ人間』には、私たちみたいなのが子どもを産んでいいのかという台詞もあった。あの小説には優生思想も入っていました。

片山 彼女の前作『消滅世界』も、人工授精で子供を産むようになり、夫婦間のセックスがタブー視された世界を描いたＳＦでした。

＊26—ミシェル・フーコー
１９２６－１９８４。フランスの哲学者。『監獄の誕生』で、近代システムが権力によって常に監視されてしまう仕組みを明らかにした。

＊27—アレクサンドル・ソルジェニーツィン
１９１８－２００８。ロシアの歴史家、作家。１９７３年から１９７５年に刊行された『収容所群島』で、ソ連で強制収容所に投獄された反革命分子とみなされた人々に対する強制労働や処刑の実態を告発した。

どこまで意識しているかは分かりませんが、彼女は近未来の管理社会を描こうとしている。『コンビニ人間』では彼女自身のコンビニ勤務経験をそこに落とし込んだのでしょう。

ローカルルール消滅が招いた企業不祥事

佐藤　とするとすでに現代はコンビニ型管理社会になっているといえるかもしれません。

その話で重なってくるのは16年に社会問題になった**電通の女性社員が過労死した事件**（＊28）です。この事件を受けて各社がマニュアルに沿って過労死を防ぐ働き方を定めた。でも、現実的には電通でも中央官庁でも総合職の新人を9時—5時で教育できるのかという問題が残されています。もちろん過労死させるまで働かせるなんてありえませんが、平成が終わればまた新たな働き方が模索されるようになるでしょうね。

私は、新しい働き方も、16年に世間を騒がせたベッキーのゲス不倫も、翌17年に起きたハリウッドのセクハラスキャンダルも日馬富士暴行事件も根っこの部分でつながっていると感じているんです。

＊28—電通女性社員過労死事件　2015年末、大手広告代理店「電通」で、入社9カ月目の24歳の女性社員が自殺した事件。過労死と認定された。過酷な労働環境に置かれた若年層の「過労自殺」という新たな問題を提起し、安倍政権の「働き方改革」を進めた。

たとえば、角界には独自の掟があるでしょう。ハリウッドや芸能界や電通にもローカルルールがあった。ところが平成に入り、掟やローカルルールが許されない社会になってしまった。すべての業界が平準化されてしまった。

ＡＶも同じ文脈で語れるかもしれません。今、アダルトの分野で表現の自由と規制の問題が表面化してきた。今まで我々は映画の延長線上で、ＡＶを考えていました。しかし元ＡＶ女優の**鈴木涼美**（＊29）がＡＶは表現の自由ではなく、売春の延長線上にあるとする修士論文を書いた。あれを機に売買春を性暴力として捉えるのが、主流になりつつある。

片山　女性の人権の観点で見れば、世界的に見てもそうなるのは分かります。佐藤さんがおっしゃるように世界的なフラット化のなかでＡＶ業界もローカルルールが通用しなくなった。ポスト平成の時代には表舞台から消えざるをえないでしょうね。

佐藤　外部世界と繋がることで、違法性が白日の下にさらされてしまったわけです。それは日産の**無資格検査問題**（＊30）も同じです。日産では30年以上もまともな検査が行われなかったわけでしょう。平成の間、まともな検査は行われてないということですね。裏返し

＊29―鈴木涼美
１９８３年生まれ。社会学者。慶應大学在学中にＡＶデビュー。その後、東京大学大学院進学を経て、日本経済新聞社に勤務。女性が、性を商品化する意味を問い直した修士論文をもとにした『「ＡＶ女優」の社会学』が注目を集める。

＊30―無資格検査問題
２０１７年10月に発覚した、日産自動車が出荷前に新車の安全性を最終確認する「完成検査」を無資格の従業員にさせていた問題。約１１６万台の大量リコールを出した。

て言うと、検査の現場にいる人間は、一番年上の管理職だったら50代ぐらいだとして、まともな検査を記憶してる人間が、いま一人もいないということもありうる。だから彼らの〝村〟では、それが違法だと認識できなった。

片山　ちょうど先日、学生に**西田幾多郎**（＊31）を読ませていたんです。宗教と文化が対立すると多様な文化は潰れていく。西田幾多郎の言う宗教とは、何ものにも依存せずに存在できる超越的な絶対者です。文化はその逆の多様でローカルなもので。多様な文化が死ぬと社会が一元化されて、絶対者の世界になってしまう。それは、掟やローカルルールが許されなくなった平成社会と重なります。

佐藤　不倫にしても、かつては石田純一のように「不倫は文化だ」と開き直れた。しかし今は、芸能界でもどこの業界でも、ローカルルールが通用しない上、これまで弱者といわれてきた人間が**「#Me Too」**（＊32）で簡単に、外部と連帯し、権力者に抗することができてしまう。もっと単純なレベルでいえば、生活保守主義がはびこって、男に外で不倫なんかされたら困る。『逃げ恥』のみくりちゃんも平匡が不倫したら怒ると思いますよ。家のなかで家事ばかりしている私はどうなるんだ、と。

＊31―西田幾多郎
1870-1945。哲学者。東洋思想を根底に置き、西洋哲学と融合する西田哲学を樹立した。「日本の哲学の指導者」といわれる。著書に『善の研究』『芸術と道徳』『哲学の根本問題』など。

＊32―「#Me Too」
2017年10月、ハリウッドの映画プロデューサーによるセクハラ疑惑が報じられて性暴力に注目が集まるなか、女優のアリッサ・ミラノがTwitterで「性暴力を受けた経験のある女性は、#Me Tooハッシュタグで経験を共有しよう」と訴えかけた。すると4万4000以上の返事が返ってきたという。

＊33―SMAP解散騒動
ジャニーズ事務所に所属する国民的アイドルグループSMAPの解散を巡る騒動。木村拓哉を

生活のために自由を犠牲にしなければならない人が増えている。だからベッキーがあれだけ叩かれたんです。平成の不倫叩きは、生活保守主義と密接につながっている。

片山　ローカルルールの消滅という文脈では、16年12月のSMAP**解散騒動**（＊33）を思い出しますね。ジャニーズ事務所も相撲部屋や山口組と同じで掟が支配する組織だったわけでしょう。しかし山口組もジャニーズ事務所も相撲部屋も平成に入ってから驚くべき平準化圧力に曝されて、掟の支配が及ばなくなっている。

佐藤　そう考えていくと、平成とは様々な団体や組織が持っていた掟やローカルルールが適用されずに、文化が消失していく時代だったと総括できますね。

トランプ登場で世界の「スピード」があがった

佐藤　17年を振り返っていきましょう。

なんと言っても17年はトランプを抜きには語れません。平成とは、安全保障をアメリカとの日米同盟に依拠してきた時代だから、大きな波乱要素です。

除く4人のメンバーは、マネージャーの退職を機に独立を模索していたが、実現せずに2016年1月に謝罪会見を放映した。しかし同年12月に解散。木村と中居正広はジャニーズ事務所に残り、ほかの3人は独立した。

トランプ大統領との緊密な関係は、諸刃の剣にも映る。

また、トランプの大統領就任で、世界的な独裁傾向に拍車がかかりました。

東アジア情勢から見ていくと金正恩とトランプは極めて似たタイプの独裁者です。磁石のN極とN極が反発しあっている。逆に安倍首相とは非常に相性がいい。それが、これからの問題の種なのですが。

片山　安倍首相が繰り返し語っている戦後レジームからの脱却とは、戦後アメリカから押しつけられた憲法や戦後民主主義をリセットしたいという考え方でしょう。それは別の言い方をすればアメリカの呪縛から逃れたいということでもある。ところが安倍政権は日米同盟を強化して、安保法制を強行採決し、それをアメリカの議会で演説して公約した。安倍政権は脱アメリカと親アメリカの矛盾した政治を行っているわけです。

さらにトランプ大統領が誕生してからは、その蜜月ぶりを全世界にアピールしている。安倍は、日本が一人前の国家としてアメリカと対等のパートナーになったと言いたいのかも知れませんが、どだい無理な話です。国の大きさも違えば、軍事力も桁外れ。対等になるのなら日本がとてつもない軍事的支出をして新たなリスクを背負

＊34―金正男の暗殺
2017年2月13日、マレーシアのクアラルンプール国際空港で、北朝鮮の最高指導者、金正恩の異母兄である金正男が毒殺される。インドネシア国籍とベトナム国籍の女性2人がVXガスを金正男の顔にこすりつけて殺害。遺体は3月30日に北朝鮮に引き渡された。

＊35―朴槿恵大統領の罷免
2013年、韓国初の女性大統領に就任した朴槿恵だったが、友人関係にあった民間女性の国政介入が問題視される。2016年に国会の弾劾決議を受けて職務停止。2017年3月、憲法裁判所の判断で罷免が決定して、収賄容疑などで逮捕された。

＊36―森友学園の土地不正取得疑惑
大阪市の森友学園が購入した小

わざるをえません。しかもアメリカにとって日本を守るメリットはどんどん減っている。

佐藤　おっしゃる通りです。

片山　少し日本から離れますが、2月に北朝鮮の**金正男がクアラルンプール国際空港で暗殺**（＊34）されて、翌3月には**韓国の朴槿恵が罷免**（＊35）され、文在寅が大統領になった。15年の日韓合意の話題でも話しましたが、日韓関係はさらに悪化してしまった。私は世界を驚かせたトランプ政権誕生を機に世界情勢が動くスピードが加速度的に早まったように感じているんです。

『金環蝕』を見よ！

佐藤　日本を見れば、3月には**森友学園の土地不正取得疑惑**（＊36）が報道されて大問題になりました。森友問題は、安倍首相の友人が理事長をしている**加計学園の獣医学部新設**（＊37）にも飛び火した。

森友学園の籠池泰典は幼稚園の教育に神道を取り入れていたでしょう。彼は、神道は宗教ではないと一貫して主張しました。要する

学校建設用地を巡る問題。2016年、財務省が豊中市の国有地を約8億2000万円値引きした1億3400万円で学園に売却。名誉校長が安倍首相の妻安倍昭恵だったことが報道されると、財務省が首相に忖度して値引きした可能性を指摘されるようになる。理事長の籠池泰典は詐欺罪などで逮捕された。その後、朝日新聞の報道によって森友学園との国有地取引に関する財務省の決裁文書が書き替えられていたことが判明し、18年3月9日、当時の担当局長だった佐川宣寿が国税庁長官を辞任する騒動に発展している。

＊37―加計学園の獣医学部新設
加計学園が運営する岡山理科大獣医学部を愛媛県今治市に新設する経緯で起きた問題。学園理事長が安倍晋三首相の長年の友

に「神道は宗教にあらず」というのはまさに事実上の国教で国民の慣習だから、信仰にかかわらず従わなければならないことになる。実際、神道は文化や慣習のなかに溶け込んでいるといえるでしょうね。

片山 森友問題で何よりも国民が驚いたのが、建設予定の小学校の名誉校長が安倍昭恵首相夫人だったことでしょう。彼女と森友学園の関係性が騒動の核心にあります。

佐藤 当初、野党は昭恵夫人が公人か私人かを追及しましたが、攻め方を間違った。

私ならまず昭恵夫人付の官僚の出勤簿を公開させる。昭恵夫人が地方に行くときに出勤簿が出勤になっていれば公務です。公務で東京都を離れる場合には出張命令が必要になる。これは行政法の大原則なのですが、出張する以上は日当と交通費、宿泊費を払わなければならない。予算措置のついていない命令は、重大かつ明白な瑕疵《かし》があるので従わなくていい。そこを詰めれば、昭恵夫人が公人として扱われていたことが分かったはずです。

でも、おそらくは昭恵夫人付の官僚に支払われていたのは内閣府から支払われる金一封だったでしょうね。

人だったことから、学部新設をめぐり首相官邸側の関与をうかがわせる複数の文書や証言が明らかになった。しかし2018年4月、当初の予定通り開学。片山は「モリカケ(森友・加計)問題は、中間団体が崩壊した結果、一般の人間が政治の中枢に簡単に接触できるようになった平成を象徴している」と語る。

片山　それは、つまり昭恵夫人付の官僚のアゴアシが官房機密費でまかなわれていた、と。

佐藤　おそらく。実は森友学園問題の裏に隠れているのは、官房機密費問題なんですよ。簡単に官房機密費を官僚に渡して、目的もよく分からない乱脈な使われ方をしている。官房機密費は、平成政治の底流に常に流れているんです。

片山　もはや近代国家の体をなしているとは思えませんね。明治政府の元老たちが国の金を使って好き勝手に遊んでいるのと同じ構図でしょう。１００年前以上に退化しているとしか考えられない。

佐藤　さらに問題なのは、金一封が国家公務員倫理法に引っかかる可能性があること。国家公務員は５００１円以上の金を受け取った場合には文書で届け出なければなりません。ロシア人から金をもらったのに届けず、クビになった内閣情報調査室の官僚もいるほど罰則は重い。

もう一つ。実費以上の金一封を支給されていた場合は、確定申告が必要になる。そう考えていくと昭恵夫人自身は罪を犯していないかもしれないけれど、周囲の官僚には法に触れるようなことをやらせているんです。

この一連の騒動で私が思い出したのは『**金環蝕**』（＊38）です。

片山　ああ、首相夫人の名刺が出てきますものね。池田勇人内閣時代の九頭竜ダム工事の落札をめぐる不正疑惑事件をモデルに、保守政党の総裁選挙に絡む談合と事件もみ消しのプロセスを描いた小説で、映画化もされました。

まさに安倍昭恵問題に重なりますね。いや、いま『金環蝕』を見れば、昭恵問題の構図がすべて分かる。たくさんの人に見てほしいですね。

佐藤　そうなんですよ。私もモリカケ騒動が起きた時期に書評などで『金環蝕』をひんぱんに取り上げました。

『金環蝕』で、ダム建設の発注元トップに、官僚を通じて首相夫人の名刺が届けられるシーンがあります。名刺に〈竹田建設のこと、私からも宜しくお願い申し上げます〉と書いてある。もちろん首相夫人はなんの権力も持っていないのですが、電力会社の社長は竹田建設への発注を命じられたと〝忖度〟する。それに名刺を渡した官僚も詰め腹を切らされ、官舎から突き落とされて死んでしまう。モリカケ問題は『金環蝕』の反復現象なんです。しかも明らかに田中角栄をモデルにした幹事長も登場するでしょう。

＊38―『**金環蝕**』
1966年に刊行された石川達三の長編小説。九頭竜ダム汚職事件をモデルに、保守政党の総裁選挙に端を発した汚職事件を描いた。1975年に山本薩夫によって映画化。首相夫人を京マチ子が演じた。ほかに仲代達矢や宇野重吉、三國連太郎らが出演。

片山　中谷一郎が演じた幹事長ですね。「君、カネは政治の潤滑油だよ」という名セリフを語らせていますね。山場は国会での追及ですが、うやむやに終わってしまう。そこもモリカケ問題と似ていますね。結局、真相が曖昧なまま籠池夫妻は詐欺罪で逮捕されて、加計学園の獣医学部新設は認可された。

このままうやむやなまま終わるかと思っていたら、年の明けた18年2月に、朝日新聞の報道をきっかけにして、森友学園への国有地売買を巡る決裁文書に書き替えがあったことが明らかになりました。18年3月現在、安倍政権は、当時の担当局長だった佐川宣寿が国税長官を辞任したことで幕引きを図ろうとしています。ただし、その反発は強い。財務大臣の麻生太郎の責任も追及されており、安倍一強が揺らぎつつあります。

佐藤　昭恵夫人や国会議員らの名前を消し、国有地売買を特例で処理していることを示す文言を公文書から削除した行為は極めて悪質。売買の判断にかかわる極めて重要な事実をなかったことにした。これは、国民への背信行為といえます。現時点で、本省の職員18人がこの決裁にかかわっていると公表されています。外務省に勤務した私の経験からすると、こうした文書は現場職員だけでなく、相当高

証人喚問には応じたものの真相は語られず（佐川前国税庁長官、18年3月）。

いレベルの人間にまで配布されている可能性が高い。まだまだ闇は深く、財務省にはまだまだ隠したいことがあると思う。当然、監督者たる麻生大臣、および安倍首相の責任は重い。

ただし、政治家への官僚の過度なおもねりは、旧民主党政権時代から続く「政治主導」が生んだ副作用です。政争の具にせず国政調査権を発動して、与野党を超えて真相を明らかにするべきです。政治家と官僚の不適切な関係は、平成が終わるまでに清算しなければならない。

昭和を引きずる小池都知事

佐藤　モリカケ問題が象徴するように安倍政権が長期化したことで、様々なところで緩みがでています。たとえば、安倍は17年4月の外交防衛委員会で、「北朝鮮がサリンを弾頭につけて着弾させる能力を保有している可能性がある」と語りました。これはありえない話です。だってサリンは熱に極めて弱いから高熱を発する弾道ミサイルに搭載したら毒性はなくなります。サリンが熱で無力化するのは、初歩的な化学の知識なんです。前提として内閣総理大臣がウソをつ

平成29年（2017年）

流行語
・〈インスタ映え〉
・〈忖度〉
・〈〇〇ファースト〉

流行歌
・「恋」（星野源）
・「インフルエンサー」（乃木坂46）
・「不協和音」（欅坂46）

映画
・『君の膵臓をたべたい』（月川翔）
・『22年目の告白 私が殺人犯です』（入江悠）
『銀魂』（福田雄一）

本
・『九十歳。何がめでたい』（佐藤愛子・小学館）

くはずはない。その情報を上げた防衛省もウソはつかない。
では、この発言をどう解釈すればいいのか。根拠のない憶測かもしれない。あるいは、情報源のアメリカが、シリアのアサド政権が新型サリンか新型の弾頭を開発して、北朝鮮に流したと見ているのかもしれない。さらに踏み込んで考えてみれば、シリアには新型のサリンや弾頭を作る能力はない。そうするとロシアが開発したサリンがアサド政権を経由して、北朝鮮に渡っていった。ただし、これは点と線を無理矢理つないで作られた陰謀論に近い。

片山 でも、総理大臣があえて発言した。いま佐藤さんがおっしゃった筋書きにせよ、そんな陰謀論を一国の代表が発言してよいものか。少し立ち止まれば、わかりそうなものですが。

佐藤 記者もその場で、北は新型サリンを開発したのですかと指摘すべきなんです。首相だけではなく、記者も基礎的な知識を身につけていない。

片山 政治・マスコミの地盤沈下を感じさせる話ですね。
政治の話を続ければ、7月には都議選で小池百合子の都民ファーストの会が圧勝を果たしました。その後、小池は希望の党を立ち上げて、10月の衆議院選に乗り出したものの惨敗を喫した。

風は一瞬で吹き止んだ(衆院選直後の小池百合子都知事)。

現在のアトム化した日本社会では中間団体が票をまとめられない。だから何かをきっかけに歴史的圧勝と歴史的惨敗が繰り返される。この対談でも繰り返し指摘したことです。まさに平成の政治を象徴するような圧勝と大敗でした。

都議選でも衆議院選でも、彼女は有権者がアンチや反対勢力が出て来てほしい場面で登場した。権力にこだわるならアンチ、抵抗勢力という虚像に徹しきるべきだった。もしもそれができれば、平成を代表する政治家になれたかもしれない。しかし結局は自分なりに正しく筋を通して振る舞おうとしたでしょう。その点でまだ昭和を引きずった政治家だという印象を持ちました。

佐藤　7月の圧勝と10月の惨敗は何が違ったのか。第三国の分析官になったつもりで冷静に見てみたいと思います。

まず彼女の立ち居振る舞いが変わったわけではなかった。民進党から希望の党に合流する議員を仕分ける「排除いたします」という発言が致命傷だったという指摘もありますが、あれは大した問題ではなかった。なぜなら、政党は政策の一部によって作られる結社なので、そこに反対する人を排除するのは当然だからです。

としたら何が原因だったのか。答えは非常にシンプルです。都議選では公明党と手を組んだから勝てた。衆議院選では公明党が離れたから敗北した。そこに尽きます。

さんざん公明党のことを述べたので、これ以上は控えますが、17年は、その母体たる創価学会に大きな動きがあった年でもあります。12月にノーベル平和賞をICAN（核兵器廃絶国際キャンペーン　＊39）が受賞しました。ノルウェーの首都オスロで行われた授賞式では、ICANの国際パートナーである創価学会インタナショナル（SGI）の寺崎平和運動総局長が会見を行いました。産経新聞は池田大作SGI会長がICANに祝電を打ったと報じています。

そもそも06年の「SGIの日」（創立記念日）に池田会長は今後10年で、核廃絶の道筋を付けると発言しています。ICANが作られたのが、その翌年。だから最初からICANの支援を続けてきた創価学会が、悲願だったノーベル平和賞を受賞したと言えるんです。

いまのところ安倍政権は核兵器禁止条約に参加する気はまったくありません。しかし安倍がそのスタンスを貫くのは難しい。公明党の山口那津男がICANの支持を表明したら安倍は核兵器禁止条約への参加を検討せざるをえないからです。

片山　そうなると日本の核政策が根底から変わる可能性もあるわけ

＊39――ICAN　核兵器廃絶国際キャンペーン。2007年にウィーンで発足した国際NGO。スイスのジュネーブとオーストラリアのメルボルンに事務所を置く。101カ国に468のパートナー団体を持つ。核兵器禁止条約を実現するためにメディアやネットを使ったキャンペーンを展開する。

ですね。

佐藤　そうです。17年には、創価学会に大きな動きがもう一つありました。

全世界の学会員に適用される「会憲」の制定です。戦時中軍部政府とつながった天皇制国家批判と読めるような内容も盛り込まれている。「会憲」には安倍政権の改憲を阻止するという意味合いも強い。

片山　その二つを聞くと自民党と公明党の関係がうまくいくとは思えませんね。いや、普通に考えたら連立与党として足並みを揃えられるとは考えられない。近い将来、連立の組み替えや、決別があるのか。または自民党が公明党に押さえ込まれていいなりになるのか。

佐藤　結局は三つ目の公明党に押さえ込まれる形になるでしょうね。あるいは、何かのスキャンダルが引き金になり、バラバラになった自民党と野党再編が合わさった政界大再編が起こるかでしょうね。

すべての犯罪は革命的である

片山　16年、17年の事件を見ていくと犯罪の様相そのものが変わった気がします。16年には神奈川県相模原市の**障害者福祉施設で19人**

＊40—相模原障害者施設殺傷事件　２０１６年７月、神奈川県相模原市にある知的障害者福祉施設の津久井やまゆり園に元施設職員の植松聖が侵入し、入所者19人を刺殺し、26人に重軽傷を負わせた事件。その年の２月、植松は衆議院議長の大島理森宛に、知的障害者殺害を予告する手紙を出していた。

＊41—座間市９人殺害事件　２０１７年10月に発覚した死体遺棄事件。神奈川県座間市に住む白石隆浩のアパートで、計９人とみられる複数人の遺体を発見。被害者は10代から20代の女性８人、20代の男性１人。白石はＳＮＳで自殺を望む女性と接触していた。

が殺される事件（＊40）が起きて、翌年10月には神奈川県の**座間市で9人が殺害される事件**（＊41）が起きた。

佐藤　ご指摘の通りこの二つは、時代を象徴する事件でした。

まず相模原の植松聖《うえまつさとし》は思想犯です。彼は優生思想を確固たる信念を持って信じていた。昔、**平岡正明**（＊42）が「すべての犯罪は革命的である」と語りましたが、これも革命的犯罪だった。彼が提起した優生思想的な生命観に反対する論理を我々は持ち得ているのか。それを突き付けてきたわけでしょう。

片山　そう思います。彼は身体を鍛えて、障害がある人間を殺してもかまわないという考えに到達した。

そこで私が関心を持ったのは植松の生い立ちです。ネット上でも明らかにされていますが、植松の祖父は寺原伸夫という作曲家だったんです。

戦後の**うたごえ運動**（＊43）から出てきた人物で、60年代にソ連に留学する。そこでソ連を代表する作曲家であるアラム・ハチャトゥリアンの日本人唯一の弟子として、モスクワ音楽院で長く学びました。でも帰国後は、ソ連と日本の左翼との関係が、彼がソ連に送り出されたころとは変わっていたし、彼の作曲活動は地味なレベル

＊42―平岡正明
1941‐2009。評論家。革命、犯罪、ジャズ、歌謡曲など幅広い分野で活動を行った政治運動家であった。1972年の『あらゆる犯罪は革命的である』で、犯罪を未然に防ぐのが国家であり、その意味であらゆる犯罪が体制をうち破る革命といえると独自の犯罪・革命論を訴えた。

＊43―うたごえ運動
戦後の日本の音楽文化運動。1948年、関鑑子をリーダーとする日本共産党系の青年労働者を中心とする中央合唱団によってはじまり、全国的に広がった。1954年には原爆禁止運動と結び付いて「日本のうたごえ」運動として発展した。

にとどまってしまった。彼は亡くなるまで「自分はアラム・ハチャトゥリアンの弟子だ」と一生懸命に言っていたのですが。

佐藤　そうだったのですね。社会的な影響力において、孫が祖父を超えたわけですね。

片山　私は、寺原伸夫はもっと評価されるべき作曲家だと思っているのですが。原爆をテーマにしたオペラ「広島」やチェロ協奏曲、カンタータ「マンモス狩りは夜明けに始まる」、「裸足で走れ」と絶叫し続ける歌曲などがあります。それで私には、どうしても植松の犯行と寺原伸夫のことが即物的に重なるところがあると思えてならないのです。ハチャトゥリアンといえばいちばん有名な楽曲は「剣の舞」ですよ。寺原が書いたハチャトゥリアンの評伝のタイトルも「剣の舞」です。孫はひたすら刃物で19人を殺害したでしょう。私には「剣の舞」という言葉の刷り込みがあったとしか思えないのです。戦後日ソ関係史トンデモ番外編のような話なのですが。

佐藤　彼は刃物での殺害に徹底的にこだわり、45人もの人間を殺傷しました。

そこまでできるのは相当な体力と精神力がなければできない。しかも頭も悪くないと思う。彼は問題意識先行型の子どもだったと思うんですよ。そのせいか受験勉強はそれほどしなかった。自分が思う自己評価よりも低い偏差値の大学に入ってしまった。

片山 そのあたりは秋葉原事件の加藤につながりますね。

もう一つの事件である座間の9人殺しは、テロとの関連で語られるべき事件ではないですか?

佐藤 おっしゃる通りです。

特に座間の事件は、殺しの問題以上に今後もたらす影響を考えなければならない。なぜなら犯人の白石隆浩は自殺志望者をいとも簡単にリクルートする能力を持っていたからです。そこでもう一度考えたいのが、17年5月に衆議院本会議で可決された**テロ等準備罪法案**（**共謀罪** ＊44）です。戦前の治安維持法はよくないという意見は分かる。ただし当時治安維持法を制定する必然性もあった。誰かが心のなかで体制転覆を企てていたとする。しかし思考と行動には距離があるというのが、近代的な論理です。

でも戦前コミンテルン（共産党インターナショナル）の指令に従っていたコミュニストや「イスラム国」のテロリスト、そしてオウム真理教は信仰即行動です。

結局は国家権力が法を乱用する危険性とテロのリスクを天秤にか

＊44―テロ等準備罪法案（共謀罪） テロ集団、暴力団、薬物密売組織などの組織的犯罪集団が犯罪を計画する罪。２０１７年、組織的犯罪処罰法第6条に「テロリズム集団その他の組織的犯罪集団による実行準備行為を伴う重大犯罪遂行の計画」に対する罪として追加された。佐藤は「思想即行動という犯罪の形態の変化に対応するため、予防拘禁を広範囲に導入する目的がある」と解説する。

けるしかない。

昨年（17年）、イスラエルのテロ対策センターを創設した**ボアズ・ガノール教授**（＊45）と話す機会がありました。彼はファナティシズム（熱狂）がテロを行うのではない。明確な目的がある合理的な運動だと定義していました。

ガノール教授によれば、テロリストには3通りのタイプがいるそうです。

一つは誰にも言わずに単独で行動するローンウルフ・タイプ。もう一つは夫婦か兄弟で行動するローカルネットワーク・タイプ。この二つのタイプが使う武器はオノやナイフ。あるいは自動車での暴走もありえる。アメリカだけは銃が簡単に手に入るので例外だそうです。そして三つ目が爆弾を使うタイプです。

片山　一つ目と二つ目、つまりはローンウルフも夫婦や兄弟単位のテロリストは、ほぼ誰ともコミュニケーションを取らずに行動を起こすわけだから対策は難しいのではないですか。

佐藤　その方法があるらしいのです。彼らは決起前に必ず表明文を書く。だからイスラエルではネット上の表明文を発見する検索エンジンの開発を進めている。実際、表明文の発見から20分程度で書き

平成凶悪事件史

89・連続幼女誘拐殺人事件（幼女4人死亡・東京、埼玉）
・女子高生コンクリート詰殺人事件（不良少年グループが女子高生を41日間監禁、殺人・東京）
97・東電ＯＬ殺人事件（東京電力の幹部社員が殺害されるも、犯人不明・東京）
・神戸児童連続殺傷事件（14歳の少年によって2人死亡、3人負傷・兵庫）
99・桶川ストーカー事件（交際を断られた男性らが逆恨みで女子大生を殺害・埼玉）
00・世田谷一家殺人事件（一家4人が殺害されるも、犯人不明・東京）
01・附属池田小事件（小学生8人死亡、15人負傷・大阪）
02・北九州監禁殺人事件（家族間で監禁、虐待し7人死亡・福岡）
08・秋葉原連続無差別殺傷事件（7人死亡、10人負傷・東京）
09・首都圏連続不審死事件（30代

込んだ人物のもとに秘密警察が急行して、予防拘禁する仕組みができている。
片山 すでに成功しているんですか?
佐藤 そのようです。ただ誤認も多い。いまはイタズラでも逮捕している。
問題は、三つ目——1カ月前までは普通に暮らしていた青年がある日突然、爆弾テロを行うような事件です。彼らの背後には組織がある。ガノール教授は、最近のテロ組織は仲間の精神科医を通して、自殺願望があるヤツをオルグしているというのです。「お前はこのままでは惨めな敗残者で終わる。でもジハードに参加すれば、英雄として名を残して天国に行けるぞ」と。
この方法だと数週間で説得できて、3、4日で爆弾チョッキの使い方さえ教えればテロリストに仕立て上げられる。
片山 死にたい若者を引き入れるわけですか。まさにテロリスト最短養成講座ですね。座間の白石が、殺人の快楽を得るために自殺願望のある若者を呼び寄せたのだとして、もし彼が若者をオルグするテロリストだったらどうするのか。テロ対策の視点が報道を見ても欠けていますね。

女性が婚活を契機に、3人の男性を殺害・東京、千葉、埼玉等)
16・尼崎連続変死事件(3件の家族乗っ取り事件によって、複数名の監禁、虐待、殺害・兵庫)
16・相模原障害者施設殺傷事件(元職員が施設入所者19人を殺害・神奈川)
17・座間9人殺害事件(自殺願望を持つ少女ら中心に9人殺害・神奈川)

＊45—ボアズ・ガノール
イスラエルのヘルツェリヤ学際センター・国際カウンター・テロリズム政策研究所の創設者、現事務局長。テロ対策の権威。「9・11テロ」前に、アルカイダによるテロを事前に警告していたことで世界的に名が知れた。『カウンター・テロリズム・パズル 政策決定者への提言』(並木書房)などの邦訳著書もある。

佐藤　メディアだけではなく、おそらく捜査当局にも公安当局にもないでしょう。日本の危機意識の弱さ、脆弱さを感じました。

世の中には一定数の自殺志願者がいて、また、極端な思想を持つ人間もいる。分母が1億2700万あれば、それがどうなるのか。

いまの国際的なテロリズムの文脈に落とし込んで考える必要があるんです。座間事件は逮捕が遅れれば、さらに犠牲者が増えた危険性もありました。政府の予算で、自殺者対策のサイトや自殺志願者を誘き寄せてケアする仕組みを作るのは一つの手でしょうね。そうすれば少なくともテロには流れない。

片山　それが適切な福祉ですね。しかもテロ対策にもつながる。あとはこれをどのように教訓にしていくのかですね。

佐藤　座間事件の遠因となったのは、不寛容な日本社会です。白石は風俗店のキャッチ時代に売春防止法違反容疑で逮捕されている。この国では、刑事事件で引っ張られたらやり直しがなかなかききません。それで自暴自棄になり、犯罪に走ったとされています。日本社会の不寛容性が彼を殺人に走らせた可能性は否定できない。

教訓という点でいえば、日本の場合、3人以上殺していると捜査がずさんになる。どんなに情状をつけても死刑は免れず、心神耗弱か精神障害でしか争えないからです。

だから相模原の植松にも、座間の白石にも必要なのは心理学者や犯罪学者、対テロ専門家のプロジェクトチームを立ち上げることです。容疑者から徹底的に聞き取り調査を行って真相究明に取り組まなければなりません。それが何よりの教訓になる。

北が狙う朝鮮国連軍後方司令部

佐藤 座間事件が発覚した翌月の2017年11月、トランプが大統領としてはじめて来日しました。日本は歓迎ムードでしたが、この来日で注目すべきはトランプが横田基地に降り立ったことです。

なぜ羽田空港ではなく、横田基地を選んだのか。話はそこから10年前に遡ります。

07年11月にキャンプ座間に置かれていた朝鮮国連軍の後方司令部を横田基地に移しました。実はいまだに**朝鮮戦争時に組織された多国籍軍の後方司令部**（＊46）が日本に置かれている。

片山 それは知りませんでした。だとすると、北朝鮮は、トランプの横田基地での演説を国連軍への激励と考えるのでは。緊迫した東

＊46―**朝鮮国連軍後方司令部** 1950年6月に勃発した朝鮮戦争で創設された多国籍軍の後方司令部。07年にキャンプ座間から横田基地に移転。オーストラリア空軍所属の司令官ら4人が常駐。また、朝鮮国連軍参加国のうち、カナダ、英国、フランス、オーストラリア、ニュージーランド、フィリピン、タイ、トルコの8カ国の駐在武官が、在京大使館に常駐している。

アジア情勢を鑑みればあまりに不用意な気がします。

佐藤　しかも朝鮮戦争は、いまなお休戦協定を結んでいるだけですから協定違反があれば、朝鮮国連軍はすぐに動ける態勢になっています。だから横田で行ったトランプ演説は北朝鮮を激しく刺激しました。

　演説後、北朝鮮政府が事実上管理しているウェブサイト「ネナラ（朝鮮語でわが国の意味）」の日本語版には次のような記事が掲載されました。

〈今、日本が我々の自衛的正当防衛措置に、いわゆる「脅威」と言い掛かりをつけて有事の際、朝鮮戦争に投入される米帝侵略軍の基本武力を駐屯させて、合同軍事演習に熱を上げているのは、米国と共に新たな朝鮮戦争を起こそうとする戦争狂気である。

　しかし、誇大妄想症に浮ついた日本は、無分別にのさばらない方がよかろう。

　いったん、朝鮮半島で戦争が起これば日本も絶対に無事ではない。日本にある米国の侵略基地と共に、戦争に動員される日本の全てのものがこっぱみじんになりかねない。

　日本の軍国主義の馬車に乗って暴走するほど、自滅のどん底にい

日本は北朝鮮の標的の一つである（写真は金正恩氏）。

っそう深く陥る結果しか得られない〉

要するにこの記事はトランプと安倍政権が発したシグナルを北朝鮮が受け取ったという返信なんです。

片山　北朝鮮の側に立てば、横田を真っ先に攻撃対象にするということですね。北が日本を標的にする理由は日米安保や米軍基地だけでないのか。しかし、国連軍の後方司令部という肝腎の話は日本ではまったく報じられなかったのではありませんか。

佐藤　メディアを含めて、そこに気付いた人はほとんどいなかった。一方で、興味深いのは、外務省のＨＰで、こっそりと朝鮮国連軍後方司令部の存在や移転のニュースが広報されていること。積極的にアナウンスはしないけれど、黙っていることのリスクも承知している。あとで、知っているのになぜ言わなかったんだ、との誹りを受けたくないんですよ。古巣だから、彼らの習性はよくわかります。

片山　（苦笑）。ところで、極論になるかもしれませんが、私は日本と北朝鮮は、アメリカを必要とするという点では同じだと考えているのです。

朝鮮戦争の休戦以来、北朝鮮のアイデンティティはアメリカ帝国主義からの国家防衛であり、それだけで国を束ねてきたと言ってもいい。北朝鮮であれだけの無茶ができるのは、アメリカと対決しているという非日常意識と常時臨戦態勢だからでしょう。

かなりのフィクションが入り込んでいるとしても、北朝鮮はその物語を積極的に生きている。ただし、完全なフィクションだとは言い切れない。休戦ラインの向こうには「アメリカのやつら」と「アメリカの傀儡である韓国の軍隊」が現実にいるのですから。

「アメリカのやつら」というのは北朝鮮のプロパガンダ映画独特の言い回しですが、「アメリカのやつら」といつもにらみ合っていないと臨戦国家北朝鮮は成り立たない。アメリカがアジアから撤退したら北朝鮮が国家をまとめる土台が崩れてしまう。

日本がアメリカを必要とするのも国家を守るという点では北朝鮮と一緒です。また日本も**アメリカに見捨てられたら困るという局面**（＊47）で、北朝鮮がミサイルを撃ってくれると日米安保が重要だと訴えやすい。

核武装は非現実的

佐藤　金正恩の登場以降、不安定化していた東アジア情勢ですが、

＊47―北朝鮮を巡るアメリカの状況
北朝鮮の核外交は、金正恩氏の妹・金与正氏の平昌五輪出席を機に一転した。18年3月末時点では、文在寅大統領との南北首脳会談が決定し、トランプ大統領との米朝首脳会談まで検討されている。また金正恩氏の電撃訪中も世界を驚かせた。一方、急展開する半島情勢において、蚊帳の外に置かれたのは安倍首相である。これまで日本は、アメリカと共闘しながら対北圧力を強めてきた。日米同盟は日本の安全保障の肝だけに、本文中で片山が言及する「アメリカに見捨てられたら困る」という状況が、現実味を帯び始めた。

17年のトランプ政権誕生で、新たな局面を迎えました。

トランプは訪日後、中国にわたり、習近平と首脳会談を行いました。ここで重要な米朝関係の動きがあった。会談後、中国共産党中央対外連絡部長の宋濤が特使として北朝鮮に入りました。金正恩には会えませんでしたが、北朝鮮にアメリカのレッドラインを伝えにいったと考えられます。これまで北朝鮮によるＩＣＢＭ開発がレッドラインだと考えられていました。しかしそうではなかった。

片山　トランプはレッドラインをどこに設定しているのでしょう。

佐藤　ミサイル弾頭の大気圏再突入や、小型化した核弾頭の開発などではないかと思われます。現状はレッドラインに相当近いところまで来ている。

片山　東アジア情勢が緊迫するさなかの12月6日、**トランプが「エルサレム」を「イスラエルの首都」と正式認定**（＊48）して、またもや世界に衝撃を与えました。これは対北朝鮮対策にはどんな影響を及ぼしますか?

佐藤　まず前提として、エルサレム首都認定の数日前、司法妨害などの罪で起訴されていた前補佐官のマイケル・フリンが、有罪を認めて捜査に協力しはじめた。裏切ったフリンの証言のせいで、トラ

＊48—トランプがエルサレムをイスラエルの首都認定
エルサレムはユダヤ教、キリスト教、イスラム教の聖地である。イスラエルは、エルサレムの東半分を、１９６７年以来、国連決議に反して占拠してきた。この地を首都と定め大使館を置くよう、イスラエル側は訴えてきたが、各国は応じてこなかった。２０１７年12月6日、アメリカのトランプ大統領が「エルサレムをイスラエルの首都と認定し、(西部テルアビブにある)アメリカ大使館の移転を指示する」と宣言。欧州やアラブ諸国の反発を招いた。

ンプ自身や娘婿ジャレッド・クシュナーのロシア疑惑や脱税などに波及する恐れがありました。

トランプにとっては、フリンという煩わしい虫歯に悩まされている状態だったと想像してください。しかもこれから連日、メディアに報じられて歯に激痛が走るのは分かっています。普通なら歯を治療しようと考える。しかしトランプは違った。思いっきり自分の足の親指にナイフを突き立てた。足の痛みが激しすぎて、歯痛どころではない。エルサレムの首都認定とはこういう論理です。

では、首都がエルサレムに移されると、どうなるのか。各国のアメリカ大使館が自爆テロの対象になり、アメリカ人も狙われる。第五次中東戦争に発展する恐れは十分にある。

そうなると北朝鮮にかまっていられるような状況ではなくなります。結果として北朝鮮の核は黙認される。そういう流れになると考えられますね。

片山　破滅的なシナリオですね。北の核をアメリカが容認するのなら、日本でも核武装の議論が巻き起こるはずです。そこにリアリティはあるのですか？

佐藤　結論から言えば、非常に難しい。日本はＮＰＴ（核拡散防止条約

（＊49）に加盟しています。日本はエネルギーの2割を原発でまかなっている。核開発のためにNPTを脱退すれば、ウランなどの輸入ができなくなります。核開発に舵を切ると原発からのエネルギーが不足してしまうんです。かといってパリ協定を遵守する日本は石炭も使えない。中東情勢が不安定だから石油にも頼れない。

そもそもいま地上に核基地を造ってもまったく意味を持ちません。先に核攻撃を受けたら全滅してしまうからです。核の抑止力を発揮するには潜水艦発射弾道ミサイルしかない。要するに核武装には原子力潜水艦（原潜）が不可欠なんです。原潜の独自開発には最低でも10年はかかるでしょう。

片山 となるとやはり核武装よりも、日米同盟の強化が現実的ですね。

野中広務と西部邁の死

佐藤 東アジア情勢も緊迫していますが、国内でも年末年始に気になる事件が起きました。

片山 まず**リニア中央新幹線の建設工事で不正**（＊50）があったと

＊49—**核拡散防止条約** 核不拡散、核軍縮、原子力の平和利用を目的とした条約。米・英・ロ・中・仏の5カ国だけに核兵器の保有を認める。1970年に発効。日本を含め締結国は約190カ国。

＊50—**リニア入札談合事件** JR東海のリニア新幹線の建設工事に関する入札で、大手ゼネコン4社（大成建設、清水建設、大林組、鹿島建設）が、事前に情報交換していた疑いが浮上している。17年末、東京地検特捜部と公正取引委員会は、4社の家宅捜索に踏み切った。18年3月、独占禁止法の疑いで4社と、鹿島、大成両社の担当者2人が起訴される事態に発展している。

して、東京地検特捜部が大林組などを捜索しました。そして同時期に東海道・山陽新幹線の台車に亀裂が発見された。車掌が異臭に気づき、名古屋駅で運転を取りやめて事故を回避した問題です。もう少し走らせていたら大事故につながったかもしれません。かなりきわどい状況だった。

佐藤　ＪＲ西日本は、台車枠の一カ所に両側面約14センチ、底面約16センチのコの字形の**亀裂があったと発表しました**（＊51）。亀裂があと数センチ伸びていれば、鋼材が折れる可能性もあったそうです。あの時間帯なら5分に１本は新幹線が通過するから、もしも脱線事故が起きていたらほかの車両も巻き込んだ史上最大の列車事故に発展していたかもしれません。４桁に上る死者が出てもおかしくなかった。

　もしもそうなったら安倍政権は吹っ飛ぶでしょうし、東京オリンピックだって開催できなかったかもしれない――それが、わずか数センチで救われた。これを神々に守られていると見るか。ただ運がよかっただけと見るか。

片山　首の皮一枚でなんとかつながっている、と。福島の原発事故もさまざまな偶然がさらなる事態の悪化を防いだようですし、やは

＊51―新幹線の台車亀裂トラブル
ＪＲ西日本は、製造元の川崎重工業が台車枠の底面を不適切に削ったことを亀裂の原因にあげている。作業効率をよくするため、現場作業責任者が判断したのだという。

り神国日本なのかもしれません。

佐藤 18年1月末、580億円相当の仮想通貨「NEM（ネム）」（＊52）が取引所大手コインチェックから流出する事件が起きましたね。私は仮想通貨は、通貨として流通はしないだろうと考えているんです。

その答えは、マルクス経済学にあります。そもそも貨幣が誕生する前は商品が唯一の資本でした。買い手にとって商品が持つ価値に基づき、物と物で取引が行われていた。しかしそれでは買い手によって価値が変わるから安定した取引が行われない。そこで「一般的等価物」として金が使われるようになり、やがて紙幣が生み出される。仮想通貨も「一般的等価物」ではあるのですが、投機対象になってしまっているでしょう。貨幣退蔵（流通されずに蓄えられること）になるから流通機能が非常に低い。

片山 仮想通貨が出回らない以上、使われることはないということでしょう。仮想通貨が流通すれば、生活や経済が変わると語る人は多いですが、それは難しい。

佐藤 実は、00年に柄谷行人がNAM（＊53）というネットワークを立ち上げて、仮想通貨の原型を作り、流通を試みた。その結果、

＊52―NEM
仮想通貨の一種。「新しい経済圏の創出」を目標に始まった仮想通貨プロジェクトであるNew Economy Movement（新しい経済運動）の略称。通貨単位はXEM（ゼム）。だが、プロジェクト名のNEMがコイン名として定着した。18年1月、仮想通貨取引所コインチェックに何者かが不正アクセスして、約580億円分のNEMが流出した。

＊53―NAM
正式名称、New Associationist Movement。2000年に柄谷行人の提唱によって組織された資本と国家への対抗運動。不買運動を中心とした資本への対抗運動と協同組合の創出を活動の柱とした。地域通貨を発行し、メンバー内で用いた。03年に解散。

金によって裏打ちされない通貨は成立しないことが明らかになり、03年に解散しました。ここをもう少し掘り下げていくと、国家と金の問題に辿り着く。

国家と金の相性は非常にいい。1キロの金に国家が〝1キロ〟と刻印するでしょう。マル経ではそれを鋳貨《ちゅうか》と呼びます。鋳貨されると金塊がすり減って999グラムになっても950グラムになっても1キロの価値を持つ。これがマルクスがいう紙幣の起源です。

片山　国家がオーソライズ——正式に認めないと紙幣は意味を持たないというわけですね。仮想通貨問題は、ホリエモンがライブドア株を分割して貨幣代わりにしようとして逮捕された事件にも通じる。子どものころ金本位制って不思議な話だなと思っていましたが、そこに戻っていくという話でもある。

佐藤　仮想通貨問題は、すべてマル経で理解できます。逆にマル経とは違って貨幣本質論や貨幣実態論に触れない近代経済学では説明がつきません。この一連の事件は、マル経の勝利を意味しているんです。

1月21日に**西部邁**《すすむ》（＊54）が自殺しましたが、私はマルクスとの文脈でさらに強い衝撃を受けました。西部邁の自殺を右翼の自裁の

＊54—西部邁
1939-2018。経済学者、評論家。東大在学中に、ブント執行部として、六〇年安保闘争で学生運動を指導する。86年に東京大学教授となるが、88年に辞任。その後は保守派評論家として活躍した。主な著作に『経済倫理学序説』『大衆への反逆』など。18年1月21日、多摩川で入水して命を絶った。なお自殺に関しては、それを幇助したテレビ関係者らが逮捕されている。遺作に『保守の遺言 JAP.COM 衰滅の状況』。

系譜で見てはいけないと思っているんです。彼の先行事例は『資本論』を翻訳した岡崎次郎（マルクス経済学者）。岡崎は著書の『マルクスに凭れて六十年』で対馬忠行に先を越されたと書いています。対馬はマルクス主義者で79年にフェリーから瀬戸内海に飛び込む。マルクスの次女のジェニー・ラウラ夫婦を真似て自死したんです。ジェニー・ラウラ夫婦は、高齢になって同志とともに働けなくなったマルクス主義者は潔く去るべきだと語って本当に自殺した。

やはり岡崎もジェニー・ラウラを真似て、対馬を追うようにして消息を絶つ。この生命観、倫理観は、唯物論に起因している。私は西部邁も唯物論者として一生を終えたと感じました。

片山　なるほど。私は一度もお目にかかった経験はないのですが、佐藤さんはお付き合いはありましたか？

佐藤　一緒に仕事はしていませんが、3、4回会いましたね。

以前も言ったけど、やっぱり人間は20歳のころに本格的に触れた何かから離れることができない。それは思想でも音楽でも宗教でもいいんだけど、無意識にそこに回帰していくんです。西部邁は大学時代にブント（共産主義者同盟）に加入している。彼は原点だったブントの活動家に立ち返って自分の生涯を終えたんです。

片山　そう見ていくと西部邁が筋を通したのがよく分かる。

佐藤　実質的な遺書となった『保守の真髄』で彼は自分がブントだったことを改めて振り返っている。そのなかで共和制についても書いていています。大衆が君主制を認めるならば、共和制と君主制は両立できるという議論を展開していました。それは彼の本質が共和制論者だったことを示していて、とても面白かった。

片山　でも真の保守思想家という評価を受けて世を去ってしまったでしょう。私はそこに違和感を覚えました。

佐藤　私も同じように感じました。もう一つの違和感がメディアによる自殺に関する取り上げ方です。理由のいかんに問わず自殺は人生の放棄である。命を粗末にするのはよくない。自殺を礼賛する風潮はいかがなものかという言説が一つもなかった。朝日新聞から産経新聞まで美化して報じた。

片山　西部邁が自殺した5日後の1月26日には自民党の**野中広務**（＊55）も亡くなりました。佐藤さんもおっしゃっていた通り、01年に小泉政権が誕生した衆議院選では野中首相待望論も上がっていた。ｉｆを言っても仕方がないのですが、もしも総理大臣になったら日本がどうなっていたのか、考えてしまいます。

＊55―野中広務　１９２５‐２０１８。京都府の園部町議、町長、府議、副知事を経て、83年に衆議院議員に初当選。94年に発足した村山内閣で自治相と国家公安委員長に就任し、小渕内閣では官房長官と沖縄開発庁長官を兼務した。森内閣で自民党幹事長を務めた。03年に政治家を引退。戦争体験に基づく「護憲派」「ハト派」でも知られた。

佐藤さんは野中広務ともお知り合いでしたか?

佐藤 野中さんはよく知っています。私は、彼から**官房機密費**(*56)をもらったことがあります。

私は、野中さんの死を昭和の政治の終わりを象徴していると感じました。野中さんの片腕のような役割を果たしたのが、鈴木宗男さんだった。二人の関係を見ると野中広務という政治家がよく分かる。野中さんは党内影響力はあるけど、手足として動く兵隊が少なかった。一方の鈴木さんは兵隊はいたけれど、党内影響力が弱い。だから二人で組んで、互いの弱点を補い合った。

片山 野中首相が誕生するというシナリオも現実的にあったわけでしょう。

佐藤 その可能性は十分にありました。支持する政治家もいた。しかし野中さんは自ら引いた。私のような出自の者——被差別部落出身者が、トップになってはいけないんだ、と。

片山 野中も西部邁同様、自身の原点に立ち返ったとも言えますね。

佐藤 おっしゃるように野中さんは被差別部落問題を最期まで抱えていたんだと思います。鈴木さんもかつて虐げられた存在だからこそ、トップになるべきだと背中を押したんですが、本人は首を縦に

＊56—外務省の官房機密費問題
官房機密費とは、内閣官房長官が管理し、国の事業を円滑に遂行するために使用するとされる経費。01年、外務省員が多額の機密費を私的流用した事件が発覚したが、当時の自民党政権はその存在を否定した。しかし10年の民主党政権下で流用の事実が明らかにされた。ちなみに、野中広務はTBS番組内において、自らが官房長官時代、官房機密費を政治評論家に配っていたことを証言している。

振らなかった。

そんな関係だったから、鈴木さんの失脚後、野中さんは抜け殻のようになり、影響力が低下して表舞台から姿を消した。

片山 あえてｉｆを語れば、野中首相の誕生で日本の権力構造が大きく変わった可能性もありますね。

佐藤 それまで被差別部落出身で、野中さん以上に上り詰めた政治家は**松本治一郎**（＊57）だけだったわけですから、大きく変わったでしょうね。とはいえ、松本治一郎が政界で力を持てたのは明らかに戦後の占領軍の政策だった。

実は野中さんが抱えていた問題の裏には、被差別部落と天皇に関する日本の差別構造が隠されています。だから「部落出身者を日本の総理にはできないわな」と言ったとされる麻生太郎に対して、野中さんは非常に怒っていました。

片山 野中広務は、部落問題のほかにも、戦争問題も自民党の派閥問題も背負っていた。その意味で、佐藤さんのご指摘のように昭和の政治家だった。かつての自民党は、部落、戦争、沖縄など様々な問題を包括する日本の縮図のような政党だったでしょう。そんな古き良き自民党の最後のシンボルが野中広務だった。でも、いまは保

＊57―松本治一郎
１８８７‐１９６６。部落解放運動の指導者。１９２２年の水平社設立とともに部落解放運動に参加し、戦後は部落解放同盟を設立する。部落解放の父と呼ばれた。48年、参議院初代副議長を務める松本は、国会開会式で昭和天皇への拝謁を拒否する「カニの横ばい拒否事件」を起こした。「カニの横ばい」とは天皇に尻を見せないよう、天皇に頭を向けたまま横向きに退出する慣わしである。

＊58―福山哲郎
１９６２年生まれ。立憲民主党に所属する参議院議員。98年の参議院選で京都選挙区より初当選。民主党に入党し、参院環境委員長、地球温暖化対策本部事務総長、政調会長代理などを経て、２００９年外務副大臣。17年に民進党を離党し、立憲民主

守色を極端に強調する政党に変質してしまった。

佐藤　いま片山さんが評価される政治家はいますか？

片山　この人、という政治家はいませんね。たとえば立憲民主党の**福山哲郎**（＊58）などは真面目な人に感じますが、国を任せられるかと問われると……。佐藤さんはどうですか。ポスト平成時代を任せられる政治家はいますか？

佐藤　どうでしょう……。人気の小泉進次郎にしても、雑種よりもペルシャ猫やシャム猫がいいというレベルの話でしょう。オヤジの毛並みの延長線上で語られているだけです。

片山　小泉は勉強はしているのかもしれないし、何かを聞かれると蕩々と語りはするんですが、自分が本当に言いたいことがあるのか疑問です。誰かの指示で話すという点では有能かもしれない。でもそれでは政治家ではなく、俳優としての才能という話になってきます。

佐藤　そう考えていくとポスト平成の政治家は、タイプ的に官房副長官の**杉田和博**（＊59）や内閣情報官の**北村滋**（＊60）らではないでしょうか。要するに権力との距離が近い。安倍首相のお友達です。公職についていない人間も挙げれば、安倍昭恵首相夫人もポスト平

党の初代党幹事長に就任した。

＊59―**杉田和博**
１９４１年生まれ。東京大学卒業後、警察庁に入庁する。警視庁第一方面本部長、内閣官房内閣情報調査室長、内閣危機管理監などを歴任。なお地下鉄サリン事件時は、警備局長。12年に発足した第二次安倍内閣から内閣官房副長官を務めている。安倍首相のブレーンの一人。

＊60―**北村滋**
１９５６年生まれ。東京大学卒業後に警察庁入庁。第一次安倍内閣で内閣総理大臣秘書官となり、民主党の野田政権下では内閣情報官に起用された。12年の第二次安倍内閣からは内閣情報官として、特定秘密保護法の制定にたずさわる。杉田同様、安倍首相のブレーンの一人。

成的と言えます。

片山　お友達に、首相夫人。本当にいつの時代なんだ、という感じがしますね（苦笑）。

モンゴルは「かわいくない国」なのか

佐藤　17年10月、**横綱日馬富士がモンゴル人力士の飲み会で暴力をふるったことで引退**（＊61）しました。その後、行司の式守《しきもり》伊《い》之《の》助《すけ》によるセクハラ疑惑や以前からの八百長疑惑などが噴出して18年に入っても相撲界の騒動が収束する気配がありません。相撲部屋のローカルルールも通用しなくなったのでしょうが、少し視点を変えてモンゴル人バッシングの構造について話してみましょう。

片山　そもそもモンゴル人力士バッシングのきっかけになった被害者の貴ノ岩もモンゴル人です。貴ノ岩の師匠の貴乃花親方は「相撲は神事だから特別だ」と語っている。彼の言説を目にすると、日本の民族主義が噴出する引き金になるのでは、とも感じます。しかしその貴乃花も新興宗教にハマっている。このよく分からない構図が、相撲界の限界が近いことを示しているような気がします。

＊61―日馬富士引退
17年10月、横綱日馬富士関が巡業中に同じモンゴル出身の貴ノ岩を酒席で殴り、頭にけがをさせたことが判明。貴ノ岩と師匠の貴乃花は、鳥取県警に被害届を提出し、日馬富士は翌月引退を表明した。これを機に、「事件を穏便に処理しなかった」貴乃花と協会側が対立。貴乃花は、2018年2月の理事選に落選した。同年3月、貴乃花は協会に反発する言動を続けたことに対し年寄総会で謝罪した。

佐藤 私は相撲界のモンゴル人バッシングは、外務省でよく使っている「かわいい国」「かわいくない国」の二分法で語れると思うんです。

片山 かわいい国とかわいくない国ですか？

佐藤 そう。ＯＤＡなどをめぐる会話でよく使う言い回しなのですが、日本の意向に従う国はかわいい国で、逆らう国はかわいくない国。モンゴル人力士にも、かわいいモンゴル人とかわいくないモンゴル人がいる。

たとえば、まつろわないモンゴル人だった朝青龍はかわいくなかった。白鵬は、最初はかわいかったけど、途中からかわいくなくなった。

片山 なるほど。ソ連時代の白系ロシア人や中国の汪兆銘はかわいい外国人であるというのと、似た論理ですね。ただもう少し俯瞰してみると結局、そのヒエラルキーの上位には日本人がいるわけですよね。

佐藤 おっしゃるように従来通りのヒエラルキーやルールをモンゴル人力士が超えようとしているから角界が強い抵抗感を示している。

片山 とはいえ、モンゴル人力士も、ある意味では大相撲のルール、伝統に則っているだけとも言える。暴行事件やモンゴル人力士の星の回し合いが問題になっていますが、07年には時津風部屋で新弟子が暴行を受けて死んでいます。また11年には日本人力士の八百長問題が発覚して春場所が中止になり、関与していた力士たちが処分された。相撲界が抱える問題をモンゴル人だけに押しつけると大相撲自体が成り立たない。

佐藤　15日間も連続で、ガチンコで取り組んでいたら死人が出てもおかしくないですからね。100キロを軽く超す男たちが本気でぶつかり合っていたら身体がもたない。

片山　それはそうですよね。どこかで手加減しないと成立しない世界には違いない。みんな分かっていたんだけど、そのローカルルールを認めないとなるとどうなるのか。建前を取り払うと、すべて崩壊してしまうわけで。モンゴル人力士騒動と同時期、メディアでは安倍首相が平昌オリンピックの開会式に出席するか否かが話題になっていました。結局、出席を決めましたね。

佐藤　本心は行きたくなかったと思います。でも隣の国のオリンピックに出席しないと国際社会から変な人と思われてしまう。両方を天秤にかけて出席する選択をしただけです。

文在寅大統領と金正恩氏の妹・金与正氏の握手。南北融和なるか。

片山　国内の自称保守派で、安倍首相の訪韓に怒っている人はたくさんいる。ただ2年後には東京オリンピックが控えているから、行かないわけにもいかない。

佐藤　確かにコアな安倍支持者にとっては衝撃の決断だったでしょうね。ただ慰安婦問題が蒸し返されるかと思いましたが、金正恩の妹金与正が開会式に出席し、「美女応援団」までやってきたことで、日本のメディア報道も、北朝鮮一色になった。安倍支持層の疑問や不信も、うやむやになった感がある。どうも、安倍首相の政治家人生は、北朝鮮と因縁が深い。

平成の一冊は？

片山　ここまで30年間の政治や事件を中心に振り返ってきましたが、文化、芸術分野ではどのような傾向が見えてきますか。

佐藤　文学賞受賞作家のリストを眺めてみて、全体の傾向として言えるのは女性作家の優位性ではないですか。宮部みゆき、唯川恵、角田光代、桐野夏生、村山由佳、西加奈子、村田沙耶香……。こう見ていくと女性作家は、いい作品を継続して書き続けている。

平成を数字で読む ⑬ 衰退する出版産業

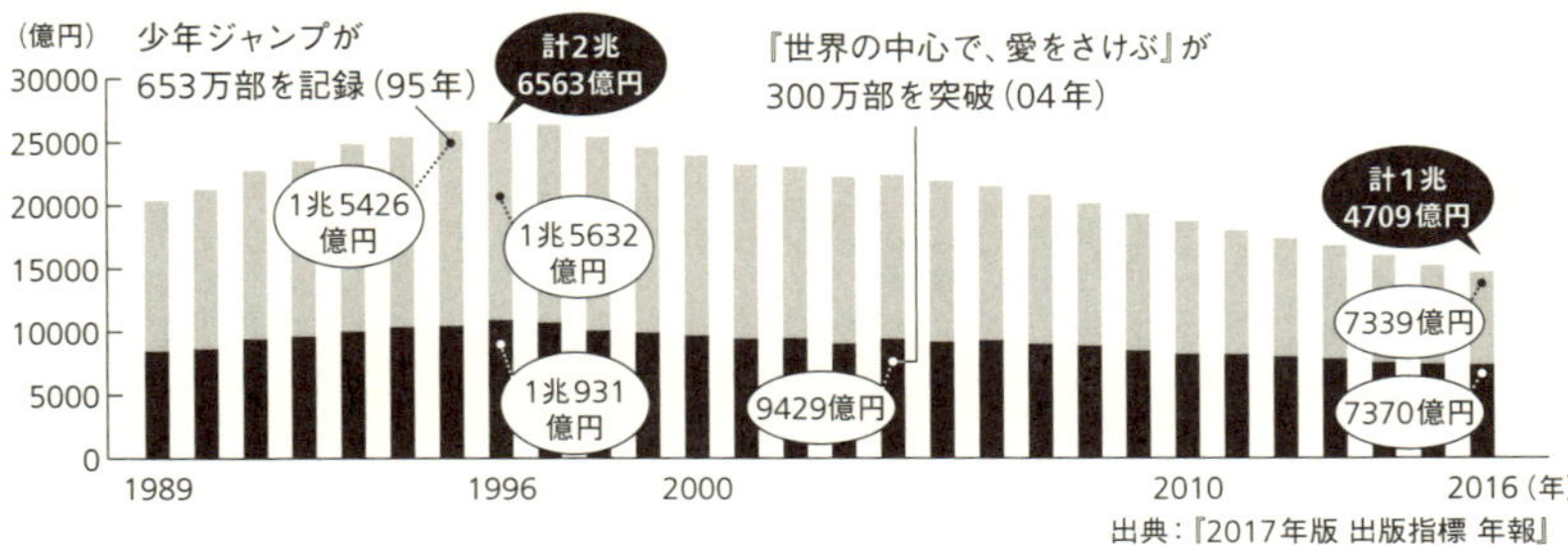

出典：『2017年版 出版指標 年報』

片山さんにとって平成を代表する一冊はなんですか？

片山　うーん。一作品に絞るのは難しい。ただ女性作家の方が目立っているという意見には賛成です。そこで女性作家を一人挙げるとすれば、川上弘美ですね。この時代の曖昧な人間関係や女性ならではの生活実感を描いている。震災文学でも触れましたが『神様』と『神様　２０１１』。これは時代の空気をよくあらわしていると感じます。

佐藤　私があえて一冊を挙げるとすれば、恩田陸の『**夜のピクニック**』（＊62）です。24時間かけて80㎞を歩くという高校の伝統行事という古い器のなかで、シングルマザーなどの現代的な問題をまとめている。文学史に残る名作だと感じました。

片山　私も恩田陸はすごいタレントだと感じます。16年に直木賞を受賞した『蜜蜂と遠雷』でクラシック音楽を扱っていますが、彼女の知識は一流の音楽評論家と遜色がなかった。たとえばバルトークについて書いている箇所など、付け焼き刃で書けるレベルではありません。

佐藤　私は平成文学を代表するのは直木賞や芥川賞の作品ではなく、**本屋大賞**（＊63）なのかもしれないと感じているんですよ。直木賞

＊62—『夜のピクニック』
04年に刊行された恩田陸の青春小説。全校生徒が24時間かけて80㎞を歩く高校の伝統行事を通して、同学年の異母兄妹らの交流を描く。06年、多部未華子主演で映画化された。

＊63—本屋大賞
新刊書を扱う全国の書店員が、過去一年で面白かった本、客にもっとも勧めたい本を投票して決める賞。アルバイトを含む現役の書店員のみが投票資格を持つ。歴代受賞作は次の通り。
・第1回（04年）『博士の愛した数式』（小川洋子／新潮社）
・第2回（05年）『夜のピクニック』（恩田陸／新潮社）
・第3回（06年）『東京タワー　オカンとボクと、時々、オトン』（リリー・フランキー／扶桑社）
・第4回（07年）『一瞬の風にな

や芥川賞は有識者が選ぶけど、本屋大賞は一般の書店員の投票で決まる。いわば論壇の権威を無視して、一般読者の目線を意識して作られた賞です。恩田陸の直木賞受賞は17年だけど、12年も前の05年に『夜のピクニック』で本屋大賞を受賞しています。

また本屋大賞では従来の文学賞とは無縁の作品も選ばれている。たとえば、第3回受賞はリリー・フランキー『東京タワー』で、第10回は百田尚樹『海賊と呼ばれた男』です。

片山 依然として芥川賞、直木賞はニュースバリューはありますが、どんどん形骸化していますからね。とくに芥川賞は、ニュースバリューを高めるために反響が大きそうな人にあげるようになってしまった。書店員の多数決で決める本屋大賞は、文壇の機能不全に対する不満から生まれたとも言える。

佐藤 芥川賞の変質が顕著にあらわれたのは03年の綿矢りさ、金原ひとみからでしょう。その翌年に本屋大賞が設立されたのは、従来の文学賞に対する不満と無関係ではないような気がします。

文学の世界の変化でもう一つ気になるのが、現象化した書籍が文壇や業界で共有されないこと。たとえば、01年に刊行された『**セカチュー**』（＊64）が300万部を超す大ベストセラーになった。本

れ』（佐藤多佳子／講談社）
・第5回（08年）『ゴールデンスランバー』（伊坂幸太郎／新潮社）
・第6回（09年）『告白』（湊かなえ／双葉社）
・第7回（10年）『天地明察』（冲方丁／角川書店）
・第8回（11年）『謎解きはディナーのあとで』（東川篤哉／小学館）
・第9回（12年）『舟を編む』（三浦しをん／光文社）
・第10回（13年）『海賊とよばれた男』（百田尚樹／講談社）
・第11回（14年）『村上海賊の娘』（和田竜／新潮社）
・第12回（15年）『鹿の王』（上橋菜穂子／KADOKAWA）
・第13回（16年）『羊と鋼の森』（宮下奈都／文藝春秋）
・第14回（17年）『蜜蜂と遠雷』（恩田陸／幻冬舎）

来ならそこまで売れた本は文壇人も編集者も仕事として読まなければならないはずです。でも読んでいる人がとても少なかった。これも平成特有の現象かもしれない。

片山　昔なら300万部も売れたら褒める人とアンチの両方がいたはずです。しかしある意味では数でしか評価されない時代でありながら、多様化してしまって議論さえ生まれない。

佐藤　いま文壇人や編集者たちに刺激を与えて、議論の場を生む力を持つ作家は村上春樹くらいなのかもしれませんね。

片山　かつては作家志望の予備軍も大勢いて、議論をする場である同人誌もたくさんあった。そしてタレントが次々に登場していった。ところが昭和の終わりの80年代からどんどん小説を読む人が少なくなり、平成元年である89年からの30年で決定的に地盤沈下した。平成は小説の衰退が非常に顕著な時代となってしまった。

では、小説を書いていた才能はどこに行ったのか。かつては映画や映像、漫画だったのでしょうが、いま才能の多くはゲーム業界に進んでいるのではないですか。直木賞作家になるよりも、ゲームストーリーの方がお金持ちになれる時代ですから。

佐藤　私はゲームをやりませんが、一度ハマると大変みたいですね。

＊64—『世界の中心で、愛をさけぶ』
白血病で恋人を亡くした主人公が彼女の思い出と向き合い、新たな一歩を踏み出すまでの青春恋愛小説。著者は片山恭一。01年に刊行されると300万部を超える大ベストセラーとなり〝セカチュー〟ブームを巻き起こした。04年には大沢たかお、柴咲コウ、長澤まさみらで映画化、山田孝之、綾瀬はるか主演でドラマ化された。

中村うさぎさん（＊65）が対談の場所にひどく疲れた様子で来たので「どうしたの？」と聞いたら「2日徹夜でゲームをしていた」と話していました（苦笑）。

片山　ゲームは本当に驚くような支配力を持っているみたいですね。しかもみんなやっているんだから新聞にもゲーム時評があっても良さそうだけど、いまだに誰も見に行かないようなお芝居の批評なんかが掲載されている。

平成の名作映画は？

片山　先ほど『シン・ゴジラ』やホラーの話をしましたが、平成の邦画を改めて見ていきませんか。

佐藤　私は95年までロシアにいたのでリアルタイムで見ている映画は少ないのですが、ぜひうかがいたいですね。

片山　まず89年の**キネマ旬報ベスト・テン**（＊66）を見ると1位が今村昌平の『黒い雨』、3位が熊井啓の『千利休　本覺坊遺文』、7位に勅使河原宏の『利休』……。平成元年はまだ戦後映画の巨匠の時代だったんですね。同時に北野武初監督作品の『その男、凶暴に

＊65—中村うさぎ　1958年生まれ。小説家、エッセイスト。ショッピング依存症、ホストクラブ通い、自らの美容整形について赤裸々に書いたエッセイが人気を博す。13年に難病を患い、心肺停止するも生還。その体験を佐藤との共著『死を笑う』で語っている。

＊66—キネマ旬報ベスト・テン　1919に創刊された映画雑誌「キネマ旬報」編集同人の投票によって、選定されたのが始まり（初回は1924年度）。現在は、映画評論家、日本映画記者クラブ員など映画関係者100人以上の選考委員が選んだ「邦画」「外国映画」別の年度ベスト・テンをもとに、第1位を10点、第2位を9点……第10位を1点として集計されている。

つき』が8位になっている。

佐藤 5位にはジブリの『魔女の宅急便』が入っていますね。ジブリアニメはその後もコンスタントにランキングに入っていますが、ジブリ以外のアニメが非常に少ない。

片山 かつては映画のベストテンにアニメが入るなんて信じられませんでした。80年代から徐々にアニメが市民権を得てきたわけです。

平成に入って映画界が急に変わるなんてことはもちろんないのですが、平成に作られた映画を改めて見渡してみると先ほども話題になった、因果関係がない日本のホラーが目を惹きますね。そのきっかけが、97年公開の**黒沢清**（＊67）の『CURE』と98年の中田秀夫の『リング』。なかでも印象に残っているのが、02年の黒木瞳主演**『仄暗い水の底から』**（＊68）です。それほど話題にはなりませんでしたが、Jホラーのエッセンスを上手に加えた集大成的な映画だった。

佐藤 北野武監督映画にも因果関係が示されていない暴力の描写が多い。秋葉原事件のように突然の暴力に巻き込まれて命を奪われる理不尽さを感じます。ホラーも武映画も生きるか死ぬかは、結局運次第ということになる。

＊67—黒沢清
1955年生まれ。映画監督。『太陽を盗んだ男』や『セーラー服と機関銃』などの製作にたずさわり、83年に『神田川淫乱戦争』で監督デビュー。97年に猟奇殺人事件を扱った『CURE』が国内外で注目を浴びる。15年には『岸辺の旅』が、カンヌ映画祭「ある視点」部門で日本人初となる監督賞を受賞した。

＊68—『仄暗い水の底から』
02年公開の中田秀夫監督のホラー映画。原作は鈴木光司の短編小説。離婚問題を抱える母子が引っ越したマンションで怪奇現象が続発する。やがて娘と同じ幼稚園に通っていた少女が行方不明になっていた事実が明らかになる。主演は黒木瞳。

片山 80年代までは小松左京の大作に代表されるSF映画をかろうじて見ることができました。SFはサイエンスだから計画性や未来予測がある。たとえば、日本が沈没してもこれだけの人間を救えたとか、滅亡の危機に人類が打ち勝ったとか合理的な結末がありました。一方ホラーは何かが唐突に降りかかって、いくら逃げようとしても逃げ切れるか分からない。平成のような予測が立たない社会では、ホラーや唐突な暴力でしかリアリティを表現できないのかもしれません。

佐藤 キネ旬のベスト・テンには入りませんでしたが、私が平成をあらわしていると感じる映画が『闇金ウシジマくん』シリーズです。原作コミックでも新自由主義社会の上流階級から、タコ部屋や風俗、ホストクラブ、キャバクラ、原発労働者、ギャンブルや借金の依存症などの下流までをしっかり描いている。あれは平成の日本社会の構図を表現している。

99年の『**金融腐蝕列島 呪縛**』(*69)も同時代に起きた総会屋利益供与事件を題材にしていますが、『金環蝕』に比べれば安全圏から描いているようにしか見えなかった。その視点でランキングを見ていくと、現在進行形の事件や問題を扱う社会派映画が非常に少

＊69—『金融腐蝕列島 呪縛』 99年公開の第一勧業銀行総会屋利益供与事件をモデルにした映画。原作は高杉良の経済小説。タイトルは事件を受けた記者会見で、第一勧銀の近藤克彦頭取が「呪縛が解けなかった」と述べたことから。主演は役所広司、仲代達矢。

ないですね。社会派と呼ばれる映画も、過去の事件を安全圏から総括している。たとえば、02年の『KT』の題材も73年の金大中事件だし、08年の若松孝二『実録・連合赤軍』も一言で言えば、組織の中で悲惨な事件が起きたけどそれは同世代のぼくたちの勇気が足りなかったんだというだけの話でしょう。

片山　それはマルクス主義がダメになった影響かもしれません。**山本薩夫**（＊70）のようにマルクス主義の洗礼を受けた監督は、事件や社会の構図全体を巨視的に描いた。『戦争と人間』も『華麗なる一族』も『金環蝕』もそういう映画だった。**今井正**（＊71）の作品もそうです。でも『実録・連合赤軍』では監督が登場人物に感情移入している。だから全体の構図が見えずに人情話みたいになってしまう。

佐藤　なるほど。とくに『戦争と人間』には、リベラルな資本家や、大陸浪人、あるいは石原裕次郎が演じた国際感覚の鋭く、正義感の強い外交官など様々な立場の人物が必然性を持って登場します。しかし誰もが時代の流れに抗えない。その現実を多様な人物の生と死を通して表現した。

片山　それは、歴史の歯車を前にすると個人の感情や倫理、道徳で

＊70——山本薩夫
1910-1983。映画監督。左翼学生運動に加わって早大を退学。第二次世界大戦後、映画監督の亀井文夫と共同で、戦争の悲劇を強烈に描いた『戦争と平和』を発表して注目を集めた。他の代表作に『不毛地帯』『白い巨塔』『あゝ野麦峠』など。

＊71——今井正
1912-1991。映画監督。戦後の日雇い労働者をモデルにした『どっこい生きてる』、人種差別批判をテーマにした『キクとイサム』などで社会的なテーマを弱者の立場から描いた。他の代表作に石坂洋次郎原作の『青い山脈』や、沖縄戦の悲劇を描き大ヒットした『ひめゆりの塔』など。

はどうしようもできないという大きな問いです。確かに90年以降、誰もが直面する大きな問いを前提として、社会や事件の構図を表現する映画が減った気がしますね。

佐藤　しかも最近の戦争映画は歴史修正主義と結びついている。08年の『明日への遺言』（小泉堯史）もそうでしょう。遡れば、歴史修正主義的な戦争映画が作られはじめたのは、丹波哲郎が東条英機を演じた『**大日本帝国**』（＊72）くらいからじゃないですか。

片山　『大日本帝国』には夏目雅子も出ていましたね。公開は何年ですか？

佐藤　82年ですね。

片山　もうそんなに昔なのか……。『戦争と人間』3部作が70年から73年に作られていますから、80年代に入ってから徐々に山本薩夫的な映画は作られなくなったと言えるのかもしれません。そして90年になると修正主義的な映画やドラマが完成する。というのも、90年以降大河ドラマで、戦国時代なのに「愛が大切だ」と語る人が登場するようになったでしょう。戦争映画にしても、人柄のいい天皇や性格のいいアメリカ兵が描かれるようになった。人柄ばかりに的を絞るから戦争映画も人情話になってしまう。人情話の戦争映画な

＊72―『**大日本帝国**』　1982年に公開された戦争映画。41年から45年にかけての南方戦線を柱にして、日本人にとって戦争とは何だったかを問う。主演の丹波哲郎が東条英機を演じた。佐藤は「歴史修正主義を先取りしていて面白い」と評する。

んて、私には何が面白いのか分かりませんが。

佐藤　いまの話を神学に当てはめると戦争映画は人効説ではなく、事効説だということですね。人柄ではなく、物事の構造を見たいわけですから。では、逆に幅広く文化、芸術という分野で平成を象徴する人物を一人に絞るとしたら誰ですか?

片山　これも難しい質問ですね……。『シン・ゴジラ』からの連想で言えば、ゴジラのモーションアクターを務めた**野村萬斎**（＊73）でしょうね。

佐藤　野村萬斎は私も賛成です。彼は名跡を継げば能楽師になれるのに、学理に興味を持ち、難関の東京藝大に進んで能楽を学ぶんです。もう一つ私が野村萬斎を尊敬する理由が『陰陽師』で今井絵理子と2度共演していること。今井は中国からやって来た蝶の妖怪を演じたのですが、長いセリフを覚えられなかった。そこで野村萬斎が話す言葉の語尾を繰り返すだけの役になってしまった。

片山　オウム返しするだけなんですか。

佐藤　そう。きっとスポンサーの要請でどうしても今井を起用しなければならなかったのでしょう。でも野村萬斎はそんな今井をうまく物語に組み込んだ。それができた野村萬斎は天才だと感じました。

＊73―野村萬斎
1966年生まれ。狂言師、俳優。狂言和泉流の野村万作の長男として祖父や父に師事。東京藝大音楽学部邦楽科能楽専攻を卒業。劇場狂言などの革新的狂言で若い観客層を発掘するとともに、テレビ、映画などにも積極的に出演し話題を呼ぶ。01年に『陰陽師』で映画初主演。NHKＥテレの『にほんごであそぼ』などにもレギュラー出演している。

＊74―孫正義
1957年生まれ。ソフトバンク創業者にして会長。鳥栖の在日韓国人一家に生まれる。高校を中退し、米国に留学。大学時代に「音声装置付き多国語翻訳機」を試作し、それをシャープに1億円で買い取らせる。それを元手に創業し、その後、ブロードバンド事業や携帯事業で成

セリフも覚えるのが苦手な今井がいま議員になっているという別の問題もありますが（苦笑）。

片山　おっしゃるように野村萬斎は、〝まねる〟中ですべてを包括していく狂言という伝統芸能と時代のニーズを上手に結びつけ、一つの個性に落とし込んだ。彼は間違いなく平成を代表する文化人と言えるでしょうね。

次世代に宿題が残った

片山　佐藤さんは平成を代表する経済人や政治家は誰だと考えますか？

佐藤　経済人なら**孫正義**（＊74）。ホリエモンではありません。ともに頭もよい経営者でしょうが、大きな違いがある。それは、コケたかどうか。過去、ネットや携帯など、いろんな事業に手を出しているのに、現在も生き延びているのは孫正義の才覚によるところが大きい。あのせわしなさも、かつての松下幸之助や盛田昭夫と違って、平成的な気がします。

政治家なら小泉純一郎ですね。安倍晋三はあらゆる意味でエピゴ

功。13年に米国3位の通信大手スプリント・ネクステルを買収し、国内はおろか世界でもその名を轟かせつつある。

平成を前のめりに走り続けたソフトバンクグループ社長、孫正義氏。

ーネン（亜流）に過ぎない。

片山　確かに小泉は政治スタイルを大きく変えましたからね。何よりも自民党もろとも社会を支えてきた価値体系を破壊してしまった。そしてそのスタイルが安倍晋三にも継承されている。

佐藤　平成の30年で様々なものが失われてしまった。そんな状況で、改めて考えたとき、次世代へ積み残したテーマはなんなのでしょう。

片山　積み残し、という言い方が正しいかどうかは分かりませんが、平成は昭和の遺産を食いつぶした時代だったと感じます。

　私たちは錯覚していたんです。この安定した暮らしがずっと続いていく、と。平成のはじめにもてはやされた「終わりなき日常」が続くと漠然と感じていたのです。

　しかし21世紀は危機の時代だった。いままでの知恵や枠組みでは対応できない。めまぐるしい変化に追いつけない。判断や思考がストップしてしまった。同時に新自由主義が進んで、共同体や中間団体が破壊されて所属する場所がなくなり、アトム化した個人が絶対者を求めはじめた。そんな状況で、これから食い潰した遺産を取り返せるのか。非常に難しいと感じます。

佐藤　いまの話を聞いて、ユダヤ教に伝わるカバラの知恵の論理を

国民栄誉賞

89・美空ひばり（歌手）
・千代の富士（力士）
92・藤山一郎（歌手）
・長谷川町子（漫画家）
93・服部良一（作曲家）
96・渥美清（俳優）
98・吉田正（作曲家）
・黒澤明（映画監督）
00・高橋尚子（マラソン選手）
09・遠藤実（作曲家）
・森光子（女優）
・森繁久彌（俳優）
11・FIFA女子ワールドカップドイツ2011日本女子代表（サッカーチーム）
12・吉田沙保里（レスリング選手）
13・大鵬（力士）
・松井秀喜（プロ野球選手）
・長嶋茂雄（プロ野球選手）
16・伊調馨（レスリング選手）
18・井山裕太（囲碁棋士）
・羽生善治（将棋棋士）

平成元年	2	3	4	5	6	7	8	9	10	11	12	13	14	15
1989	1990	1991	1992	1993	1994	1995	1996	1997	1998	1999	2000	2001	2002	2003

思い出しました。光が収められた壺がある。しかし時間が経つと壺にひびが入って割れてしまう。そこで新しい壺を用意しておかなければならない。歳月の流れとともに常に新しい壺が必要になるんです。でも入れ替えに失敗すると光は二度と元に戻らない。

ここでいう光とは、日本固有の文化であり、国体であり、言語であり、あるいは天皇なのかもしれない。それを出来るだけ早く新しい壺に入れ替えなければならない。そのタイミングが迫っているのではないかと。

片山　佐藤さんは、壺とは具体的になんだと考えておられますか？

佐藤　私は教育だと思っているんです。日本全体が老いていくなか、若い人たちの力がより求められるのは確実です。

だけど、日本では英語の義務教育を長期間受けているのにＴＯＥＦＬのスコアで60に満たない学生がほとんどという異常な事態が続いている。また経済学部の修士号を持っていながら中学レベルの数学が怪しいという人もいる。高校の授業を文化系と理科系を完全に分けた影響で、国際的にはありえない教育状態になっている。

またマークシート方式の試験の弊害も忘れてはいけません。79年にマークシート方式の大学共通１次学力試験がはじまり、90年から大学入試センター試験に移行して、現在にいたっている。平成という時代に入ってからは、完全に子どもたちをマークシート試験の結果、出てくる偏差値で選別してきました。そこにこれまで話してきた平成が抱える問題の根っこがあるのではないでしょうか。教育が平成の30年間で最大の問題なのではないかと思うんです。

片山　私もマークシートのマークを黒く塗り潰した結果で、人生が決まっていくことに耐えられなかった。マークシートを拒否して推薦入試で入れる大学を選んで競争に関係ない人生を設計してきました。

佐藤　その気持ちは分かります。それが普通の感覚だと思うんです。最近、同志社大学の教授からとても興味深い話を聞きました。

入試を作る能力を指す「作問力」という業界用語があるそうです。その教授は、作問力を維持している私立大学は、慶應、早稲田、上智、関西学院、同志社の五つしかないと話していました。

慶應、早稲田、上智の入試では、東大に合格した学生が落ちるレベルの問題を出す。同志社は京大に、関西学院は阪大、神戸大に受かっても不合格になる受験生が出るような問題を作る。それによって、不本意入学者の数が減り、第一志望の学生が過半数になるから

平成の教育政策の変遷

89・学習指導要領改訂。小学校に生活科が新設される。

90・大学入試センター試験がスタート。

92・週休2日制が段階的に導入される。

98・学習指導要領改訂。教育内容は3割削減（ゆとり教育）。

01・省庁再編によって文部省が文部科学省に。

04・経済協力開発機構（OECD）による国際学習到達度調査（PISA）で、日本の学力低下が明らかに。

06・教育基本法改正（第一次安倍政権）。教育目標に愛国心が盛り込まれる。

07・43年ぶりに全国学力調査が実施される。

08・学習指導要領改訂。脱ゆとり路線が明確に。

10・PISAの順位があがる。

17・学習指導要領改訂。小学校高学年で英語を教科へ。

平成元年	2	3	4	5	6	7	8	9	10	11	12	13	14	15
1989	1990	1991	1992	1993	1994	1995	1996	1997	1998	1999	2000	2001	2002	2003

学校の基礎体力を保てるのだそうです。

センター試験だけで合否を決める私立大学の場合、上位の学生ほとんどが不本意入学になる。そうすると大学全体の士気が下がり、覇気がなくなっていく、と。

片山 私の教え子にも、東大を目指してずっと勉強してきたのに落ちてしまって……と入学初日の自己紹介で話す新入生が必ずいる。確かにそんな学生が、一定の割合を超えると大学の士気は衰えるでしょうね。だからこそ、大学は特色を出して差別化を図らないと生き残れない時代になった。それで選抜の形式を多様化してＡＯ入試だなんだとやっているわけですが。

でも結局、勉強していい大学に入って、いい会社に入っても定年まで同じ会社で働けるかは分からない。見返りもない。何度か指摘しましたが、働き方のモデルが崩壊したのも大きい。

大学を卒業して同じ会社で定年まで勤め上げ、その間に家を建て子どもを育てる。そういう生き方はかつては会社人間と揶揄されましたが、それも完全な死語になってしまったでしょう。好きな企業に自由に転職できる方が現代的な生き方だ、挙句の果てには最初から正社員にならないのが自由な生き方だという方便にごまかされたのが平成の青春だったのでしょう。

日本型社会主義から脱皮できるか

佐藤　会社人間——つまり失われてしまった会社主義は、実は日本型の社会主義だといえるかもしれない。その代わりに台頭したのが、新自由主義です。受験競争、評価主義、そして新自由主義の歪みはあちこちに出ています。いま早朝に警備員を配置する図書館があるんです。理由が分かります？

片山　なんでしょう？

佐藤　リタイアした60代の男性同士で小競り合いを起こすケースがあるからなんです。誰が一番最初に日経新聞を読むかでケンカになる。これも競争社会、受験競争がもたらした深刻な影響なのではないかと思います。それからもう一つ、大学病院です。有名私大の病院では朝の5時、6時から人が並んでいるんです。待ち番号の一桁の札をとりたいから。都内のある大学では、「うちが開くのは8時何分です。それまでの方はここで待っていてください」と掲示してあります。

片山　そんなことになってるのか。それは世相を表している光景ですね。

佐藤　そう。そういう競争というものにエネルギーがかかってるわけですね。そうした競争意識の根底には、教育の問題が深く関わっていると私は思う。遅ればせながらその問題に気づいた文科省が、大学入試改革に着手しました。しかし実施は２０２０年度から。平成の次の時代に託すしかない。

片山　大学入試改革では、教わる側だけではなく、教える側の問題も考えなければなりません。平成の30年間で大学教育のなかでのマルクス主義の忘却などに代表されますが、様々なものが抜け落ちてしまっている。いまの40代はマルクス主義を大学で学んでいない。つまり教える側も分かっていないというのが現実なんです。教える側の問題も構造化されてしまっている。平成は知の系統が破壊された30年であったともいえます。こんな状況でもなんとか復元していくしかないのでしょうが。

佐藤　私は70年代以前に戻すことが重要だと思うんです。抜け落ちたとしても勉強をしていなかったわけではないので、取り戻すことができるかもしれない。

日本の教育は、独自の方向に定向進化を遂げてしまっている。まずは進行方向を正常な向きに変える作業に取りかかる必要があります。それは教育に限りません。ガラケーやハイブリッドカーもそうです。日本人の人口が増え続けて2億人を超えるのなら、国内のマーケットだけで生きていけた。しかし超少子高齢化社会でマーケットがシュリンク（萎縮）した時代にどうするのか。

片山　『**歴史とデカダンス**』（＊75）という本がありまして、それは「少子化とデカダンス」のことが書いてあるんですね。

子どもがいなければ、後世への意識が希薄になる。次代がどうでもよくなる。しかも少子化の原因はたまたま生まれないのではなく、産もうとしない意識にある。なぜ産もうとしないかというと、いまに対する意識です。いま、お金をいっぱいに使って何とか豊かに暮らしたい。それで金食い虫になる子どもを持ちたくない。人をそういう気にさせる性質の消費社会があるということです。

先のことを考えないから歴史意識も未来に対する責任も退化して、デカダンスに陥る。刹那主義にもなる。刹那的に目いっぱいな生活に慣れれば、家庭を築いたり、子どもを作ったりするのはますます厄介だ。そうして実際に子どもが減る。未来はさらに実感されなく

＊75―『**歴史とデカダンス**』　著者はフランスの歴史学者ピエール・ショーニュー。人口統計学の立場からローマ帝国の崩壊、中世黒死病の惨禍、混迷期を迎えた今日の社会という世界史の動きをデカダンスの視点から捉え、産児制限などの人口政策が文明の破滅を招くと説いた。

なる。何十年後にこうなります、と言われても、そのとき俺はいないよ、で終わり。家があり、子があり、孫がいれば、そうとは言いにくいはずですが、いなければ言えてしまう。それが人間。少子化時代の平成が陥った負のサイクルもそういうことだったのかもしれません。デカダンスとポストモダンの組み合わせですね。

佐藤　逆に言えば、平成はもっとも恵まれた時代だったともいえるのではないですか。

　昭和の遺産が残り、戦争も知らない。過去の遺産を食い潰して、無意識に未来にツケを残した。我々には道徳的、倫理的に弾劾されなければならない問題がたくさんあるということですね。

片山　確かにこれだけ未来に禍根を残した時代は過去になかったかもしれない。しかし平成を生きてきた日本人に幸福感があったか、といえば、それも疑問ですが。

佐藤　恵まれてはいたが、幸福感はない。幸福感は乏しいが、恵まれてはいた。平成とは不思議な30年間だったとはいえますね。そして平成を生きた私たちが大変なツケを次の世代に背負わせてしまった。私たちはそれを自覚しなければなりません。

おわりに

平らかに成る。この元号の名を聞いたとき、明治や昭和よりも大正に似ていると思いました。明治は明らかに治める。昭和は昭らかに和する。世の中は日々に治めてゆかなければならないし、調和させてもゆかなければならない。明治と昭和からは日々に進行してゆくイメージを私は受け取っていました。治めてゆくと和してゆく。動詞的で現在進行的であるということです。

でも大正は違うのではないでしょうか。大いに正しい。形容詞的です。正しい状態が出来上がっている。出来上がっているということは動きがない。止まっている。そんなヴィジョンが思い浮かばないでしょうか。大いに正しくしてゆこうとか、大いに正しくしなければならないとか、日々に大いに正しくしてゆけるかもしれませんとか、希望や命令や推量の意味で解せないこともありませんが、それは少し飛躍が必要な気もします。大いに正しい。素直に読めば、やはりまずはそう読めるでしょう。

平成という言葉も、そういう大正とどうもダブるように思えて仕方がなかったのです。成るは、正しいと違って、治めるや和すると同じく立派な動詞です。でも成るは、政治学者、丸山眞男の代表的論文のひとつ「歴史意識の古層」に従って言えば、漢語的に取ると「第一義的には成就・完成・成果を意味する」。つまり動詞だけれども動いていない。動き終わっている。「成就・完成・成果」を意味するなら「成る」という言葉を現在形で使っても、完了形的・過去的な意味合いがどうしても入ってきます。「平らかに成る」は「平らかに成っている」「平らかに成った」と限りなく近づいてゆく言葉なのでしょう。

要するに、平成という元号を最初に聞いてこれからの日本をイメージしようとしたとき、私は何だかやる気がでなかったのです。「平らかにしてゆくように頑張りましょう」ではなく「平らかに成りましたからもういいですよ」というニュアンスを強く受け取ったのです。何かが始まったというよりも、何かが終わった。もう済んだ。そんな奇妙な感覚でした。

不思議なもので、名は体をあらわす。元号の漢字の意味合いがなぜか実質と結び付く。明治は、司馬遼太郎風に言えば、坂の上の雲を目指して歩んでゆく現在進行形の時代でした。坂の上に雲が見えている。その雲を目標にそこに向かってゆけばいいと、イメージできるものでした。でも、大正は「大いに正しい」ですから。坂の上の雲を見据えて懸命に頑張ったかいがあって「大いに正しくなりましたからもういいですよ」。明治が終わって大正という元号を最初に聞いたとき、きっとそう感じた人も居たのではないでしょうか。

大正の次の昭和は、やはり明治とよく似ています。明治は、維新の動乱と急進的な国家建設の時代を経て、日露戦争の勝利によりアジアの大国としての地位を世界に認めさせてゆく、苛烈な右肩上がりの時代でした。昭和はというと、明治よりも一段と過激にエネルギッシュに坂を駆け上がった時代だったでしょう。前半は政治力と軍事力に頼って。後半は敗戦によって軌道修正を迫られ経済力に頼って。しかし、戦前も戦後も猛烈な右肩上がりを目指したことでは、昭和は一貫していました。動詞的な明治のあとに形容詞的な大正が来て、現在進行形的な昭和のあとに完了形・過去形的な平成が来る。元号を考案する方々がどこまで意識していることかは存じませんが、よく出来た話です。

明治と昭和には、もうひとつ共通点があるでしょう。長かったということです。明治は45年、昭和は64年。一世一元の原則に従って天皇がそれだけ長く在位しました。といっても、明治天皇は15歳の年に即位しているから、崩御の年は還暦の年ということで、現代の感覚からすれば決して長生きではなかったけれど、とにかく明治天皇と昭和天皇の時代は長い。大正天皇は即位したときにはもう30代だったし、平成の今上天皇はというと50代半ばでした。

大正天皇は40代で崩御してしまうから、大正は本当に短くなりましたが、一般論としても、長く続いた明治と昭和のそれぞれ次の元号は短めになるだろうとは、未来の実際を知らずとも予想されるでしょう。その点でも大正と平成は重なるのです。

では、実際の大正と平成の内容はどうか。過激に成長すれば、解決できなかった矛盾が積み残されて後に回される確率は高くなる。明治のあとの大正、昭和のあとの平成は、どちらもあまりに劇的で長かった時代の調整期や転換期となることを運命づけられた時代であったでしょう。調整や転換がうまく行かないと、停滞期ということにもなりうる。しかも、そこになぜか似通った世界的要因と自然的要因が重なってくるのも、大正と平成では同じなのです。

日露戦争までは国家社会への統合度の高かった日本人ですが、明治の末期から大正初期にかけては一気に精神的に砕けてゆきます。つまり富裕層を中心に個人主義化・自由主義化してゆく。坂の上まで行ったから、そろそろ勝手にやらせろ、というわけです。そうした事態を高等遊民の誕生と一般には呼んでいます。

政治社会全般も、大正期には激しく多元化・流動化します。明治の終わりまでは、日露戦争の戦争指導の中心にも、伊藤博文や山県有朋が居た。彼ら明治維新の功労者が長生きしていて、総理大臣や軍隊も意のままに操って、というと言い過ぎですが、国をまとめていたには違いない。ところが、明治末から大正にかけては、この世代の大政治家が逝ってしまったり高齢化して力を失い、行政官僚、政党、枢密院、陸軍に海軍、労働運動と、みんな勝手なことをして、日本がまとまりを欠いてくる。

そこに国際情勢が加わります。第一次世界大戦が日本経済にとてつもない影響を与える。もちろん国際秩序が大変動を起こして、中国も辛亥革命の混乱が昂進してゆくので、日本はその中でうまく立ち回ろうとして、利益を上げたり後世に禍根を残したりする。それから大戦で桁違いの戦争特需が起きて、好景気に沸いて過剰な設備投資をしてしまい、戦争が終わってヨーロッパへの輸出も激減して、膨らみ過ぎた生産力を持て余し、不況に沈んで、大陸に力尽くでも市場を求めざるを得なくなって、昭和の戦争につながります。

そして、大正にひとつのとどめを刺したのは、言うまでもなく関東大震災でしょう。首都が地震と大火で潰滅してしまいました。

昭和末から平成は、このような明治末から大正と、出来事・性質の被るところがとても多いように思います。時系列ではきれいには対応しませんが、構成要素はとても似ている。日露戦争後の目標喪失は、戦後経済のいちおうの目標達成とポストモダンと呼ばれる思想文化の気分とパラレルですし、第一次世界大戦と辛亥革命やロシア革命等による大変動に相当するのは冷戦構造の崩壊でしょうし、戦争特需による急激すぎた経済の過熱とその後始末に困ってついに戦争にまで突き進む様はバブル崩壊とその後の日本の進路に被るでしょうし、大正に見合うくらいの政治社会の多元化も、平成には小沢一郎や小泉純一郎の政治によって促進されたでしょう。関東大震災は阪神・淡路の震災ともですが、特には東日本大震災と重なる。共に国家の運命に影響を及ぼす大地震になりました。

もっと付け加えると、大正は国民的な価値の混乱に乗じての新宗教の時代でもありましたが、平成も似たところがあります。もうひとつ、平成は大正の二倍の長さで、単純計算してなぞらえると昭和10年代まで食い込む格好ですが、そこまで行くと、大正に多元化して中心を失った政治社会の構造では、非常時に国家の全力を挙げられないというので、新たな束ね方が模索される。それはファシズム化の試みとも呼び得るものですが、平成の、とりわけ大震災以降の政治には、そういう傾向が強く現れたように思います。

そうした意味において、「大いに正しい時代」と「平らかに成る時代」は、やはりとても似通っているのではないでしょうか。大正の次は昭和の動乱の時代になりました。既に昭和をだいぶん込みにして経過しているような平成の次は、さて、どうなるのでしょうか。安穏とは思われません。先を恐れるためには前を顧みておかなくてはならない。歴史は決して同じことを繰り返さないけれど、しばしば似た道を辿るものではあります。この対談が未来のための道標にどこかなるところがあればと願っています。

しかし、対談の御相手が佐藤優さんというのは、わたくしには超絶的な体験でした。佐藤さんの情報収集力と整理力の物凄さは言うまでもなく、さらに情報を処理して大きく見通すための理論武装がこれまたとてつもない。そのための勉強が常人のレベルをあまりに遥かに凌駕している。そして、対談の中でも触れさせていただいていることかと思いますが、佐藤さんのロシアでの外交官としての体験もその後の劇的な経験も、私にはこれからの日本人の未来を先取りしているように感じられてならないのです。佐藤さんの圧倒的な経験値はそのまま未来に転化して未来を予告しているように思われるのです。

佐藤さんをはじめ、お世話になったみなさんに深く感謝します。

片山杜秀

「平成史」ブックリスト50

＊コミック作品＝★
＊発刊年の括弧内は、原版の出版社（出版社が同一の場合は表記無し）と発行年。
ただし、翻訳作品は除いた。

タイトル	著者	出版社・雑誌	発刊年	掲載頁	一口寸評（佐＝佐藤／片＝片山）
平成を読む					
辺野古遠望	大城立裕	文芸誌「新潮」掲載	2017年2月号	p302	抵抗することは我慢することなんだ、と書いている。そんな思いが沖縄人に内在する独立機運につながっている。（佐）
夜のピクニック	恩田陸	新潮文庫	2006年（2004年）	p410	平成を代表する一冊をあえて挙げるとするならこの作品。高校の伝統的行事という古い器のなかで、シングルマザーなどの現代的な問題をまとめている。（佐）
蜜蜂と遠雷	恩田陸	幻冬舎	2016年	p410	恩田陸はすごいタレント。同作ではクラシック音楽を扱っているが、彼女の知識は一流の音楽評論家と遜色がなかった。（片）
日本改造計画	小沢一郎	講談社	1993年	p44	この本で日本は軍事を含めた国際貢献の面で、「普通の国になれ」と主張していた。当時の官僚たちは小沢一郎に賭けていた。（佐）
世界の中心で、愛をさけぶ	片山恭一	小学館文庫	2006年（2001年）	p411	ここまで売れた本なら、文壇人も編集者も仕事として読まなければならないはず。だが、読んでいる人がとても少なかった。（佐）　昔なら300万部売れたら褒める人とアンチの両方がいたが、めぼしい議論を何一つ生まなかった不思議な本。（片）
神様2011	川上弘美	講談社	2011年	p243、410	文学は3・11に素直に反応した。震災文学の中で最も印象に残った一冊。時代の空気をよく表している。（佐）

心　姜尚中　集英社文庫　2015年（2013年）　p244
遺体引き揚げのボランティアをテーマに3・11の死と真面目に向き合った小説。彼自身の息子の自死とも結びつけている。（佐）

★ゴーマニズム宣言SPECIAL 天皇論　小林よしのり　小学館文庫　2014年（2009年）　p349
戦後民主主義を体現した、フラットな天皇のイメージを広めていく上で大きな役割を果たした書の一つ。（佐）

言ってはいけない残酷すぎる真実　橘玲　新潮新書　2016年　p126
遺伝学や進化論の見地から年収や容姿、犯罪傾向が決まると書いた現代版優生思想の書。（佐）

電車男　中野独人　新潮文庫　2007年（2004年）　p132
新潮社の編集者の仕込みとされるが、バーチャル世界が現実社会に影響を及ぼした。（佐）

死国　坂東眞砂子　角川文庫　1996年（マガジンハウス1993年）　p186
制度化されたキャリアを歩んでこなかった人たちが、日本の中枢にアクセスしはじめた現代社会は、この作品で描いた死者が蘇った世界とそっくり。（佐）

★東京タラレバ娘　東村アキコ　KC Kiss（講談社）　全9巻　1巻＝2014年〜9巻＝2017年　p30、191、280
タラレバ娘で描かれていたのは生活保守主義。アラサーの登場人物たちは、高い理想を掲げつつも、仕事はおろか、結婚もできず。かといって、不倫もダメ。バレンタインデーに鎌田倫子が思う「みんな一度不幸になればいいのに」は、秋葉原事件を起こした加藤智大の考え方に通じる。（佐）

東京難民　福澤徹三　光文社文庫　2013年（2011年）　p320
難民というよりは棄民である。自由に解き放たれてはいるが、いざという時には、何のセーフティネットもない。慄然とする。映画もよかった。（片）

国家の品格　藤原正彦　新潮新書　2005年　p167
小泉時代に表に出てきた右への流れを安倍がくみ取って、さらに先に行こうとした風潮を端的に表している。（佐）

危険に備えよ

絶望の国の幸福な若者たち	古市憲寿	講談社＋α文庫	2015年（2011年）	p182	ノンフィクションというジャンルが崩壊し、入れ代わるように若い社会学者や思想家、評論家たちが台頭。その予兆を感じる一冊。（佐）
保育園義務教育化	古市憲寿	小学館	2015年	p183	波を読んで乗るのがとてもうまい著者が「子どもがキモい」というコメントを叩かれ、すぐに刊行した書。ただし、ノーベル経済学者ヘックマンで理論武装するなど、評価できる。（佐）
コンビニ人間	村田沙耶香	文藝春秋	2016年	p368	マニュアル化した生き方が生きがいになる逆説を描いて倦むところなし。（片）　実は、社会の監獄化を表現した小説でもあるのかな、と感じた。（佐）
消滅世界	村田沙耶香	河出書房新社	2015年	p369	セックスのみならず、欲望が国家にコントロールされた未来を描く。『コンビニ人間』と近い主題を扱って、しかもこちらの方が遥かに力作なのだが。（片）
絶歌	元少年A	太田出版	2015年	p83	まだ治療が終わっていないのがよく分かる。（佐）「心の闇」の後だしジャンケンのような本だ。（片）
底辺への競争 格差放置社会ニッポンの末路	山田昌弘	朝日新書	2017年	p283	1999年、山田が提唱したパラサイト・シングルが、20年後に底辺への競争を繰り広げていることを論じた本。いま40代に入った彼らは、家と親の年金がなくなれば、生活保護を受けるか、ホームレスに転落するしかない。日本で新たな下層階級が生まれている。（佐）
バカの壁	養老孟司	新潮新書	2003年	p126	最近はびこる優生学ブームの火付け役。（佐）

組織の不条理 日本軍の失敗に学ぶ	菊澤研宗	中公文庫	2017年（ダイヤモンド社・2000年）	p278	この本では、東京オリンピックを、インパール作戦と並ぶアナロジーとして逆淘汰——良き代理人が淘汰され、悪しき代理人だけが生き残る——の事例として挙げている。（佐）
日本沈没	小松左京	小学館文庫	2006年（カッパ・ノベルス・1973年）	p64	小説のかたちをとった日本文明論として古典的地位を占める作品だが、発表直後にオイル・ショックが襲い、虚実の区別がつかなくなった。平成という危機の時代に対しても示唆に富む。（片）
復活の日	小松左京	ハルキ文庫	1998年（早川書房・1964年）	p203	『日本沈没』に先行する破滅物。ウイルス兵器として開発された新型インフルエンザが文明を崩壊させる。現実的にも象徴的にも、アクチュアリティを増し続ける小説だ。（片）
★ゴルゴ13	さいとう・たかを	リイド社（SPコミックス）	1巻＝1983年〜188巻＝2018年	p194	麻生が外務大臣になったとたんに外務官僚がこの本を一斉に読み出した。ゴルゴは実は、韓国と北朝鮮を扱っていない。タブーなく見えるが作者は慎重。（佐）
原子力安全の論理 あなたにとって原子力とは	佐藤一男	日刊工業新聞社	1984年	p95、227	84年の時点で、原子力産業の問題点をすべて喝破、予見している。原発事故は想定外が必ず起きることを述べている。（佐）
日本よ国家たれ 核の選択	清水幾太郎	文藝春秋	1980年	p247	核武装せねば国家に非ず。80年代に清水幾太郎はそう言い放ち、強いバッシングを受けたが、日本の安全保障に対して、今もこの言葉をもって問題提起できる。（片）
ウルトラ・ダラー	手嶋龍一	新潮文庫	2007年（2006年）	p148	外交上の重大な落ち度もある小泉訪朝の交渉記録が残っていないことに反発した外務官僚が手嶋龍一さんに詳しい情報を提供して出版された、であろう本。（佐）

現代日本の革新思想 丸山眞男対話篇(2・3)　梅本克己、佐藤昇、丸山眞男　岩波現代文庫　2002年(河出書房新社・1966年)　p244

3・11で思い出した書籍。ロシア革命が成功したのはロシアの主要都市に公共インフラがまだなかったから、という丸山の指摘は凄い。現代人は革命や原発事故よりも停電を心配する。(片)

タイムマシン　H・G・ウェルズ　石川年訳　角川文庫　2002年　p63

終末論の影響を受けて世紀末の雰囲気を色濃く反映した小説だったが、日本では単なる時間旅行としてしか読まれなかった。(佐)

現代に活きる古典

明治神宮懺悔物語　佐藤鋼次郎　雑誌『男』出版部　1923年　p339

ロシア革命後、社会主義と資本主義の最終戦争が起きるかという時代相のもと、西洋人たちが東京に集まって侃々諤々の議論を行う。しかし最後に日本人は、利己主義や個人主義、欲望追求型の西洋の資本主義は世の中を破壊していくだけ、と西洋人を論破し、明治神宮で懺悔させる。外国の首脳を伊勢神宮に訪問させた伊勢志摩サミットを考える上で大変興味深い。(片)

懺悔道としての哲学 田辺元哲学選Ⅱ　藤田正勝編　岩波文庫　2010年(1946年)　p166、321

戦時中、大義のため死ぬべしと説き侵略戦争を合理化した哲学者の田辺が、戦後になり日本を悲劇に導いた責任を感じて著した。(佐)

「種の論理」(=民族独自の哲学)を説いて戦争の合理化に努めた哲学者が、敗戦の圧倒的絶望を糧にできる日本からこそ世界を導く新しい哲学が生まれうると宣言した書。自己卑下と唯我独尊の弁証法が展開される。敗戦国知識人の独特な自意識を知るための名著。(片)

日本人の偉さの研究	中山忠直	先進社	1931年	p280	オリンピックを2年後に控えて思い出す書。1940年に開催予定だった東京オリンピックに浮かれる日本人を批判。戦争という名の「血のオリンピック」がはじまると予言した。(佐)
塩狩峠	三浦綾子	新潮文庫	1973年(1968年)	p242	主人公は鉄道員。暴走した汽車にブレーキをかけてもとまらない。最終的に自分が助ける決断をする。彼は信仰ではなく、テクノクラートとしての責務をはたした。職業的な良心を問う小説。原発事故を想起させる。(佐)
国体の本義	文部省編	文部省	1937年	p292	日中戦争以降の国家総動員の精神的基軸が、幕末の尊皇攘夷思想と結びつけられつつ作られたことがよく分かる。「戦前回帰」とは要するに何か。凡百の歴史解説本を読むよりこっちだ。(片)
法の精神	シャルル・ド・モンテスキュー 井上堯裕訳	中公クラシックス	2016年	p79	法の支配を徹底した結果、モンテスキューが唱えた曖昧な存在や中間団体が排除され、法に縛られない掟の領域や慣習の世界を認めない窮屈な社会になってしまった。(佐)
ナチス・ドイツ憲法論	オットー・ケルロイター 矢部貞治、田川博三訳	岩波書店	1939年	p293	非常時体制国家にとって憲法とは何か。凡百の改憲問題解説本を読むよりこっちだ。(片)
歴史とデカダンス	ピエール・ショーニュー 大谷尚文訳	法政大学出版局	1991年	p426	子どもがいなければ、後世への意識が希薄になる。次代がどうでもよくなる。先のことを考えないから歴史意識も未来に対する責任も退化して、デカダンス(退廃的)に陥る。平成の心理状況をこの本で読み解ける。(片)

巨匠とマルガリータ	ミハイル・ブルガーコフ 水野忠夫訳	岩波文庫	2015年	p228	モスクワに悪魔があらわれて大混乱が起こる長篇小説。3・11に仕事場で(同書を)読んでいた。大変なことが起きたと外を見たら、お台場の方から黒煙が上がっていた。(佐)
心理学と錬金術	C・G・ユング 池田紘一、鎌田道生訳	人文書院	1976年(新装版＝2017年)	p287	ユングは同書で、錬金術研究室では、錬金術師によって、メンバーが心理的に支配されたときだけ錬金術は成功したと述べた。STAP細胞騒動を読み解く上で、参考になる。(佐)
最低生活研究	B・S・ラウントリイ 長沼弘毅訳	高山書院	1943年	p283	貧困調査研究者の代表作。経済が落ち目になると、最低線に関心が集まるようになる。人はどこまで追い詰められてもなお生きてゆけるか。国家社会は人々をどこまで追い詰めてもなお安泰でいられるか。社会保障の最低線はどこか。(片)
信頼 社会的な複雑性の縮減メカニズム	ニクラス・ルーマン 大庭健、正村俊之訳	勁草書房	1990年	p264	複雑系の社会を成り立たせるためには何が必要なのか。ルーマンはこの本で、社会の複雑性を減縮しなければならないと指摘して、そこでもっとも有効なのは信頼だと結論付けている。(佐)

その他

欠陥英和辞典の研究	副島隆彦	JICC出版局	1989年	p188	日本でもっとも売れていた研究社の英和辞典を批判。収録された英単語を一つ一つ検証して、ネイティブが使わない例文が山ほどあると明らかにした。(佐)
★人間失格	伊藤潤二 原作・太宰治	ビッグ コミックス(小学館)	1巻＝2017年	p318	一昔前に死んだ「実存主義」という言葉をマンガでうまく蘇らせた。(佐)

坂口安吾論	柄谷行人	インスクリプト	2017年	p317	柄谷は無頼派だった坂口安吾が安心できた風景が、新潟の砂浜だけだったと指摘している。何もない無機質な風景に安心感を覚える坂口安吾の底流に唯物論が根付いている、と柄谷は述べる。（佐）
風土 人間学的考察	和辻哲郎	岩波文庫	1979年（1935年）	p318	和辻哲郎は、文化や芸術、慣習などを生む出す環境をモンスーン型、砂漠型、牧場型に分類した。これにならえば、坂口安吾は砂漠型の人間。（片）
保守の真髄 老酔狂で語る文明の紊乱	西部邁	講談社現代新書	2017年	p402	この実質的遺書の中で、西部は、大衆が君主制を認めるならば、共和制と君主制は両立できるという議論を展開していた。それは彼の本質が共和制論者だったことを示していて、面白かった。（佐）
★銀河鉄道999	松本零士	少年画報社文庫	1994年（1981年）	p256	iPS細胞が実用化されれば、究極の格差社会が完成する。お金持ちは機械人間になってずっと生き続ける。貧乏人は機械人間の娯楽で殺されてしまう。そういう意味で、『銀河鉄道999』は平成以後の社会を予見した作品といえる。（片）
騎士団長殺し	村上春樹	新潮社	2017年	p36、366	平成というよりは、昭和の終わりの80年代の空気をまとった小説。（片）　構成が、ダンテの『神曲』に似ている。今回の作品が難しいという声も多かったが、『神曲』を読んでいればおもしろいはず。（佐）
色彩を持たない多崎つくると、彼の巡礼の年	村上春樹	文春文庫	2015年（2013年）	p367	多崎つくるの人生の目的が新宿駅に集約されている。そういう意味でキリスト教的な文学。（佐）

「平成史」シネマ&ドラマリスト30

タイトル	監督	出演	公開年	掲載頁	一口寸評（佐＝佐藤　片＝片山）
シン・ゴジラ	庵野秀明（総監督） 樋口真嗣（監督）	長谷川博己、竹野内豊	2016年	p364、418	時系列の積み重ねで成り立っていない雑炊のような時代、パッチワークの時代である平成を象徴するコラージュ的な作品。歴代ゴジラ作品のネタが散らされている。昔の映画を知らない人でも、東日本大震災の記憶さえあれば、カタストロフ（破局）をわがことに重ねて追体験し、最後にはカタルシスを感じることができる作りになっている。（片）
満員電車	市川崑	川口浩、笠智衆	1957年	p75	主演の川口浩が新卒でビール会社に就職するといきなり生涯年収の計算をしだす。そこから何歳で結婚、何歳で持ち家とみんな計算できる。高度成長期からバブル期までは「良い就職」ができれば生涯安泰という思想が信じられていた。（片）
激動の昭和史 沖縄決戦	岡本喜八	小林桂樹、丹波哲郎	1971年	p97	長勇参謀長役の丹波がよかった。長勇の親分肌な感じと思想傾向としては日本陸軍の最悪な因子を凝縮している部分とが、素晴らしくブレンドされて演じ切っていた。（片）
陰陽師	滝田洋二郎	野村萬斎、伊藤英明	2001年	p418	今井絵理子は中国からやって来た蝶の妖怪を演じていたが、野村萬斎が話す言葉の語尾を繰り返すだけ。きっと、セリフをまったく覚えられなかったのだろう。野村萬斎はそんな今井をうまく物語に組み込んでいた。天才だと思った。（佐）

日本統一（Vシネマシリーズ）	山本芳久、濱水信ほか	本宮泰風、小沢仁志ほか	2013年〜	p296、328	横浜の不良が、神戸に行って三宮で暴れ回る。そこの広域暴力団に拾われて神戸を拠点に日本を制覇していく。まさに小さい組織が大きい組織を飲み込んでいく物語。いまの自民党と公明党の関係に重なる。（佐）
私をスキーに連れてって	馬場康夫	原田知世、三上博史	1987年	p27	モスクワの自宅で観た、日本から送られてきたホイチョイ・プロ作品のビデオが自分にとってのバブルだった。（佐）
彼女が水着にきがえたら		原田知世、織田裕二	1989年		
バブルへGO!! タイムマシンはドラム式	馬場康夫	阿部寛、広末涼子	2007年	p27	10年ほど前、この作品を観たあと知人に「若干の誇張はあるけどバブルってこんなもんだったよ」と教えてもらった。（佐）
ノストラダムスの大予言	舛田利雄	丹波哲郎、黒沢年男	1974年	p96	創価学会的な価値観に裏打ちされた映画。資本主義や社会主義とは違う第三の道を歩まなければ人類は滅亡すると結論づけられる。丹波の「原発に絶対安全はない」という国会演説が印象的。（片）
人間革命	舛田利雄	丹波哲郎、芦田伸介	1973年	p96	丹波は英語がうまくオーラもある。同作で創価学会第2代会長の戸田城聖を演じているが学会員ではない。（佐）
大日本帝国	舛田利雄	丹波哲郎、あおい輝彦	1982年	p417	歴史修正主義的な戦争映画が作られたのは、丹波哲郎が東条英機を演じた同作が端緒ではないか。（佐）80年代ぐらいから戦争映画全般を通して、人柄のいい天皇や性格のいいアメリカ兵が描かれるようになった。そして90年代になると修正主義的な映画やドラマが完成する。（片）

電車男	村上正典	山田孝之、中谷美紀	2005年	p132	中谷美紀似の女性を演じたのが、実際の中谷美紀。バーチャルな空間の物語が現実を生みだした新たな現象。(佐)
FAKE	森達也	佐村河内守	2016年	p291	森達也がクラシック音楽の作曲とは何かが、佐村河内本人よりも桁違いに理解できていないゆえに生まれた一種の「勘違い映画」ではあるまいか。(片)
日本沈没	森谷司郎	小林桂樹、藤岡弘	1973年	p97、239、356、364	3・11のときなど、危機の時代には『日本沈没』で丹波哲郎が演じた山本総理のような指導者がいちばんいいなと期待してしまう。(片)
闇金ウシジマくん ザ・ファイナル	山口雅俊	山田孝之、綾野剛	2016年	p94、415	シリーズ全体を通して、平成の日本社会の構図を表現している。今作では、原発という名前こそ出していないが、5000万円の借金を抱えた人間を2年で身体がボロボロになる特殊な清掃現場に送り出すシーンが描かれている。下請け、孫請け、ひ孫請けの労働者を使う原子力産業の構造は大きな問題。(佐)
金環蝕	山本薩夫	三國連太郎、仲代達矢	1975年	p378、415	池田勇人内閣時代の九頭竜ダム工事の落札をめぐる不正疑惑事件をモデルに、保守政党の総裁選挙に絡む談合と事件もみ消しのプロセスを描いた小説が原作。一連の森友学園問題でこれを思い出した。(佐) 山場は国会での追及。うやむやに終わってしまう。そこもモリカケ問題と似ている。(片)
戦争と人間（三部作）	山本薩夫	滝沢修、芦田伸介	1970年、1971年、1973年	p416	資本家や、大陸浪人、あるいは石原裕次郎が演じた国際感覚の鋭い外交官など様々な立場の人物が必然性を持って登場。しかし誰もが時代の流れに抗えない。その現実を多様な人物の生と死を通して表現した。(佐) 戦後日本で、戦争の全体を構造的に、登場人物個々の感情を抜きにして描けたのは山本薩夫だけだろう。(片)

実録・連合赤軍 あさま山荘への道程	若松孝二	坂井真紀、ARATA	2008年	p416

一言で言えば、組織の中で悲惨な事件が起きたけどそれは同世代のぼくたちの勇気が足りなかったんだというだけの話。（佐）

監督が登場人物に感情移入している。だから全体の構図が見えずに人情話みたいになってしまう。（片）

リング	中田秀夫	松嶋菜々子、真田広之	1998年	p311、414
呪怨（劇場版）	清水崇	奥菜恵、伊東美咲	2003年	p311
CURE キュア	黒沢清	役所広司、萩原聖人	1997年	p414
仄暗い水の底から	中田秀夫	黒木瞳、小日向文世	2002年	p414

平成全体のキーワードのひとつに「ホラー」をあげたい。平成という筋立てて説明しにくい時代の雰囲気に、文化的に対応する。昭和の「ゴジラ・シリーズ」がかつては単に娯楽と見られていたが、現在は、戦後日本の代表的な文化継承として認知されているように、後世再評価されるかもしれない。（片）

ホラー映画には、秋葉原事件のように突然の暴力に巻き込まれて命を奪われる理不尽さを感じる。（佐）

明治天皇と日露大戦争	渡辺邦男	嵐寛寿郎、藤田進	1957年	p362
日本敗れず	阿部豊	早川雪洲、藤田進	1954年	p362
日本のいちばん長い日	岡本喜八	三船敏郎、加山雄三	1967年	p362
孤獨の人	西河克己	津川雅彦、小林旭	1957年	p362
軍旗はためく下に	深作欣二	丹波哲郎、左幸子	1972年	p362

日大藝術学部の映画学科の生徒たちが企画した「映画と天皇」という映画祭でこれらの作品が上映された。「天皇」を学ぶためにバランスのよい作品群。これだけ満遍なく様々な立ち位置の映画を揃えられたのは、学生たち自身がそこに特定の立場を感じていないからだと思う。むしろ、学生たちは天皇に関してシンパシーを持っている。タブー化されているわけではないが関心がないということは、それだけ天皇が日本人の心の中に入り込んでいるということである。（佐）

二十歳の恋	フランソワ・トリュフォー、レンツォ・ロッセリーニ、石原慎太郎 ほか	古畑弘二、田村奈巳ほか	1963年	p41	宮崎事件の頃、名画座で鑑賞。5カ国の監督がそれぞれの国の20歳の恋をテーマに撮影したオムニバスだが、日本（石原慎太郎）だけがストーカー映画だった。時代を先取っていた。（片）
ストーカー	アンドレイ・タルコフスキー	アレクサンドル・カイダノフスキー、アリーサ・フレインドリフ	1979年（日本公開は1981年）	p43	同映画が上映された頃の日本にはストーカーという概念がなく、翻訳できずにロシア語の「スタルケル」のまま上映していた。（佐）

ドラマ編

逃げるは恥だが役に立つ	TBS	星野源、新垣結衣	2016年	p282、311、372	92年のドラマ『ずっとあなたが好きだった』と重ね合わせて見ていた。「逃げ恥」で星野源が演じた「プロの独身」と自称する気むずかしい津崎平匡と、『ずっと〜』で佐野史郎が演じた冬彦さんは実は似ている。ともに高学歴でオタク的でマザコン。二十数年前、冬彦さんはキモいと嫌われたが、現代では、平匡は収入も仕事もあり、家族思いでいいじゃないかと評価される。（佐）
女王の教室	日本テレビ	天海祐希、志田未来	2005年	p133	ドラマで教師役をつとめた主演の天海祐希に対して、安倍政権が教育再生会議の委員に就任を打診した。ゆとり教育を見直そうという会議に、教師役で人気になった女優を入れるという発想は人気取りでしかない。政府がわざと現実と虚構の区別を混乱させている。これは政治の劣化というよりも支配技術の高度化である。（片）

佐藤 優　さとう・まさる

1960年、東京都生まれ。1985年、同志社大学大学院神学研究科修了の後、外務省入省。在英日本国大使館、在ロシア連邦日本国大使館などを経て、外務本省国際情報局分析第一課に勤務。2002年5月、背任と偽計業務妨害容疑で逮捕。2005年2月執行猶予付き有罪判決を受けた。主な著書に『国家の罠—外務省のラスプーチンと呼ばれて』(毎日出版文化賞特別賞)、『自壊する帝国』(新潮ドキュメント賞、大宅賞)、『獄中記』『紳士協定—私のイギリス物語』『いま生きる「資本論」』『世界観』など。

片山杜秀　かたやま・もりひで

1963年、宮城県生まれ。思想史研究者。慶應義塾大学法学部教授。慶應義塾大学大学院法学研究科後期博士課程単位取得退学。専攻は近代政治思想史、政治文化論。音楽評論家としても定評がある。著書に『音盤考現学』『音盤博物誌』(この2冊で吉田秀和賞、サントリー学芸賞)、『未完のファシズム—「持たざる国」日本の運命』(司馬遼太郎賞)、『近代日本の右翼思想』『ゴジラと日の丸』『国の死に方』『「五箇条の誓文」で解く日本史』など。共著に『近代天皇論—「神聖」か、「象徴」か』。

●構成／山川 徹

第一回の対談は、2017年3月に行われた。
その後も断続的に対談は行われ、本書完成に至るまで、
計8回(約20時間)を数えた。

●写真出典

・第一章扉　AFP=時事
・本文35p　ロイター=共同
・本文392p　朝鮮通信=共同

*その他はすべて「共同通信社」

●参考文献

主に年表作成において、以下の書籍を参考にした。
・中村政則、森武麿編『年表 昭和・平成史 1926-2011』(岩波書店、2012年)
・平凡社編『新訂版 昭和・平成史年表』(2009年、平凡社)

*なお、各年の「流行語」は、主に「新語・流行語大賞」(04年からユーキャン新語・流行語大賞と改称)を参考としている。各年の「流行歌」「映画」「本」は、その年にヒットした作品を対象としたため、作品の発表・制作年と一致しないこともある。

平成史

二〇一八年四月三十日　初版第一刷発行

著者　佐藤優　片山杜秀
発行人　飯田昌宏
発行所　株式会社 小学館
〒101-8001 東京都千代田区一ツ橋2-3-1
電話（編集）03-3230-5801（販売）03-5281-3555
DTP　株式会社 昭和ブライト
印刷所　萩原印刷株式会社
製本　株式会社若林製本工場
©Masaru Sato / Morihide Katayama 2018 Printed in japan ISBN978-4-09-389776-1